2010年度国家社会科学基金项目"提升中国互联网国际传播力研究"
（项目批准号 10BXW018）

传统媒体和
新兴媒体融合发展的
愿景与路径

——以提升中国互联网国际传播力为例

THE VISION AND PATH
ON INTEGRATION OF
**TRADITIONAL
AND NEW MEDIA**

中央人民广播电台提升中国互联网国际传播力课题组 / 编著

主编 / 伍 刚

社会科学文献出版社
SOCIAL SCIENCES ACADEMIC PRESS (CHINA)

中央人民广播电台提升中国互联网国际传播力课题组

总 监 制	王　求				
策　　划	王晓晖	姜海清			
统　　筹	李　涛	陶　磊			
主　　编	伍　刚				
执行主编	马晓艺				
作　　者	伍　刚	姜　岩	曾　哲	易　艳	张玲玲
	马晓艺	钟　宏	孙江波	崔　艳	李晓珊
	赵景伟	王　江	周　艳	龙思薇	王　薇
	刘　珊	王　楠	杨芸祺	戴苏越	龚险峰
	杨　余	吴　丹	张兴月		

传统新闻媒体在移动网络时代的路径选择

(代序言)

中央人民广播电台副台长 王晓晖

像水、空气、电一样，互联网以及整个以计算机为媒介的传播正变得更加普遍，但更不明显、更不可见。在某种程度上，它正在如春风夜雨一般融入我们所做的一切时代大背景当中。

一 时代在变 世界在变 新闻业如何应变？

移动互联网个性化、社交化、移动性、碎片化催生了丰富多彩的应用，移动终端即时分享的特性更使互联网的广度得到无限延伸，给用户带来随时、随地、随身乐享的无限资源，给社会带来更大的变革和更多的产业机会。

2014年3月，Business Insider发布最新报告称，万物互联的新互联网时代已经到来，世界正从单一设备相连到物物互联的新时代，这个时代包括客厅里的电视、出行的汽车、可穿戴计算设备等所有消费者和商业工具悉数纳入万物互联的生态系统。[1]

2013年12月4日，工信部向中国移动、中国电信和中国联通颁发"LTE/第四代数字蜂窝移动通信业务（TD-LTE）"经营许可，标志着我国电信产业进入4G时代。4G超过百兆的带宽将使整个互联网产业发生巨大变革，大数据和云计算、虚拟成像和图像识别、视频应用、游戏应用、可穿戴设备、语音和图片搜索等将获得突破性发展。

中国移动、中国联通垄断这么多年，却被一个看似不起眼的腾讯超

---

[1] 传媒内参：《万物互联：美国新闻媒体业现状与未来》，中国广告网，2014年3月31日。

越，微信短短几年时间，用户超过4亿户，微信不仅可以发短信，还能语音通话、收发图片和视频，而且还是免费的，只要能上网，完全可以替代中国移动、中国联通。与此同时，腾讯原有产品QQ依然强势增长，2014年4月11日晚上，QQ同时在线账户数首次突破2亿户，手机QQ贡献了大部分，后力仍强劲，与微信相辅相成，"有竞有合"。

美国互联网广告局2014年4月发布统计报告，美国2013年互联网广告收入达到428亿美元，第一次超过电视直播广告收入。[①]

在网络巨头谷歌开发谷歌眼镜、亚马逊继收购《华盛顿邮报》后，将推出电视、手机终端产品。在苹果电视、谷歌电视等强势倒逼之下，美国最大的有线电视公司Comcast提出并购第二大公司时代华纳谋求抱团取暖，应对高歌猛进的互联网数字化浪潮。

伴随手机、智能终端出现的移动化浪潮不仅改变了整个社会信息接触、消费行为和社会活动，而且颠覆了传统新闻业的生产与消费方式。2012年7月，号称"第一份互联网报纸"的《赫芬顿邮报》的浏览量超越《纽约时报》，成为全球浏览量最大的英语新闻网站。[②] 2012年12月，《纽约时报》在其网站上发布了一条名为"雪崩"的多媒体新闻报道，几天内就吸引了290万次的访问量。[③] 2013年4月，该报道又获颁当年"普利策新闻特稿奖"。2014年3月8日，马来西亚航空公司一架飞往北京的客机MH370神秘失踪，许多关键线索是由美国《纽约时报》、CNN等西方主流媒体通过数据分析获得。

上述报道反映了新闻业的显著变化：一是互联网时代的新闻已不再是专业新闻机构所提供的专业产品，而是社会化网络的一部分。二是传统新闻采编理念由封闭转向开放，采集新闻的手段日益多元化。三是当今所有的媒体产品都是在互联网平台上产生的。因此，把"传统媒体"理解为"传统形态媒体产品"更为贴切。因此，在传统"大家庭"中，传统纸媒

---

① 刘祖燕：《2013年美国网络广告斩获428亿首超广播电视》，《中国出版社传媒商报》2014年4月18日。

② 贾金玺、马可：《美国报业的全媒体探索与启示——以〈赫芬顿邮报〉和〈日报〉为例》，《中国出版》2013年10期。

③ 雪崩的英文词是avalanche，该报道中却用了snow fall一词，意指山坡上大体量积雪的突然坍塌滑坠；后一种表述更贴近当时灾难发生时的实际情况。此外，snow fall一词比avalanche更通俗，一望而知其义。不过该报道在副标题中还是用了avalanche。

并没有被替代，它只是在"泛在化"的信息网络中失去了采集和报道优势。四是移动客户端的出现，不仅改变用户消费新闻的模式，也拓展了移动传播渠道。五是在新媒体环境下，传统媒体的直接读者变成了间接读者（网上搜索）。

二 展望互联网的未来

（一）未来 10 年

据《华尔街日报》2014 年 3 月 31 日发布美国皮尤研究中心（Pew Research Center）"互联网的未来"（Future of the Internet）系列调研报告，展望了已满 25 岁的互联网未来 10 年前景，描绘了一个深深扎根家庭、远远跨越国界的互联世界。

1. 加速移动的无形信息伴随人类走向未来

终端将越来越多地拥有它们自己的传播形态，它们自己用于分享、汇总信息的"社交网络"，并越来越多地从事自动化控制与激活。人类所处的世界，将越来越多地由一组活跃的、相互配合的终端来做出各种决定。

2. 可穿戴设备将改变人类生活方式

能够帮助我们持续改变生活方式，及早侦测到疾病风险而不只是疾病的可穿戴设备或居家、办公传感器。我们或许真的能够按天甚至是按小时地调整药物以及生活方式的改变，从而极度放大一个人员越来越少的医疗服务系统的有效性。

3. "超级网"将连接全球

地球上的 70 多亿人口迟早将会通过"Ubernet"（超级网）而非互联网实现相互连接以及与固定目的地的连接。当地球上每一个人都可以和地球上其他所有人双向接触、沟通时，国家和地区控制其地理界线之内每一个人的力量可能就会开始减弱。

4. 无所不在的全民网络教育惠及人类

无所不在的网络对世界最大的影响将是能够无处不在地获取所有人类知识。把机会赋予这个人，以及像他或她的几百万人将对人类的发展产生深刻的影响。

5. 阳光高效政府成为未来方向

在将互联网用作政治和社会控制工具方面，政府的效率将大大提高。人们将非常乐意牺牲很多网站随心所欲的方面，换取秩序更加井然、监管更加严格的环境。

6. 互联网地缘政治全球化

数字媒体的崛起很有可能给国与国关系带来重大波折。一些非常重要的维度包括跨国政治角色/运动的发展，虚拟政府的兴起，数字民主化行动的冲击，信息在削弱政府特权方面的作用（如维基解密，Wikileaks），以及网络冲突（包括对称的和非对称的冲突）的发展。

（二）5G 时代

中国 4G 商用刚刚进行，5G 的脚步声已然可闻。在 2014 年 2 月 25 日移动世界大会 MWC 上，19 家全球主流运营商组成的下一代移动通信网络联盟（NGMN）宣布，全球 5G 市场序幕正式拉开。

5G 将成为推动网络、服务和设备的融合的关键催化剂，为用户和企业产生更多新远景。在 5G 的时代，现实世界将会由相应的数字球模拟，事物之间相互关联与合作通过快速的信息传递。5G 网络将带来"人与物"及"物与物"之间的高速连接，创建一个新的数字生态系统，驱动网络流量加速增长。5G 的服务对象将由普通大众向行业用户拓展，5G 网络将吸收蜂窝网和局域网的优秀特性，形成一个更智能、更友好、更广泛用途的网络。

5G 的容量是现有移动网络的 1000 倍，最高速率可以达到 10Gbps，相当于 4G 网络速率的 100 倍。

业界认为首批 5G 网络将在 2020 年商用，将催生物联网在 2020 年前实现 500 亿～1000 亿连接。届时，一部高清电影，用户只需要数秒钟就能下载。①

预计到 2017 年，全球互联网设备的使用依次为：联网汽车、可穿戴式装置、智能电视，其使用量维持在 1200 万～1400 万件之间；消费者兴趣所在依次为可传送资料的医疗装置、传感器腕带、头盔或眼镜；1/3 的美国家庭使用智能电视。

---

① 李光焱：《4G 刚起步 5G 就来了》，《广州日报》2014 年 3 月 5 日。

三 传统新闻媒体的未来选择

传统媒体应如何应对新媒体冲击,尤其是抓住移动互联网时代的契机呢?

1. 走出随时被全球信息化浪潮淹没的孤岛,人类每天都将面临的黑暗现实呼唤主流媒体面向全球应急网络响应,构建全能信息传播服务引擎

所有东西都将在网上明码标价地出售。网络恐怖主义将成为常态。不管是组织化的恐怖主义还是个人恐怖主义,都将成为每天存在的现实。世界将变得越来越不安全,只有自己的技能与见识才能保护个人。

在万物互联的信息时代,传统新闻媒体要走出边缘化信息孤岛,抢占信息化创新前沿阵地,融入全球化传播平台。CNN、彭博、《纽约时报》、《华尔街日报》、《金融时报》、BBC 等世界主流媒体创新数字化信息服务产品体系,与时俱进融入社交网络信息创新平台和服务终端,依然保持了网络时代的舆论领导力。

哈佛大学尼曼新闻基金实验室遍访美国新闻业界人士预测 2014 年新闻业的未来,受访者普遍表示,美国新闻业的未来在手机、社交、视频上。社交网络分享平台 Instagram、Facebook,Vine、Twitter 和 Snapchat 作为全新强有力媒介通过移动网络设备迅速传播独到的表现力强大的视频,这些社交网络平台成为新的受众聚集地。手机上的社交用户无须寻找新闻,而是新闻主动推送找到用户。①

2. 开放融合才能站在先锋巨人肩上,分享众筹引领时代制高点

NBC 主动与微软合作建设 MSNBC、《华盛顿邮报》寻求被亚马逊创始人兼首席执行官贝佐斯收购、阿里巴巴参股新浪微博等一系列行为表明,互联网发展跨越国界全球化进程日新月异,打破时空障碍,广开合作之门,一些有远见的主流新闻媒体未雨绸缪、开放胸怀、主动与科技巨头对接共建平台、站在巨人肩上,承担守望时代的使命。

在 2011 年,媒体公司向网络视频注入了新的内容。美国广播公司新闻

---

① Ed O'Keefe, *Pushing to the future of journalism*,http://www.niemanlab.org/2013/12/mobile‐social‐video/. (Dec. 19, 2013)

网向门户网站雅虎新闻提供新的视频内容；路透社成为领导性的新闻组织之一，向搜索引擎巨头谷歌旗下社交视频分享网站 YouTube 提供原始视频内容，并将最终成为十大原始新闻发布、视频分享网站之一。《赫芬顿邮报》宣布，将创建一个 24 小时在线的新闻频道，这是继 CNN 之后推出的一个类似的范本。

网络媒体是对传统媒体的颠覆，一大颠覆便是新闻采编理念由封闭到开放的转变、从精英向大众传播到草根众筹向草根大众的分享式传播。在"人人都有麦克风"的新媒体时代，普通公民生产内容时代已经到来。以美国网络第一报《赫芬顿邮报》为例，它除了其自有网站传播渠道之外，还竭尽全力拓展多元化的传播渠道以吸引用户点击，扩大影响力。它的"颠覆性创造"表现在不断顺应新媒体价值的前行路径，颠覆传统新闻业的诸多理念和运营方式，包括利用社交网站、推动"名人微博"、发布名为"触动新闻"（News Glide）的应用程序吸引用户使用等多元化手段。

网络信息生产日新月异，特许经营和信息共享将会越来越多。商业模式将会改变，以适应数字传播与存储的经济学。越来越多的企业将是在网上诞生，一开始就瞄准全球市场。大众化网络公开课将成为重要的收入来源。

截至 2013 年 9 月，《纽约时报》拥有 72.7 万数字订阅用户，《纽约时报》对在线内容引入付费墙后的 10 个季度中，纽约时报实现了 8 个季度业绩的正增长。

智能手机和平板电脑，取代了古老陈旧的报纸，成为人们获取新闻的最重要工具，新闻市场也上演了一场平板和手机的客户端大战。目前美国新闻客户端，大部分采取聚合新闻模式，如果用户希望阅读全文，将会被转引到移动版新闻网站。美国从事移动新闻专业服务的 Onswipe 公司监测了新闻客户端工具转引给移动版新闻网站的 6000 多万名独立访问者（2013 年 11 月 13 日至 2014 年 1 月 13 日），发现新闻客户端呈现出四强争霸：分别是 Flipboard、白领社交网络 LinkedIn 旗下的 Pulse、CNN 旗下的 Zite，以及 News360。在转引访问者的占比上，Flipboard 遥居首位，给移动版新闻网站贡献了 44.00% 的访问者；Pulse 排名第 2 位，贡献了 29.19%；第三位是 News360，占比为 24.94%；Zite 贡献较低，仅为 1.87%。在这四家主导的新闻客户端中，Pulse 在访问时长上排名第一，每次访问时长为 3

分 24 秒钟；Facebook 为 2 分 40 秒钟；News360 为 1 分 36 秒钟。美国四大新闻客户端，在新闻内容上形成了自己的特色，其中 Facebook 最流行的是娱乐新闻，流量占到了 20.8%；Pulse 最热门的是科技新闻，占到了 50.4%；Zite 最热门的新闻也是科技类，占到了 36.3%；News360 最受欢迎的内容是娱乐，占到了 27.9%。

美国一些新闻电台的所有内容通过众筹生产，形成新型生态链条。

2011 年，在线广告相比 2010 年整体增长了 23%。美国五家大型科技公司占据了近半数网络广告的收益，其中 Facebook 是最大的网络公司之一。在整个在线广告之中，这类公司占据了 68%。

3. 大数据时代呼唤传统媒体建构新闻专业主义数据库服务品牌

《华盛顿邮报》近期推出的地图新闻，已经成为一项特色，其核心是用数据挖掘的手段获取各种结构化的信息，并以数据化地图的形式呈现数据新闻。这种手段确实较之传统的文字、文本式报道，重塑了媒体新闻专业主义的品牌。[①]

具体到大数据对于新闻业的影响，数据新闻可以从两个方向扩张传统新闻业。一是应用技术来收集和深度分析数据，二是以交互方式呈现结果或将结果可视化。从 2008 年开始，仅经过 5 年时间和两届普利策奖，ProPublica 就成为如今美国数据新闻用户最活跃的网站之一，几十家甚至几百家其他美国媒体加入 ProPublica，其中包括一些业界大亨，如《纽约时报》《华盛顿邮报》《洛杉矶时报》以及一些其他公司。在英国，《卫报》和英国广播公司都采用这一技术来补充和支持传统新闻。

利用数据新闻扩展传统新闻业带来了新机遇。随着大数据时代的到来，数据新闻是围绕数据站点和服务展开的生态系统工具和实践的一部分，已然成为世界新闻业正在极力建设的一项新事业。

[①] 陈昌凤：《数据新闻及其结构化：构建图式信息——以华盛顿邮报的地图新闻为例》，《新闻与写作》2013 年第 8 期。

目 录

提升中国互联网国际传播力

国际传播研究中的跨学科视角 …………………………………… 3
国际传播研究的技术维度 ………………………………………… 15
中国互联网国际传播研究中的"科学精神" …………………… 28

国内主流媒体国际传播力提升战略

互联网时代国家通讯社提升国际传播力的战略选择 …………… 47
以多媒体融合促进国家通讯社国际传播力建设的欧洲实践 …… 55
提升中央电视台全媒体化国际传播力的对策与思考 …………… 59
移动互联网时代中央电视台小屏移动智能终端发展战略 ……… 67
中国国家广播提升移动互联网国际传播力的思考 ……………… 77

欧美主流媒体国际传播路径

从国际主流电视新闻媒体传播路径分析媒体国际化传播新趋势 ……… 89
英国广播公司数字新媒体战略的现在和未来
　　——对英国广播公司新广播中心的考察报告 ……………… 98
美国新闻媒体业现状与未来
　　——美国主流媒体PC端和移动端样态和模式研究 ……… 109
美国新闻集团：数字化转型中的"新旧融合" ………………… 122
专注开拓：迪士尼提升国际传播力的经验 ……………………… 131

文化强国使命的中国软实力

履行文化强国使命的中国软实力建设方向和路径 …………… 143
提升中国互联网国际传播力 构筑中华民族伟大复兴的软实力 …… 152
中国互联网软实力赤字及对策 ………………………………… 183
"中国声音"如何突围 …………………………………………… 207
提升中国互联网国际传播力 呼唤一流全媒体人才 …………… 215
传媒科技领域复合人才培养的探讨 …………………………… 223

建设世界一流互联网传播强国

关于建设世界一流互联网传播强国的若干思考
　　——中美互联网国际传播力对比研究 ………………… 231
官方网站的资本之路：风险与机遇并存
　　——人民网上市案例分析 ………………………………… 243
新闻网站上市赢利的三个平衡点 ……………………………… 256
提升中国移动互联网国际传播影响力的 AMO 三要素 ……… 260
全球广播宽带混合电视 HbbTV 在传统媒体与新媒体融合中提升
　　国际传播能力的实践 …………………………………… 266
中国互联网设计创新与传播效果研究 ………………………… 275
中国互联网设计创新与范例研究 ……………………………… 296

附　录

提升中国互联网国际传播力抽样调查问卷 …………………… 317

提升中国互联网国际传播力

国际传播研究中的跨学科视角

一 跨学科合作的误区:"传播学本位"还是"政治学本位"

近年来,国际关系学与新闻传播学两类学者打破学科壁垒频频跨界合作,在国家形象、媒体外交、文化外交、话语权建设等学科交叉处产生了一批丰硕的研究成果,有些对网络语境下国际传播研究具有直接的指导和借鉴意义。

根据研究对象与研究路线的不同,跨学科研究通常可分为学科导向型和问题驱动型两类。前者在学科交界处创立一个新的学科知识体系,而后者往往致力于对现实问题的解决。从这个分类标准来看,目前国际关系学与新闻传播学的跨界合作属于问题驱动型。周朝成曾在《当代大学中的跨学科研究》中指出,每一个学科都有着自己内部的核心文化。当学科之间彼此不发生关系时,学科文化可能只是以差异形态独立存在着,但是一旦学科走到一起时,这种文化之间的差异往往会演变成一种冲突。[1] 从总体上说,国际关系与新闻传播学的相遇尚处于"合作的蜜月期",但也存在着上述"冲突"的隐患。具体看来,在涉及交叉领域的研究究竟应该是"传播本位"还是"政治本位"的分歧较为凸显。例如,有关学者这样总结,"从国际关系的视角来看,媒体是公共外交领域的一个组成部分,属于公共外交中政府外交的'公众向度';但是传播学者往往认为公共外交等同于对外宣传,等同于媒体外交,等同于国际公共关系中视作操纵舆论的外交行为,更多强调外交与媒体、舆论、公共关系之间的关系,讨论的题域更多是对外传播领域"。[2]

---

[1] 周朝成:《当代大学中的跨学科研究》,中国社会科学出版社,2009。
[2] 北京外国语大学公共外交研究中心:《中国公共外交研究报告(2011/2012)》,时事出版社,2012。

互联网将多变、立体的真实世界转化成比特的形式呈现在大众面前。面对这样一个复杂系统需要改变以往线性思维模式，跨界合作也需要"更广、更深"。"更广"意味着互联网语境下国际传播研究不但需要与国际关系合作，还需要其他更丰富的视角；而更深则意味着学科之间的跨界混搭终将超越表层的形式向代表不同价值取向的学科文化迈进，这同样也会引发不同学科传统之间的冲突。如何为传播定位的争论就部分地反映了这种深层次的矛盾。为了更好地批判继承传统媒体时代的研究经验，本文接下来将从回归学术传统的角度，对已有研究存在的问题进行一定梳理，为即将开启的互联网国际传播研究打下坚实的基础。

二 "软权力"——勾连国际关系研究与新闻传播研究的关键节点

在新闻传播研究者眼中，小约瑟夫·奈和他的软实力说享有相当高的知名度。这主要是因为新闻传播研究者常常将奈所指涉的"软实力"等同于"文化实力"，进而将软实力的打造与文化的传播活动紧密地联系在一起。从某种意义上来说，奈的软实力说开启了新闻传播界与国际关系界"联姻"的道路，尽管这条道路的走向目前正处于一个微妙的拐点上。

"soft power"是"软实力"一词真正的英文表达。实际上，这一概念在国际关系研究中被更多地被翻译成了"软权力"。从表面上看"软实力"与"软权力"仅有一字之差，但这表面上的细微差别却深刻反映了两种不同的研究取向。正如前面所谈到的，伴随着互联网对人类社会的深度嵌入，其复杂系统的特性必将大大增加人类社会的不确定性。这意味着以跨界的方式来处理理论问题和实践问题将越来越成为未来研究的主导。网络语境下的国际传播研究是一个前沿问题，在面向前沿之前我们绝对有必要对过去的跨学科经验进行深刻反思。通过对已有文献的梳理，我们发现从奈的软实力说入手或许能对已有的研究误区进行廓清。

这里采取结构主义的视角。首先站在新闻传播研究的立场上，对国家关系研究的关键词和主流学派进行必要的梳理，接着将以兼顾理论客观性与研究者主体性的方式对奈所归属的国际关系学派以奈本人进行分析。最后将指出软权力在两个学科跨界时所产生的阻碍作用。同时，为今后两个学科在国际传播领域的合作寻找新的理论支撑。

1. 国际关系研究传统与约瑟夫·奈的软权力说

理解国际关系研究可以聚焦到三个关键词：国际体系、行为体、无政府状态。

要理解国际关系必须从理解它与政治学之间的关系入手。哈佛大学西欧研究中心主任斯坦利·霍夫曼曾将两者的关系形象地描述为母子关系，他认为"政治学是国际关系理论的养育之母"。从学术史的角度来看，国际关系作为一门独立的学科，从1919年诞生之日起发展至今也不过百年，但是如果循着它的母体政治学的发展按图索骥，那么它的理论渊源甚至可以从2000多年前古希腊时代的苏格拉底、柏拉图、亚里士多德等人身上寻找。倪世雄在梳理国际关系理论"史前史"的部分时曾谈到，"国际关系在成长为一门独立的学科之前，其理论主要散见于历史学（外交与战略）、法学（国际法及其实践）、哲学（人性与正义）和政治学（国家学说、战争与和平）"。①

从现代学科建制的角度来说，国际关系是一级学科政治学下的一个二级学科。其主要目的是以政治学的一般概念、方法和原理为基础，探讨国际体系的运行规律。其中，国际体系被国际关系研究者一致确定为该学科的研究对象。关于国际体系之于国际关系研究的意义，曾有学者这样评价，"没有国际体系的概念，人们就很难证明国际关系作为一个学科存在的合理性。没有系统的区别性因素，这个学科就会碎裂化而成为政治学、法学、经济学和社会学的子学科"（Barry Buzan and Richard Little，1994）。李从军将"国际体系（international system）"定义为，"以主权国家为主的各种国际行为体围绕一定问题互动而形成的整体结构"，揭示出行为体是分析国际体系时的最小概念。

除了上述种种之外，还有一个对于国际关系研究者早已习焉不察，但对于新闻传播研究者而言却不那么熟悉的研究前提，即"国际社会是一个无政府状态下的社会，这是一切国际关系研究的出发点"（摩根索、卡尔）。如果我们能在西方语境下的科学研究中适当地加入一点主体关怀就会发现对于中国语境下的研究者而言，所有人都没有无政府状态下的实践

---

① 倪世雄：《当代国际关系理论》，台北五南图书出版社，2003。

经验，因此在这超出自身经验范畴的领域，研究者遭遇的首要问题就是要对人性的善恶加以判定。然而一直以来新闻传播研究者都忽略了国际社会真实运作状况的"无政府状态"，新闻传播研究者与国际关系研究者之间一直处于"信息不对称"的状况。这往往导致新闻传播研究者在进行国际传播的研究时使用的是某种"内政思维"，这也常常招致外界对研究成果表现出"屁股决定脑袋"的质疑。

依据对人性善恶的不同判断，国际关系研究可分为两个学派：一个是基于人性恶假设的现实主义学派，一个是基于人性善+理性人假设的自由主义学派。两者具体差别见表1。

表1　国际关系研究中的现实主义与自由主义

共同假设	国际社会处于无政府状态	
两大派别	现实主义	自由主义
基本假设	人性本恶，天性对权力热衷	人性本善+理性人假设
国际关系的本质	● 国际关系的本质是冲突； ● 无政府状态下的国家行为体遵从霍布斯丛林法则； ● 合作从根本上讲是不可能的	● 国际关系的本质是合作； ● 无政府状态虽然没有中央政府，但却有着体系、秩序； ● 自由主义又叫作自由制度主义
国家的最高利益	● 生存利益和安全是国家的最高利益； ● 生存利益靠竞争获得； ● 安全是国家的核心利益	● 在一个建立主权制度的国际体系中，生存利益不是国家的最高利益； ● 安全是国家的核心利益； ● 安全的获得不在于无限地扩充实力，而是在于建立安全共同体
国际体系的根本内容	● 面对资源永远匮乏的国际环境，国家之间存在零和博弈； ● 利益冲突是根本内容	● 面对资源永远匮乏的国际环境，国家间存在合作共赢的关系； ● 理性行为体考虑利益最大化

从某种意义上来说，现实主义学派的理论成果奠定了国际关系研究的基调。虽然后来又出现了新现实主义，但是在将权力政治作为自己的研究范围这一点上基本上没有任何变化（达里奥·巴蒂斯特拉），这与相对灵活的自由主义形成了对比。现实主义假设人性本恶，在无政府的状态下，国家行为体之间的互动本质上就是竞争。在他们所定义的国家利益面前，研究者往往对属于国家行为体独占的军事等硬权力"情有独钟"。西方学

者在建构自身理论的时候往往会为自己的理论寻找哲学基础。① 从思想传统方面来说,现实主义与自由主义一直是相互竞争的两种思想;从马基雅维利到霍布斯与康德的论争,这种传统一直延续下来。黑格尔的辩证法提醒我们,表面矛盾的东西往往在深处是统一的。在冷战结束之前,国际关系领域的现实主义学派与自由主义学派的统一性表现为争论的焦点都处于物质层面,拥有一致的权力观;矛盾之处主要体现为前者关注国家行为体,后者在肯定前者的基础上,将目光更多地投向了非国家行为体;此外,在行为体的互动上,前者主张竞争而且这种竞争更多地指向涉及安全的军事领域,后者主张合作而且这个合作主要指向经济领域的合作。

两个学派后来的发展可以用既相互争论又相互借鉴来形容。大体上,新现实主义学派(代表人物为肯尼斯·华尔兹)虽然依旧固守了其权力政治视角,但加大了对行为体的合作关系以及非国家行为体投入了适度的关注。而后者在肯定前者的基础上,不主张零和博弈而是主张合作共赢。对行为体的关注也主要放在了非国家行为体特别是跨国公司上。两个学派都开始重视非国家行为体与美国 "9·11事件"有关,该事件发生后非政府的军事暴力组织对国际政治的影响力急剧上升,成为国际关系研究的主要对象之一。此外,从总体上来说,现实主义学派始终认为这种合作关系是脆弱的。小约瑟夫·奈属于崇尚制度视角的新自由主义学派。由于冷战结束后全球治理成为重大问题,在冷战时期一直苦于英雄无用武之地的自由主义因为其顺应了潮流在战后立刻显现出影响力来。②

2. 软实力与软权力

埃尔斯特曾经说过权力之于政治学如同效用(utility)之于经济学,这一论述充分表明了"权力"这个概念在政治学理论中所处的核心地位。从古希腊的修昔底德到今天,在有关国际互动的讨论中,权力一直处于突出的地位(David Baldwin,2002)。同样,"权力政治"也是国际关系研究者解读国际互动的基本视角。在政治学领域,韦伯的权力观具有较大影响,韦伯认为:"权力意味着行为体在社会关系中居于这样一种地位的可能性,即哪怕遇到反对也能贯彻自己的一致,不管这种可能性是建立在何

---

① 倪世雄:《当代国际关系理论》,台北五南图书出版社,2003。
② 〔美〕亚历山大·温特:《国际政治的社会理论》,秦亚青译,上海世纪出版集团,2000。

种基础之上。"① 达尔对权力的理解与韦伯大体一致,并在表述上更为清晰,因此得到了较广泛的认可,达尔认为权利是"A 让 B 做原本不会做的事的能力"。在国际关系研究中,运用达尔的"权力观"对研究对象(国际体系)阐释的最充分的是现实主义学派。他们认为,在无政府的状态下,国家间互动的出发点主要来自于对各国利益的维护,面对有限的资源,各国家行为体之间的互动将会不可避免地导致冲突,从而将"他的"变成"我的"的权力政治局面。事实上,权力论一直是西方国际关系学的一个核心理论。② 冷战结束前后国际关系发生了深刻变化,给权力论注入了新的内容。20 世纪 90 年代初,软权力概念正是这一变化的反映。

3. 约瑟夫·奈与软权力说

软实力说是作为一种颇具影响力的国际关系理论被新闻传播学者接受和认可的。在本文看来若想真正的理解软权力至少需要两种视角,即客观的理论视角和主观的研究主体视角。

单从理论视角来看,根据解释范围的不同,国际关系的理论研究分为纯理论研究和解释性研究两类。③ 前者的基本特征是能够揭示超越一定时空界限和类别范畴的一般性规律。结构现实主义、新自由主义以及建构主义理论都是纯理论研究方面的尝试,抓住此类理论的关键词是"普适性"。而解释性研究主要是对特定类别问题、特定时空范畴内的现象进行分析性研究,其目标也是寻求规律和通则,但这些规律和通则有着明确的时空和范畴限制,如区域一体化理论、核威慑理论和贸易自由化理论等一类是纯理论的研究。④ 这类理论的关键词在于"特殊性"。从这个定义上来说,广受中国学者追捧的软权力说归属于纯理论研究的范畴。除此以外,由于第二次世界大战后国际关系研究的中心由欧洲移向了美国,国际关系研究在方法论上有了很大的变化:不同于欧洲(主要是英国)强调传统、历史和思辨的研究方式,美国的国际关系学者更强调科学的方法。到目前为止,

---

① Max Weber, *The Theory of Social and Economic Organization* (New York: The Free Press, 1947), p.152.
② 倪世雄:《当代国际关系理论》,台北五南图书出版社,2003。
③ 阎学通、孙学峰:《国际关系研究实用方法》,人民出版社,2007。
④ 阎学通、孙学峰:《国际关系研究实用方法》,人民出版社,2007。

国际关系的理论几乎都是在美国成型的。①

作为一个学者，人们倾向于将约瑟夫·奈归于新自由主义学派，但是奈本人常以"现实主义化的自由主义者自称"。对于权力的理解，奈大致经历了这样几个阶段：早期尊重现实主义的硬实力观念，后来构建了自己的软权力说，而"巧实力"是其最新的理论成果，巧妙地融合了前两种思想。同时奈有着丰富的为美国政府工作的经历。这些经历包括：20世纪70年代曾在卡特政府时期担任负责科技和能源的助理国务卿，90年代在克林顿政府时期他先后担任全国情报委员会主席和美国负责国际安全事务的助理国防部长。从某种意义上说，奈的国际关系理论与其政府实践必然会相互作用与影响。

三　解构软权力说

软权力说提出于冷战结束后。当时国际关系的演进正处于从霍布斯式的权力体系向洛克式的制度体系转型的时期。② 对于冷战的胜利者美国而言，传统的霸权理论已经破产，今后霸权地位又该如何维系成了一个亟待解决的问题，而一直从事国际关系研究的约瑟夫·奈所提供的理论指导就是构建软权力。

奈对软权力的定义在新闻传播研究者中间已经是耳熟能详。软权力就是"在资讯时代，一国通过自身的吸引力，而不是强制力在国际事务中实现预想目标的能力"，换言之，如果说硬权力是指经济力量与军事力量，那么软权力则意味着文化思想因素要具有吸引力与说服力。③ 一说到文化很容易引发中国人的民族自豪感，的确每一个炎黄子孙都有理由为中华5000多年的悠久历史而感到骄傲，但是要理解奈所提出的文化实力还需结合自由主义经典的制度视角，此外还需结合软权力之于硬权力的补充关系，从最终效果来看，说软权力是换了种方式的硬权力也不足为过。约瑟

---

① 秦亚青：《国际关系理论的核心问题与中国学派的生成》，《中国社会科学》2005年第3期。
② 〔美〕亚历山大·温特：《国际政治的社会理论》，秦亚青译，上海世纪出版集团，2000。
③ 李从军：《有关"权力"概念的讨论之二：硬权力与软权力》，新浪微博，2011年1月14日；http://blog.sina.com.cn/s/blog_61ab00b90100ocz2.html。

夫·奈也一再声称从学派的角度来看，现实主义主张硬权力，自由主义倾向软权力，但是软权力是硬权力的延伸和补充，不应过分强调两者的分歧，"两者可以互补"。他说：互补性是软权力和硬权力最显著的特征，它们是一个问题相辅相成的两方面。① 约瑟夫·奈等人断言，谁能领导资讯革命，拥有咨询权利的优势，谁就强过别人，并在未来世界格局中占据主导地位。他们自傲地说，这个国家就是美国。他们还指出，美国在资讯权力上的优势服务于四个方面的任务：一是帮助共产主义国家实现民主转型；二是防止新的但较弱的民主国家出现解体；三是预防和解决地区冲突；四是对付国际恐怖、国际犯罪和环境污染，以及防止具有大规模毁灭性武器的扩散。

除了上述这些，软实力的提出还与奈曾担任过负责科技和能源的助理国务卿这一经历有关，他之所以能抓住资讯这个独特的视角是与当时的比尔·盖茨凭借微软在世界范围内取得巨大成功不无关系的。这里需要进一步区别的是，比尔·盖茨在西方学者眼中所具有的文化隐喻绝不是以和为贵的中国传统文化所理解的单纯的柔性说服。软权力说提出以后引起了中国学者的关注，比如王沪宁曾就文化与权力的关系做出这样的阐述，他认为文化不仅是一个国家政策的背景，而且是一种权力，或者一种实力，可以影响他国的行为。他从政治系统和政治领导、民族士气和民族精神、社会的国际形象、国家的国际战略、确定国际体制的能力以及科学技术的发展等六个方面说明了构成国家实力的基础。②

综上所述，软权力必须结合两个方面来看，一方面美国在硬实力方面已经具备了绝对优势，另一方面软实力的构建绝不是毫无章法的，也不是流于形式的，而是要结合自由主义经典的制度视角来构建的，知识产权等就是最能代表后者思想的构建方式。

1. 软权力说的有限性

通过对软权力的解构再加上对过往研究文献的梳理。我们发现由于缺乏对无政府状况下国际社会真实运作状况的了解③，新闻传播研究者对软

---

① 倪世雄：《当代国际关系理论》，台北五南图书出版社，2003。
② 王沪宁：《作为国家实力的文化：软权力》，《复旦大学学报》1993年第3期。
③ 这里需要纠正一个概念，联合国虽然看似是一个超国家的组织，但是它在本质上是行为体进行国际合作的制度化产物。

权力的理解更偏向理念的层面。而国际关系研究者依赖丰富的外交实践作支撑，往往偏向用硬权力的思维来解读软权力，或者在他们看来，虽然国际关系一直处于不断变化之中，但在多数情况下这种变化只是量变，发生质变的情况相对较少（阎学通）。实际上，作为对原有理论的超越，软权力说的独特之处还体现在引入非国家行为体这个概念，从传统的国际关系视角来看，行为体的互动分为高政治领域和低政治领域。有学者通过对具体的经验事实进行观察发现，行为体在高政治领域互动（军事、经济），很可能形成消极的相互依赖，而在低政治领域互动，则可能形成积极的相互依赖。低政治领域包括经贸领域、生态领域等（王玮）。这种定位意味着在国际关系学者看来，在涉及高政治领域的传播议题时要采取宣传的思路，而在涉及低政治领域的传播议题时传播可相对自由。这种逻辑也存在着将新闻传播研究引入到一种"安全焦虑"的隐患。换句话说，这与我们在前面所论述的新闻传播研究的学术文化是不符合的，这种研究很难激发出具有创造力的成果。

2. 权力概念的泛化与中美不同的国情

实际上，软实力说所诞生的美国社会是一个双强的社会，即强政府、强社会，这个理论语境与中国是不同的。中国社会是一个强政府、弱社会的结构，软权力说所重点依托的非国家行为在中国的发展还很弱小，尽管这几年中国政府也在努力促进它的发展（这个非国家行为体主要指跨国企业、知识精英等）。所以对软权力的运用是不能照搬的。除此以外，为了进一步促进国际关系和新闻传播两个学科的合作，我们也要避免对"权力"概念的泛化。有学者依据有无政治意图、有无政治后果两个标准对行为体的非强制性互动进行了一个二维解析，分析见表2。

表2 行为主体非强制性互动属性的判断

	有明显的政治后果	无明显的政治后果
有明显的政治意图	①实现了政治意图，具有权力政治意义，如"颜色革命""乒乓外交"等	②没有实现政治意图，未体现权力政治意义，如附带条件的国际救援被受援国拒绝等
无明显的政治意图	③政治结果并不是意图的体现，如国际贸易等	④互动没有政治属性，如纯粹的民间经济、文化交流等

需要对于表2说明的一点是第③种情况比其他三种情况稍微复杂一些，因为它存在着向①转化的可能性。举例来说，③很有可能出现这样的情况，行为体最初的互动意图并不具有政治性，但是互动的过程中行为体出现了后来的认知，从而非政治互动变成了政治互动，也就是变成了①的情况。如果抛去前面的高低政治领域的划分，而采用国际关系学者上述的分类，将大大调动新闻传播研究者的积极性。

3. 建构主义、公共外交、国家形象

如果说现实主义学派与自由主义学派主要是以主权国家的思维来研究国际体系的话，那么形成于20世纪90年代的建构主义学派所指向的就是真正的无政府状态。从本质上来说，建构主义不是一种国际关系理论，而是一种批评社会理论，而且是"一种能在其基础之上建立国际政治理论的社会理论"①。耶鲁大学的亚历山大·温特是国际关系理论中建构主义学派的代表人物，他指出建构主义虽然反对新现实主义和新自由制度主义的理性主义核心，但却认同它们的科学方法。建构主义的哲学基础是客观唯心主义。温特认为，对社会生活和国际关系最终起作用的不是物质本身，而是物质是怎样得到表现的。总而言之，建构主义学派与现实主义学派、自由主义学派的相同之处在于同样尊重权力在国际互动中所处的核心位置；不同之处在于对国家利益的定义上。正如斯蒂芬·沃尔特所说的那样："现实主义和自由主义所专注的是实力和贸易等物质层面的因素，而……建构主义则注重思想的影响。"②

建构主义学派注重规范、认同、文化，这三点似乎与新闻传播研究者在国际传播领域一以贯之的研究思路很符合。实际上也有一些传播学者已经尝试将该理论运用到对外传播的研究中来。③ 国际关系学者对建构学派的理论贡献大致有这样两类评价，一类认为它很好地补充了现实主义与自由主义学派对文化、认同和利益问题的关注，另一类认为它与其他学派相比有些激进。比如有研究者认为"虽然建构主义理论把文

---

① 倪世雄：《当代国际关系理论》，台北五南图书出版社，2003。
② 〔美〕斯蒂芬·沃尔特：《国际关系：一个世界，多种理论》，载于〔法〕达里奥·巴蒂斯特拉：《国际关系理论》，潘革平译，社会科学文献出版社，2010。
③ 匡文坡、任天浩：《国家形象分析的理论模型研究》，《国际新闻界》2013年第2期，第92~101页。

化、认同和利益因素带回国际关系研究,但是由于建构主义缺乏历史观和体系感,这一开拓性航程绝不轻松"(李从军)。"建构主义特别关注社会的主流言论,因为这些言论能够折射并打造人们的信仰与利益,并建立一些能被人们接受的行为规范。""建构主义所关注的是变化的渊源,而这种研究途径取代了马克思主义,成了国际关系领域主流的激进主义思想。"①

实际上,在国际关系研究中,依照三个主要的理论学派(现实主义、自由主义、建构主义)产生了三种国际体系,即权力政治体系、国际制度体系和观念文化体系;此外,在实践层面还对应三种外交战略,即实力外交、制度外交和公共外交。最近一段时间以来,促进国际关系和新闻传播两个学科进行跨界合作的研究多产生于"公共外交"这个新兴的研究领域。总体上说,该领域的研究尚处于形成阶段,但两个学科在跨界合作的过程中同样出现了不同学科立场之间的认知偏差。例如,国际关系和外交学学科的学者通常认为,媒体是公共外交领域的一个组成部分,更多强调公共外交是政府外交的"公众向度"。新闻传播学科的学者则倾向认为,公共外交等同于对外宣传,等同于媒体外交,等同于国际公共关系中视作操纵舆论的外交行为,更多地强调外交与媒体、舆论、公共关系之间的关系,讨论的题域更多的是对外传播领域。② 当然了,通过对话的不断加强,一些分歧也在讨论中得到了化解。例如,周庆安和赵可金在分析目前公共外交研究时指出,目前的研究主要是从国际关系与国际传播两个研究视角切入。从国际关系的角度切入,比较容易理解公共外交的政治属性,掌握公共外交在一个国家整体外交中的作用,也比较容易理解公共外交的制度史和机制建设。从另一个角度来看,从传播学的视野研究公共外交这种以国家或国家利益代言人为主体的传播行为,我们通常能够比较清晰地总结出公共外交活动的传播学特征。

---

① 〔美〕斯蒂芬·沃尔特:《国际关系:一个世界,多种理论》,载于〔法〕达里奥·巴蒂斯特拉:《国际关系理论》,潘革平译,社会科学文献出版社,2010。
② 北京外国语大学公共外交研究中心:《中国公共外交研究报告(2011/2012)》,时事出版社,2012。

四 如果我们任由思想层面由西方主导，实践层面由中国传统主导的形势继续发展，那么必然造成理论与实践的割裂

将西方理论引入到中国本土之前需要对概念进行必要的甄别，这个道理同样适用于跨学科之间的借鉴。究其原因，我们当然可以将其归因于东西文化、制度的差异。如果我们任由思想层面由西方主导，实践层面由中国传统主导的形势继续发展，那么必然造成理论与实践的割裂。理论对实践的指导意义是巨大的，深厚的理论素养决定了观察材料的质量，换言之，理论具有令现象化繁为简，并抓住主要矛盾的能力。理论与实践的割裂必然会极大地阻碍实践的进一步发展。

国际传播研究的技术维度

理念、制度研究偏好与技术研究偏好代表了学界与业界迥异的视野。

一 国际传播研究现状

当前,致力于国际传播研究的业界主体,依旧是传统主流传播机构,如新华社、中央电视台、《中国日报》、中国国际广播电台以及拥有《对外传播》杂志作为研究阵地的外文局。从已发表的研究文献看,学界偏好研究传播理念与制度,而业界对信息化大潮下"三网融合"表现出较高的研究热情。

1. 克服不同思维方式的传播障碍

国际传播是"一项带有浓厚政治经济色彩和功利诉求的传播活动"(刘燕南、谷正),若想达到合目的的效果,首要问题就是克服不同思维方式的传播障碍。

中国人了解西方思维最直接的方式就是阅读西方文明的两大经典《圣经》和《几何原本》,前者中的性恶论是西方政治制度的基础,而后者训练了个人关于规则和自我演绎的道路。理解这两大经典熏陶下的思维方式有两个关键词:"个人"与"契约";"个人"意味着自由,而"契约"意味着规则。这两个词也可以进一步演绎为一个隐含的交往前提,即在性恶论的人性观的影响下,交往对象是否自由以及在交往中是否遵从规则成了西方人判定友敌的标准。

从这个视角或标准出发,考察我国的国际传播主体,很容易看出其中不和谐的地方。因为我国的国际传播主体中,集体是当仁不让的主角,个人在集体之中,受到集体纪律或道德等的约束。在西方人眼中,这就意味着不自由、受限制,言论不可靠,可信度低,甚至推论出反政府的言论是控制失败的结果,是真实可信的,凡是支持政府的言论都是教化和控制的结果,不是真实意思的反应。2008年奥运火炬在巴黎传递过程中,中国火炬手、残疾人运动员金晶在埃菲尔铁塔下跑第三棒时,受到"藏独"分子冲击的事件发生后,中国网民群情汹涌声援金晶,这让西方很吃惊,在他们看来能够代表民意的情绪(网民情绪)竟然与政府的表态如此一致,是不可思议的。这种吃惊本身反面印证了西方的这种刻板印象。

这种认知上的刻板印象正是两种思维方式的深层反映,是一种认知思维的习惯路径,不能简单归之于西方故意妖魔化中国,也不能简单地用"话语霸权"一词解释后便置之不理。面对两种思维方式的差距我们只能尝试探索去理解的途径,构建、寻找到双方的最大公约数,建立双方可以接受的理解框架。当然要做到完全的认同比较难。在世界传播"西强东弱"的整体格局下,我国具有更强烈的与世界沟通的需要,因此要发挥主动性,以主动姿态面对世界的传播困局。

2. 信息技术被置于技术变革的中心

信息技术(Information Technology,IT)是关于信息的产生、发送、传输、接受、变换、识别、控制等应用技术的总称,其中主要的支柱是计算机技术、通信技术和控制技术,即3C。如果说信息技术是新技术革命的核心,那么计算机技术则是核心的核心。2011年,欧盟委员会评出了六项对未来影响最大的前沿技术,它们分别是:未来信息分析模拟技术、石墨烯科技、纳米级传感器技术、人脑工程技术、医学信息技术、伴侣型机器人。在这六项技术中前四项均与信息技术紧密相连。正如美国著名的未来学家阿尔温·托夫勒曾预言:谁掌握了信息,控制了网络,谁就将拥有整个世界。

目前全球范围内新工业革命的身影已经浮出地平线,在这场革命中,在加快推进信息化与工业化深度融合的同时,中国终于开启了停滞多年的"三网融合"。2010年1月13日,在时任国务院总理温家宝主持召开的国务院常务会议上,决定加快推进电信网、广播电视网和互联网三网融合,之后2010年就被称为中国"三网融合"的启动元年。2011年10月25日,在党的第十七届六中全会上通过了《中共中央关于深化文化体制改革、推动社会主义文化发展大繁荣若干重大问题的决定》(以下简称《决定》),该决定对我国国际传播能力建设做出了部署,指出要进一步推进"三网融合"的建设。目前,世界各国也纷纷将"三网融合"作为培育战略性新兴产业的重要工程,一些发达国家已经实现或正在深入推进"三网融合"。

国际传播领域的信息竞争,在表面上表现的是内容层面,在深层表现的是思维方式和制度层面,还有不可忽略的一个层面就是硬件基础,尤其表现为技术标准的竞争。从这个意义上说,"三网融合"以及内含的技术标准问题是支撑国际传播的技术前沿问题。

3. "三网融合"在某种程度上意味着信息化进程中的新产业革命

从整体上看,理解"三网融合"大致有三种视角:国家视角、管理者视角和产业视角。在国家视角中它被视为一项战略,"三网融合是一项深化电信体制改革、培育战略性新兴产业和惠及民生的重要工程"[①]。在新闻媒体的管理者眼中,它是一项重大的任务和工作。国家广电总局蔡赴朝指出,"三网融合"是我国经济和社会信息化的重大战略任务,是充分发挥各类信息网络设施文化传播作用的内在要求,必须作为构建现代传播体系的重要工作来推进。[②] 在电信和广电眼中,"三网融合"是一场由产业分立走向产业融合的革命性变革。而倾向于对"三网融合"下定义的大致有两类人,一类是管理者,一类是研究者。前者认为,"三网融合是指广播电视网、电信网与互联网在向宽带通信网、数字电视网、下一代互联网演进过程中,其技术功能趋于一致,业务范围区域相同,网络互联互通、资源共享,能为用户提供话音、数据和广播电视等多种服务"[③]。后者认为,"三网融合"主要指业务应用层面的融合,表现为技术趋向一致,网络层互通互联,物理资源实现共享,业务应用层面互相渗透和交叉,都趋向全业务和采用统一的 IP 通信协议,最终将导致行业监管政策和监管架构的融合。[④] 这个定义对"三网融合"进行了一次全景式的扫描。

上述关于"三网融合"的种种表述或者反映了一定的立场与倾向,或者为了满足一时的阐释需要。这或许反映出这一概念的形成主要着眼解决

---

① 邬贺铨:《中国三网融合的特点与挑战》,《中兴通讯技术》2011 年第 1 期。
② 蔡赴朝:《发展现代传播体系提高社会主义先进文化辐射力和影响力》,《人民日报》2011 年 11 月 7 日。
③ 《国务院关于印发推进三网融合总体方案的通知》(国发〔2010〕5 号),2010 年 1 月 21 日。
④ 韦乐平:《三网融合的思考》,《电信科学》2013 年第 3 期。

实践的需要。换言之，表述的形成主要靠约定俗成而不是科学论证，这对于更加熟悉技术的业界或许不会造成什么沟通问题，但会对第三方的观察造成一定的困扰。为了避免"三网融合"概念附着研究立场，本文将以它所指涉的物理载体作为自己论述的对象，借助几个物理学概念，串联起三网融合，并从中找出提高互联网国际传播力中的硬件基础的途径。

吴国盛（2002）在《科学的历程》中写道："与19世纪不同的是，20世纪的科学更加高深、更加远离我们的日常生活经验。相应地，它所转化的技术实际威力更大，也更难被人类所控制。例如从原子能的发明到核能的运用。"这句话在美国华裔科学家张首晟那里也得到了共鸣，他认为信息行业的发展完全得益于过去五六十年的基础物理的发现，比如量子力学为半导体技术的发展奠定了基础。"基础物理与霍金研究的宇宙身处的奥秘一样，跟日常生活没有太大关系，但有可能在今后五至十年内真正改变我们的生活。"（张首晟）吴国盛和张首晟的话在当下显得很有警示作用，面对这个被科技深度嵌入了的世界，回归概念本身所依附的物理载体或许是厘清头绪的关键。

二 流媒体是"三网融合"的重要诱因

由于对"三网融合"物理属性的还原需要一些计算知识，因此本节的介绍从一些与计算通信相关的概念说起。

1. 开放系统互联 OSI

1978年国际标准化组织（ISO）提出"开放系统互联参考模型"即OSI（Open System Interconnection），通过分层的方式，它将网络通信体系结构的通信协议规定为物理层、数据链路层、网络层、传输层、会话层、表示层、应用层7层。该标准受到了计算机界和通信业的极大关注，形成各种计算机网络结构的参照标准[1]（见图1）。

网络通信分为通信和网络两部分。它们分别对应两种服务形式：一个是基于点—点通信的通信服务层，另一个是基于端—端服务的网络服务层。点—点通信主要指相邻结点间的线路通信，而端—端通信主要指不相

---

[1] 杨小平：《计算机应用基础初级教程》，清华大学出版社，2004。

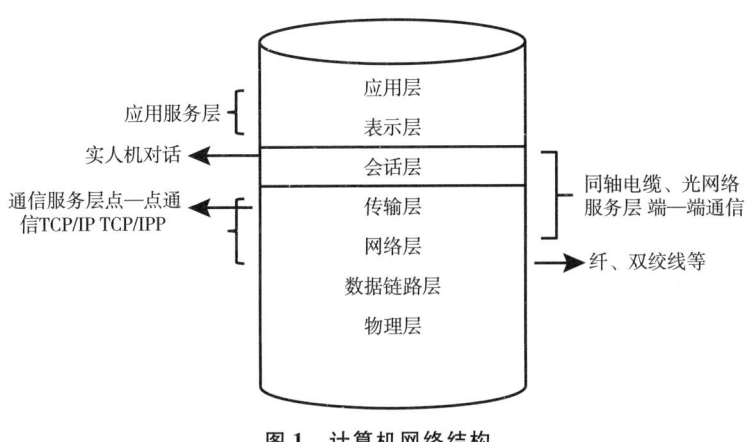

```
                     应用层
      应用服务层 {    表示层
       实人机对话 ←   会话层      } 同轴电缆、光网络
      通信服务层点—点通          服务层 端—端通信
      信TCP/IP TCP/IPP →  传输层
                     网络层     → 纤、双绞线等
                     数据链路层
                     物理层
```

图 1　计算机网络结构

邻结点上的通信。我们常说点—点通信是端—端通信的基础，这主要是因为端—端通信中的"结点"又叫链路，是由一系列相邻结点间的通信线路串联而成的。在局域网（LAN）的情况下点对点通信也可变身为端—端通信。[①] 本文所指的"三网融合"主要是指面向普通大众的万维网，因此下面的叙述主要以万维网的情境为主。

（1）通信服务层——点对点通信、基础设施。如果结合上述 OSI 网络体系来看的话，点对点通信主要由位于网络体系底层的物理层和数据链路层完成，虽然位于底部的物理层与网络用户经常可以接触到的应用服务层看起来相隔甚远，但它却是整个网络通信体系的基础，与我们真实的生活相离最近。物理层的建设往往需要有光纤、同轴电缆、集线器等，在我们真实的生活中这些基础设施的建设主要由国家负责。

（2）网络服务层——端对端通信、协议与标准。进入到网络服务层就涉及我们最常见的两个概念 TCP 和 IP，对于 IP 层而言还涉及我们经常可以看到的路由器。IP（Internet Protocol）又称互联网协议，是支持网间互联的数据包协议。它提供网间连接的完善功能。TCP（Transmission Control Protocol）是一种通信协定，规定一种可靠的数据信息传递服务。TCP/IP 协议原本是美国国防部内部网络 ARPANET 上的标准协议，后来逐渐成为

---

① 倪鹏云：《对开放系统互联 OSI 有关重要概念的分析》，《计算机工程与科学》1994 年第 4 期。

互联网协议。伴随着计算机网络的迅速发展，说 TCP/IP 是网络世界中的宪法也不为过。网络标准的开发和使用为计算机网络的结构、应用服务、数据交换和管理保证提供了实现的手段，对网络技术的迅速发展产生了很大影响。

目前，计算机网络标准主要是由若干有影响的国际标准化组织制定。较为有影响力的有这样几个。

第一，国际标准化组织（ISO）。ISO 中的 JTC1 技术委员会专门负责制定有关信息处理的标准。其中 SC25 以"开放系统互连"为目标，进行有关标准的研究和制定，负责从传输层到应用层（也叫高四层）及整个参考模型的研究。SC26 负责底下三层的标准即数据通信有关的标准制定。

第二，电气与电子工程师协会（Institute of Electrical and Electronics Engineers，IEEE）。IEEE 建于 1963 年，由从事电气工程、电子和计算机等有关领域的专业人员组成，是世界上最大的专业技术团体。IEEE 也是 ANSI 成员，主要研究最低两层（物理层和数据链接层）和局域网的有关标准，IEEE 定义和开发的标准在工业界有极大的影响和作用力。例如著名的 IEEE802 系列标准，IEEE802.3 以太网标准、IEEE802.4 令牌总线网标准和 IEEE802.5 令牌环网标准等（其中一些在后面的叙述中也将涉及）。

第三，国际电信联盟电信标准化局（International Telecommunication Union – Telecommunications Standardization Sector，ITU–T）。前身是国际电报电话咨询委员会。该组织主要由各成员国的邮政、电话、电报部门组成。早期主要从事有关通信标准的研究和制定，随着计算机网络与数据通信的发展，该组织与 ISO 密切合作，目前也已采纳了 OSI 体系结构，并将其制定的已趋成熟的数据通信标准融入 OSI 七层模型中。

第四，互联网协会（Internet Society，ISOC）。ISCO 成立于 1992 年，是一个非政府的全球合作性国际组织，主要就有关 Internet 的发展、可用性和相关技术的发展组织活动。

在互联网领域中，硬实力之争常常表现为标准之争，换句话说谁是规则的制定者，谁就是游戏的主导者。针对在标准制定方面西强我弱的事实，有专家提出，我们应该把握住下一代互联网和移动互联刚刚起步的机会加大投入，争取得到在标准和技术等方面的有利地位。

（3）高级应用层——流媒体。与网络用户最相关的就是位于高层的应用服务层。在这两个层中"表示层"主要处理各类用户相对共同的应用要求，如数据的压缩、加密等，而"应用层"主要处理不同用户的不同应用要求。从产业的角度来看，"三网融合"的诱因主要出现在应用层，是一次需求驱动下的硬件基础的变革，其中多媒体传输方式的改变扮演了很重要的角色。

2. 流媒体（Streaming Media）——"三网融合"的诱因

流媒体主要指采用流式传输方式在网络上播放的媒体格式信息。常见的流媒体业务包括IPTV（网络电视）、视频点播、流媒体音乐、视频监视、视频会议、交互式游戏等。

在流媒体出现之前传播多媒体的方式主要依靠下载。最常见的做法是用户下载多媒体文件至本地并进行播放。通常这类文件对本地的存储容量有一定要求。而新出现的流式传输方式通过服务器实现了实时传输，对于用户来说不必等到整个文件全部下载完毕，只需延时启动即可，之后客户端可以边收数据边播放。[①] 流式传输的优点是显而易见的。它一方面缩短了启动时间，成功解放了用户对缓存容量的需求；另一方面实现了类似现场直播式的实时数据传输。这些都对网络本身提出了更高的要求。

具体地说，按照目前的编码方式（MPEG2编码），传输一路数字标清电视（Standard - Definition TV，SDTV）信号需要约6～8Mbps带宽，传输一路数字高清电视（High - Definition TV，HDTV）信号，需要至少25Mbps的带宽。若一个家庭用户同时收看1套HDTV和1套SDTV节目，并进行高速度上网，则需要至少40Mbps的业务宽带。另外，网络中数据和流媒体等各种类型业务的同时存在，要求网络改善性能，保证各类业务和谐友好共存，并为各种类型业务提供不同的服务质量（Quality of Service，QoS）。传统的WWW、文件传送和电子邮件等数据业务大多采用TCP协议传输数据，当网络发生拥塞时，TCP有相应的拥塞控制机制；而流媒体业务很多利用UDP协议传输数据，UDP没有拥塞控制机制，因此当两种协

---

① 李建廷：《流媒体技术综述》，《现代电子技术》2005年第3期。

议流大量共存时，基于 UDP 的业务会挤占 TCP 业务的带宽，产生带宽分配的不公平问题，并导致网络拥塞。另外，流媒体应用对网络提出了不同于传统数据应用的服务质量控制要求。例如，传统数据业务大多对实时性的要求不高，而需要较高的数据可靠性；与此不同的是，流媒体业务具有实时性和连续性的特点，对网络时延和时延抖动等性能有较为严格的要求。

3. 宽带接入——最后一公里

宽带接入的问题主要作用于网络层上。流媒体以及各种宽带应用不断推动网络基础设施建设，提高网络性能与服务质量。接入网的发展和应用却长期滞后。虽然运营商推出了各种接入方式，但总体上仍难以满足包括 IPTV 等流媒体业务在内的多种宽带业务的要求，接入网已成为限制宽带业务发展的重要瓶颈。

宽带接入技术是指把用户高速接入宽带 IP 网络所涉及的接入技术。当骨干网的带宽已可以满足业务需求时，网络"最后一公里"的接入就成为影响宽带网带宽上升的瓶颈。

目前，国内外市场提供宽带接入的技术有很多，按照传输介质的分类，当前主要的介入方式有同轴电缆介入、电话线接入、光纤接入及无线接入、五类线介入等类型（见表1）。

表 1 各种类型宽带接入技术

	Cable Modem	HomePlug AV	ADSL2+	802.11G	WiMAX	FTTH (GEPON)	以太网
物理介质	同轴电缆 Coaxial Cable, Coax	电话线	双绞线	无线	无线	光纤	五类线
上行速率（bps）	125M	70~100M（共享）	1.2M	54M（共享）	75M（共享）	1000M	100M
下行速率（bps）	150M		24M			1000M	100M
适用性	有线电视家庭（需要双向改造）	有电话家庭	有电话家庭	所有家庭	所有家庭	重新布线	重新布线
用户流媒体	受制于用户人数	受制于用户人数	带宽不够	信号不稳	信号不稳	满足要求	满足要求

我们假设流媒体等新型业务的迅速发展大约需要 40Mbps 的带宽，依照表 3 的技术参数，FTTH 和以太网是解决接入技术的最优解。[①] 基于五类线的以太网是目前使用最广泛的局域网技术，并成为宽带接入领域一种重要的接入手段，而 FTTH（Fiber to the Home）是目前宽带接入的一种理想模式，并在日本得到最广泛的运用。目前我国主要使用的是 ADSL2＋技术，对于流媒体而言，ADSL2＋所使用的双绞线自身存在通信容量小、屏蔽性能差的特点，在未来以视频流媒体业务为主的网络中，ADSL 接入将不再是一个最佳的选择。然而，结合我国的具体情况来看，考虑到运营商已有投入、建设费用、施工难度和用户接受程度，以及不需要重新布线的方案等，ADSL 似乎更为可行。这样一来需要重新布设线路的 FTTH 和以太网就被排除在备选的名单之外。在表 3 剩下的名单中除去已经分析过的 ADSL2＋，唯一剩下的就是同轴电缆了。在美国和欧洲的部分国家，同轴电缆是最重要的接入方式，我国现有超过 1.3 亿的有线电视用户，因此不需要重新布线，又易于为用户接受，具有得天独厚的优势。

三　广电的"三网融合"之路——3TNet

2008 年 12 月 4 日，科技部与国家广电总局签署了《国家高性能宽带信息网暨中国下一代广播电视网自主创新合作协议书》，确定了以 3TNet 自主创新的核心技术为支撑，建设下一代广播电视网（NGB）的总体目标。NGB 将能够承载跨域广播电视、话音和宽带数据等全媒体业务，最终形成可管可控的全国骨干传输网、城域网和接入网，是探索符合我国国情"三网融合"可行路线的重要实践。

面对"三网融合"后日益激烈的竞争和下一代广播电视网的发展趋势，当前的广电运营商需要拓展两种能力，即快速开发满足用户个性化需求业务的能力和发展新用户尤其是高端用户的能力。唯有广电运营商在做好已有业务的基础上，进一步推出更具有吸引力的增值业务，广电运营商

[①] 张冰：《流媒体业务的宽带接入与拥塞控制技术研究》，西安电子科技大学博士学位论文，2008。

才能增加客户满意度、提高竞争力、减少客户流失。然而，广电运营商要在"三网融合"时代开展业务创新，如果仍然采用传统的业务开发平台模式就需要不断随着新业务和新应用的部署不断建设新业务平台，这将会导致网络和应用架构日益复杂，无法充分利用有线电视网的各种资源，造成重复投入和建设，增加投资和运营成本，加大架构管理难度，因此已经不能适应时代发展的需求。[1]

下一代广播电视网开放业务平台3TOP（3TNet Open Platform）利用3TNet核心设备大规模接入汇聚路由器，结合广播电视网双向化改造效果，以IP网络和HFC网络为主要传输媒介，向以机顶盒+电视为代表的主要终端，提供直播、点播、下载、消息、会话、支付、信息、上载等业务，为广电运营商提供面向"三网融合"业务的多业务管理、运行、监管功能，并提供业务开放接口（见图2），使增值业务提供商和对等的异地广电运营商能够通过开放接口，在有限电视网上开发业务、开展业务运营。

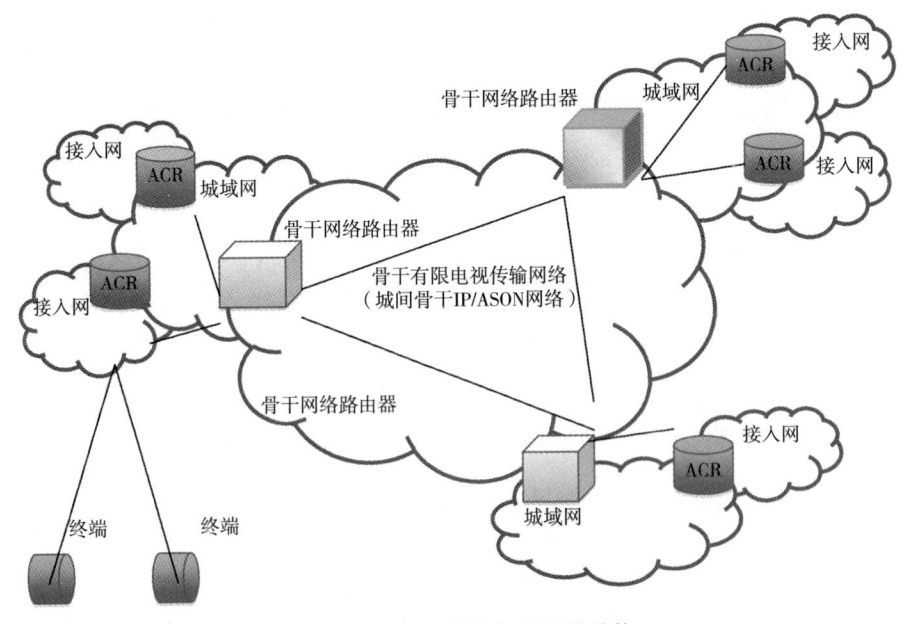

图2　下一代广播电视网网络结构

---

[1] 徐战：《下一代广播电视网开放业务平台中网络边缘资源控制技术研究》，中国科学技术大学博士学位论文，2011年。

四 电信的"三网融合"之路——软交换

NGN（Next Generation Network）即下一代网络标志着新的电信网络时代的到来。从广义的角度来看，NGN 是从传统的以电路交换为主的 PSTN 网络中迈出了向以分组交换为主的步伐，它承载了原有 PSTN 网络的所有业务，把大量的数据传输卸载到 IP 网络上以减轻 PSTN 网络的重荷，又以 IP 技术的新特性增加了、增强了许多新老业务。从这个意义上说，NGN 是一个能够包括语音、数据、视频和多媒体业务的，基于分组技术的、综合开放的网络架构。[①] 软交换技术处于 NGN 的核心。

软交换最先是在 20 世纪 90 年代中后期由贝尔试验室提出的一个思想，并由该实验室制造了第一台原型机。此后欧美等发达国家陆续开始部署。1995 年 5 月，软交换论坛又称国际软交换协会（International Softswitch Consortium，简称 ISC）成立，目前 ISC 有近 200 个成员，成员大多是国际上知名的电信设备制造商如阿尔卡特、CISCO 等以及电信运营商如 AT&T、NTT 等。

软交换技术目前已经取得了长足的发展，在结构、功能、性能和应用范围等方面已经基本确定。

在结构方面，软交换采用分层结构模型，所有设备之间通过标准接口互通，提供基于策略的 OSS 和通用业务平台，并支持平面组网方式。

在功能方面，软交换完成呼叫处理、协议适配、媒体接入、网络资源管理、业务代理、互联互通、策略支持等功能，并支持业务编程。

在性能方面，软交换满足电信级设备要求，在处理能力、高负荷话务量、冗余备份、动态切换、呼叫保护等方面都达到了指定标准。

在覆盖范围方面，软交换目前主要解决通信网络，如 PSTN/PLMN/IN/互联网和 CATV 等的融合问题，并和 3G 协同，最终完成在骨干包交换网中提供综合多媒体业务。

总体上说，软交换技术的应用在国际上受到了美国、德国、英国、日本、比利时等发达国家的高度重视，试验网的建设和软交换的实际应用在世界范围内展开。在国内，中国网通、中国电信等几大运营商也走在了世

---

① 张立达：《软交换技术及 SIP 协议栈实现的研究》，天津大学硕士学位论文，2005。

界前沿，在北京、上海、广州、深圳等多个城市都建有软交换试验网进行NGN关键技术的实验（见图3）。

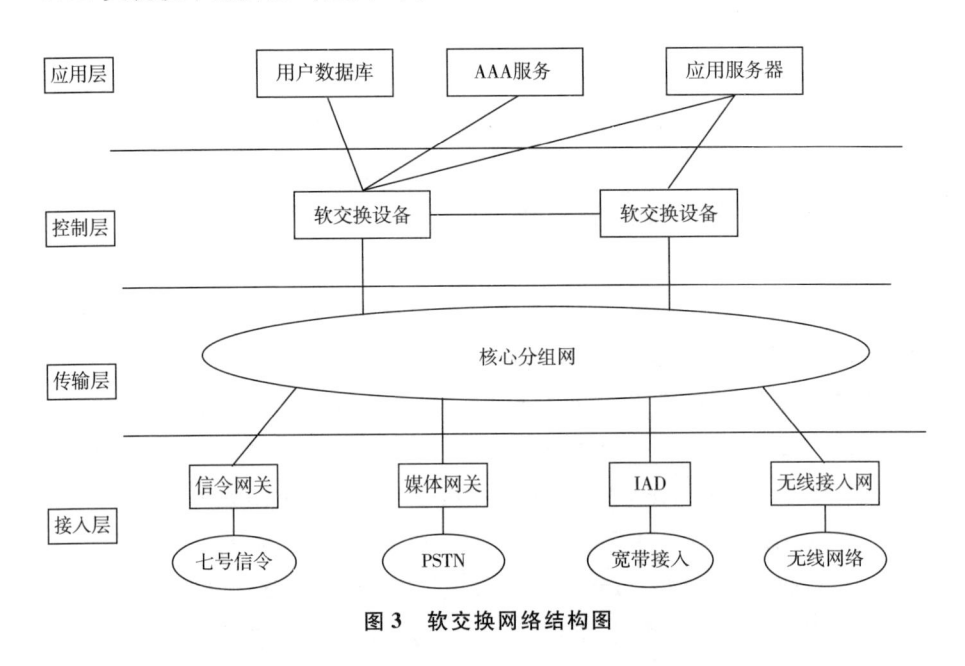

图3 软交换网络结构图

五 提高互联网国际传播力是实现中国梦的憧憬

人类社会发展至今，各种问题和现象层出不穷。随着科技对人类生活的深度嵌入，由信息DNA替代原子的设想也正在逐渐变为一种可能。事物的本质在纷繁的现象背后越藏越深，但是只有抓住了它才有可能看到未来。对于传播格局而言，传播技术就是一个类似本质的存在。因此从"三网融合"这个视角来看中国在互联网语境下的国际传播力就显得更有前瞻性。总体来说，机遇与挑战并存。

尽管有学者批评"三网融合"在推进的过程中充满了中国式的媒介思维，但是"三网融合"不仅是中国的问题，也是一个在全球通信业和信息产业中发生的革命，只是由于特殊的国情，它在通信和广电领域引发的冲突较为明显。而我们希望在这场信息革命开始之前，抓住一个更适合民族国家的假设：互联网语境下的国际传播看似信息的自由流动，实际上是一种控制的加深和信息秩序的建构。传播技术的变革终将引发传播格局的改变，并且最终会影响整个社会。这绝不是危言耸听。

在这场全球范围内的信息革命中，技术标准的争夺和基础科学的研发能力是决定未来互联网国际传播能力的关键。我们既应该乐观的看到在这个新的领域中国内外的差距相对比较小，中国与西方发达国家基本站在同一条起跑线上，同时又要看到在技术标准和基础科研方面我们都尚显落伍，在升级换代的过程中还可能遭遇安全的风险。

提高互联网国际传播力这个命题背后是对实现中国梦的憧憬。对于这个问题我们既要热情又要清醒。从理念的层面来说，一是中西文化实际并没有零和博弈的必要，全球化是西方的全球化这是个事实，然而中国文化向来崇尚灵巧，更务实的考虑或许是如何实现中国文化在网络媒介上的落地。二是比起常见的以情感人的"打感情牌"，以及一厢情愿的说服方式，我们更应加快中国本土的理念创新，在制度和理念的层面与他国文化对话。从技术的层面来说，互联网之争归根到底是技术标准和科研之争，我们应该抓住这样一个战略机遇期。

中国互联网国际传播研究中的"科学精神"

这是以新闻传播学与国际关系两种研究视角的错位为例。

一 国际形势的新变化推动中国的国际传播进入全面发展的新阶段

伴随着前四轮改革红利的释放,中国经济在过去30年间一直呈现高速发展的态势,人民的生活水平在整体上有了较大提高。根据2011年世界银行的标准中国目前已步入中上等收入国家的行列。[①] 与此同时,得益于中国政府的审时度势,在世界经济普遍疲软的大背景下,2011年中国超越日本成为世界第二大经济体,超越美国成为全球第一大贸易国。这些成就除了给中国国内的各项建设带来了新的发展机遇之外,也在重新塑造中国在国际舞台上所扮演的角色。具体地说,作为新兴大国的中国正在由舞台的边缘走向中央。这一点可以从近期中国在各类国际事务中不断攀升的曝光率窥见一斑。同时,这也意味着在未来,中国不仅面临国内的各种转型所带来的压力,还要面对自己在国际事务中由一个参与者向一个主导者,甚至还可能是一个领导者的角色转换。

从某种意义上讲,中国今天的大国地位是由经济发展促成的,但是这离地位的最终确立以及影响力的真正发挥还有一段不小的距离。这中间所缺失的是他国对中国理念层面的认同,要弥补这个缺憾单靠经济的发展是不够的。

为了更好地应对这一历史性的转变,较之以往中国更加需要变"被

[①] 张其仔:《中国产业竞争力报告(2012)》,社会科学文献出版社,2011。

动"为"主动",通过有效的国际传播将自主创新的各类科学成果和文化产品与他国互通有无,最大限度地在不同文化、不同理念、不同社会制度之下,寻求国家间的理解与认同。2009年中央下发《关于印发〈2009~2020年我国重要媒体国际传播力建设总体规划〉的通知》(中办发[2009]24号),以战略层面国家国际传播战略的制定与执行、政策层面的"建设覆盖全球的国际传播体系"的目标提出、实践层面中央级新闻媒体的战略转型为标志,[1] 将国际传播上升到了国家战略的高度,开启了一个全新的发展阶段。

党的十八大以来,新一届政府向全国人民、向遍布世界的全球华人发出了实现中国梦的号召。在以信息化、全球化为表征的时代背景下,中国梦的实现离不开良好的国际交往环境,这首先要打破各国对一个新兴大国所形成的历史偏见,使其将中国的崛起视为和平崛起,这些离不开各种传播平台的协力营造。总体来说,这些来自外部环境的"压力"大大提升了国际传播的战略地位。

二 作为国家战略的国际传播研究引发多元研究主体的参与

伴随上述出现的新变化、出台的新措施以及传播科技本身日新月异的发展,近些年来国际传播研究呈现出蓬勃发展的态势,多元研究主体的出现就是一个重要标志。

1. "国际传播"与"对外传播"

在国际传播的研究中,"对外传播""跨文化传播""全球传播"这几个词在概念的内涵上与"国际传播"多有重合之处。这4个词两两之间或是存在相交叉关系,或是存在着包含与被包含的关系,这就导致了在具体的研究和实践中稍不注意,就会出现概念上的混用和误读。在这4个词语中,"国际传播"与"对外传播"在狭义上的理解最为接近。在狭义上,"国际传播"被认为是以国家社会为基本单位,以大众传播为支柱的国与

---

[1] 张毓强、尚京华、唐艾华:《中国国际传播人才培养的历史沿革》,《当代传播》2010年第4期。

国之间的传播；① 国际传播的基本主体是国家，原因在于国际传播产生于各个国家对外宣传的需要。国际传播被认为是一种带有很强的国家意志力和政治敏锐性的传播活动；② 在实际的研究中尽管这两个概念各有侧重，但大多数研究者依旧能在"民族国家是国际传播中最重要的主体"这一点上达成共识。本文也不例外，因此本文在论述"国际传播"与"对外传播"这两个概念相交叉的部分时采取了混用的方式。

2. 对 2012 年全年国际传播文献的定量分析

当笔者在中国知网（CNKI）中分别输入"国际传播"和"对外传播"这两个主题词后，仅 2012 年一年就出现了 768 个搜索结果，删去不相关的文章（如同一篇文章被多次纳入 CNKI 的搜索结果、征文启事、会议新闻等）共出现 648 篇文献。获此结果之后，本文或依据研究者所注明的专业或依据发稿时所注明的单位，对 2012 年全年符合"国际传播"主题的 329 篇文献进行再整理，大致厘清了两个问题，一个是研究主体的类型，一个是研究主体的活跃度（这个活跃度主要通过该研究主体所发表的论文占论文总体的百分比来予以体现）。统计结果如下，2012 年"国际传播"主题下的研究主体大致分为九类，即含有新闻、传播专业的高校，各种外语类院校，处于对外传播一线的传播机构（如新华社、中国国际广播电台、中央电视台、国家外文局等），具有政治学、国际关系学、外交学等学科背景的研究者，担负有对外传播任务的区域政府（如新疆、河南、广西等），解放军南京政治学院，各类体育院校，具有人文学科背景的研究者（如历史、中文等），其他。各研究主体的活跃度见图 1。

从总体上来说，图 1 虽然只反映了 2012 年"国际传播"主题下的研究者类型，但也基本符合 2009 年（中办发〔2009〕24 号文件）以来这一领域多元研究主体大致的分布状况。

就提升互联网国际传播力这个事关国家战略的大问题而言，研究主体多元化往往会带来两方面的效果，一方面丰富了这一领域的研究成果，另一方面也容易模糊研究应有的方向，后者往往是问题域泛化的结果。大到国家形象小到中国公民的个人形象似乎都影响到国际传播力的提高，当然

---

① 郭庆光：《传播学教程》，中国人民大学出版社，1999。
② 程曼丽：《国际传播学学科体系建立的理论前提》，《北京大学学报》（哲学社会科学版）2006 年第 6 期。

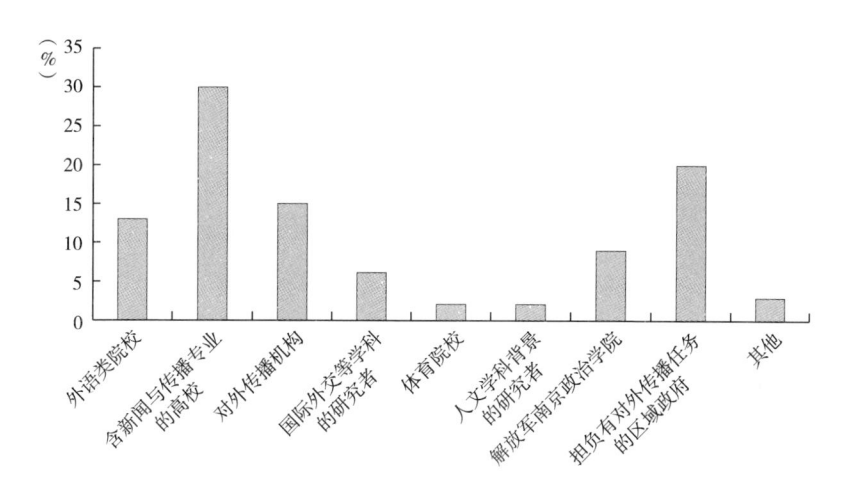

图 1　2012 年全年"对外传播"主题下各类研究主体的活跃度

不同领域所能施加的影响往往是不同的。因此，聚焦问题，集中精力，就重要领域的首要问题认真思考并解决是一个重要的研究思路。

在现有的国际话语格局中，西强中弱是个事实，中国在短时间内无法改变这一现状。但是，作为崛起中的新兴大国，中国也需要强大的话语体系为今后的发展保驾护航。在笔者看来，西方的话语霸权依靠两个有力的支撑，分别是"科学"与"制度"，"科学"在这里主要指涉的是理论，制度主要指政治、经济制度。就科学理论方面而言，真正实现与西方进行有效对话的关键在于尽快完成中国本土理论的构建与输出。通过对已有的国际传播领域文献进行梳理，我们发现，目前推动理论创新的驱动力是跨学科交流，这种方式在运用中尚存在一定的问题。

从整体上来看，不同学科之间、业界和学界之间这种跨界混搭式的发展路径顺应了当下研究的潮流与趋势（喻国明），也会在某种程度上将该领域的研究引向一种更为理想的状态，进而从根本上提升我国对外传播的整体水平。但从另一方面来看，多元主体的参与同样可能带来焦点的分散，将这一领域的研究引向众声喧哗、自说自话的方向上去。事实上，通过对以往研究的梳理，笔者发现，从趋势上讲，自说自话式的离散大于跨界整合所期待的协同。实际上，类似现象的发生与专业分工不断深化的宏观趋势是分不开的。在这种背景下，各研究主体通常只关注本领域的纵深研究，而对相关领域的学术传统和立场视角缺乏必要的了解，这往往会为很多结论的得出打下专业偏见的烙印。在业界技术融合、学界领域跨界的背景下，不尽快弥补这种缺失已久的理解不利于形成共识，不利于发挥协同研究的效果。近些年来，虽有不少关于对外传播领域的综述，但大多缺乏对这一点的深度关注。

作为一个日趋成熟的传播媒介，互联网正猛烈冲击着传统媒体固有的传播理念与行为版图。仅就对外传播领域而言，网络自身所具有的去时空化的媒介特性大大模糊了以往研究中所强调的传播要"内外有别"的界限。具体而言，随着"国际问题本土化、国内问题国际化"的趋势日趋增强，传统媒体时代所固守的国际、国内两个传播路线的方针正在自媒体等新型传播形态的冲击下变得"泾渭不明"。在实际操作的层面，我们所面临的主要问题或许是如何运用这一新兴的媒介技术使过去没有得到充分发挥的传播潜力得到有效释放。但从构建本土理论的角度来说，认真辨析在传统媒体时代，哪些有益的研究经验值得继承，哪些经验需要舍弃才是接下来继续研究的基础和前提。

三 国际传播研究中的新闻传播学的研究路径

图 1 为我们展现了九类研究主体，但本文接下来并不是对这九类主体进行全盘的分析，而是重点选择了其中的三类，它们分别是含有新闻、传播专业的高校，处于国际传播一线的传播机构（如新华社、中国国际广播电台、中央电视台、国家外文局等）和具有政治学、国际关系学、外交学等学科背景的研究者。这样选择的原因在于，前两者属于该领域传统型的研究者，从图 1 中也可以看出是研究成果最多的研究主体。不同的是一个代表学界、一个代表业界。而第三类属于对这个领域产生很大影响的研究主体。特别是"公共外交"这个概念被提出以后，这些学科与新闻传播学之间的交流呈上升趋势。而关于其他的研究主体可参见付玉辉博士所撰写的《2012 年对外传播研究特征》一文。

为了更好地把握住新一轮科技革命所带来的机遇，实现国际传播事业的跨越式发展，上述三类研究主体在国际传播研究中开展了各种形式的活动。比如主要承担着人才培养任务的高校主体，近几年在国际传播人才的培养中加大了对国情教育的投入力度。中国人民大学新闻学院就在专业硕士（国际新闻方向）的培养方案上将国情教育作为一门必修课程，旨在通过不同领域的系列讲座帮助学生了解中国的国情；而处于传播一线的业务机构为了不在丰富的现象中迷失方向，纷纷走进校园进行充电，如国际广播电台与清华大学、中国传媒大学联合举办"媒介经营管理"和"现代国际传播"研究生进修班，拓展知识结构，提高研究能力；近些年也多有学界和业界合作完成的论文和研究课题等。① 这些形式顺应了时代潮流，无疑是可喜的。只是人们往往忽视了真正从这种跨专业的形式中吸取养分，最终取得系统协同的效果，更为可靠的路径应该是研究思路和思维方式的深度借鉴，而不仅仅是简单的套用概念。换言之，若想弥补专业化分工所深化了的不同专业之间的封闭与界限，就必须从打破不必要的隔阂开始。

这首先需要从各学科不同的学术传统和所持有的立场视角上进行一次较为深入的解读开始。新闻与传播学、国际关系学与外交学，以及处于传播一线的业界是支撑国际传播领域研究的重要研究主体。本文通过深入各个研究主体的内部，有选择地对各个研究主体的研究路径和学术传统进行分析和介绍，以期达到各研究主体之间的对话效果。这既是对以往传播研究的批判性继承，也是为今后的理论建构提供一个有力的参考。

1. 中国新闻、传播学所继承的西方学术传统：批判与自由

中国新闻学与传播学的理论研究始于20世纪初，从诞生之日起到后来的发展变化都多多少少受到了西方理论的影响。从较为严格的意义上来说，中国有本土的新闻理论，如1983年甘惜分出版的《新闻理论基础》为这方面的第一本教材，而传播学理论自始至终都是西学中用的产物，如果单从发展的时间来看，新闻学研究在中国有近百年的历史，而传播学在中国台湾和香港地区有50多年的历史，在大陆有30多年的历史。②

梁启超晚年在概述清代学术时曾表达过这样一个观点，套用到今天的学术研究中大概就是说若想真正理解某一领域具有奠基意义的经典文献，就要对该文献所处的那个历史阶段中思想界的主要潮流或者流行观点有所了解。同样的意思在《报刊的四种理论》一书中被表述为"新理论的知识

---

① 崔屹平、李宇：《二十年来中国电视对外传播理念嬗变初探——以中央电视台为例》，《现代传播》（中国传媒大学学报）2012年第8期；吴小坤、李佳运：《国外机构和组织借助新浪微博对华传播的样态探析》，《对外传播》2012年第11期。
② 陈力丹：《解析中国新闻传播学（2013）》，人民日报出版社，2013。

气候"。20世纪的中国正处于向西方学习的阶段，因此支撑中国新闻学与传播学的基础性文献也大多来自西方知识界。

有人曾将马克思、弗洛伊德、尼采和胡塞尔并称为19世纪和20世纪西方思潮的缔造者。① 前两者更是通过直接或间接的方式深刻影响了中国新闻学与传播学（下面简称新传界）的形成与发展。马克思的贡献在于提出了唯物史观和唯物辩证法，弗洛伊德则为人类思想宝库贡献了精神分析和"无意识"的概念。从某种程度上说正是两者后来的结合才培育出中国新闻学与传播学研究中批判的基因。由于马克思的相关理论在本领域的各种研究中提及较多，这里就简要地说一下后者。弗洛伊德的深度心理学揭示出个人意识与真实存在之间存在着一个无意识的世界。与近代以来占统治地位的"主观性"哲学不同（代表人物笛卡尔、康德），弗洛伊德所提出的"无意识"的概念质疑了"意识能够真实反映存在"的核心假设，而这一点恰恰是主观性哲学的基础。具体地说，弗洛伊德认为一切存在都是值得怀疑的，即便是自认为最客观的观察依旧是某种意识形态扭曲后的结果。在国际传播的研究中我们更多的关注不同文化、政治制度等对生成这种无意识所造成的影响。弗洛伊德的理论对中国新传界施加的影响更多的是通过两个渠道间接达成的，即一个是人类学，另一个是传播学的美国学派。人类学常将精神分析运用到诸如文化对于个性社会化的影响等研究中，除了国际传播之外，前面所提到的跨文化传播研究也多借鉴人类学的这部分成果。而诞生于欧洲的精神分析则是通过"美国"这个分支传入中国的，这与第一次世界大战后精神分析在美国兴盛这个时代背景有关。可以说它是拉斯韦尔的宣传分析、霍夫兰的说服研究等的学术基础。② 这些成果在20世纪的引入，对中国新闻与传播学学术传统的形成造成较大影响。

马克思和弗洛伊德所出生的19世纪是古典科学全面发展的时期。整个19世纪的思想界和科学界都因达尔文的进化论这一最伟大的科学发现而受到了不同程度的震动。当时的中国正处于向西方资本主义寻求真理的阶

---

① 〔日〕今村仁司等：《马克思、尼采、弗洛伊德、胡塞尔——现代思想的源流》，卞崇道、周秀静译，河北教育出版社，2002。

② 〔美〕E. M. 罗杰斯：《传播学史——一种传记式的方法》，殷晓蓉译，上海译文出版社，2005。

段，达尔文的进化论也间接地通过严复的《天演论》影响了中国几代知识青年（如鲁迅、毛泽东等）。无怪乎罗杰斯认为从真正的渊源上来说，传播研究的欧洲老师应该有三位，即达尔文、马克思和弗洛伊德。罗杰斯在《传播学史》中评价说，这三个人的伟大思想是建立在一种科学观的基础上的。实际上，这里所说的"科学观"是指西方近代（主要指 19 世纪）以来深刻影响所有研究的基本预设，换言之，科学是西方学者深入骨髓的信仰，是他们发现问题、解决问题、评价问题时隐含的前提。但这对于向西方学习的中国学者而言，却是一个时而被注意，时而被忽略的前提。

所谓的科学观可以分为三层来理解：一是科学的研究方法，二是理性的思维方式，三是为科学而科学的精神。对于中国的知识分子而言，对前两点的理解毫无困难，但是最后一点对于以实用理性为特质的中国文化心理而言却是较难引发认同的，因此在中国"为科学而科学"常被解读为"书斋学问"，因看似无法解决当前的实践问题而缺乏影响力，却又在更长的时期里导致中国理论创新能力的不足。

国际关系研究领域常说"外交是内政的延伸"，这同样适用于当下的国际传播研究。以上这些都是在中国新闻学与传播学形成阶段产生过重要影响的"知识气候"，伴随着后来的发展，进而影响到了这两个领域的"延伸"——国际传播的研究中来。这些左右着国际传播研究的进一步发展。

2. 在"学术独立"与"家国情怀"之间

一直以来，为西方科学理论创新提供动力的正是上面所提到的科学精神[1]，在这种精神得以长存的背后实际是希腊文明对独立、自由的向往（科学精神与希腊文明的关系会在下面详述）。对于深受西方理论影响的中国新传界学者而言，捍卫自由的形式莫过于在学术上保持独立性。通过笔者有限的观察，该领域的研究者通常会采取或对政府的各种行为保持审视、怀疑的态度，或主要针对本领域中远离"中心"的边缘性问题进行深入研究的方式来捍卫这种独立。

事实上，中国近现代历史的发展往往是以政治为轴心的。[2] 再加之千

---

[1] 吴国盛：《科学的历程》，北京大学出版社，2002。
[2] 李泽厚：《中国现代思想史论》，天津社会科学出版社，2004。

百年来中国文人所固有的"家国情怀"都使当代知识分子在追求自由的道路上往往容易走到消极自由的方向上去。在国际传播的研究中这一点就表现得较为明显。原因或许是在现实主义和传统媒体的语境下，中国的"国际传播"研究实际有两个限制条件：一是以国家为主体，二是以确保国家利益为导向的传播研究。一个传播命题一旦和民族大义相结合，就很容易看到学者们在"学术独立"与"家国情怀"之间的徘徊。例如有学者认为国际传播不同于大众传播，它的最高原则是国家利益原则。在一般的大众传播中，媒体记者尚可以"言论自由""新闻自由"原则为依据，与政府管理部门不合作或进行抗争；而在国际传播领域，特别是当个体、群体利益与国家整体利益发生冲突时，所有原则都要让位于一个更大的原则——国家利益原则。[1] 也有人持不同立场，认为媒介在外交政策中的地位不断升级，成为一种极为有效的独立政治因素，导致传统上的秘密外交、精英外交转变成了媒体外交、公共外交。[2] "未来5~10年，中国国际传播应当赢得一定的独立性和自主性，不必亦步亦趋地跟随内政外交左右。"[3]

从根源上说，这种徘徊纠结的现象与中西学者对学术终极关怀的理解不同有关。首先从新传界的两位欧洲导师谈起。马克思和弗洛伊德所诞生的19世纪是一个科学至上的世纪。当时的欧洲学者为了破除传统神学的枷锁，在研究人与研究自然时采用了统一的"科学"标准。[4] 受这样一个知识气候的影响，马克思采取了与传统西方哲学（即神学本体论）所不同的科学的方法，将意识形态从它据主导地位的社会与历史领域中赶了出去，简言之，为了达到理性的认知，马克思采取了去意识形态的方式；而对于弗洛伊德而言，虽然与威廉·冯特以生理学方法为指导开创的实验心理学相比，其在催眠疗法基础上所开创的精神分析似乎很难摆脱某种"唯心"的阴影，但正是得益于这种看似"不科学"的方法，弗洛伊德发现了无意识的世界并通过它指出了科学理性在运用上的局限。换言之，弗洛伊德所

---

[1] 程曼丽：《国际传播学学科体系建立的理论前提》，《北京大学学报》（哲学社会科学版）2006年第6期。
[2] 邵书凯：《国际传播理论的中国式建构——一种文献综述式的描述》，《浙江传媒学院学报》2009年第6期。
[3] 史安斌：《未来5~10年我国对外传播面临的挑战与创新策略》，《对外传播》2012年第9期。
[4] 王铭铭：《西学"中国化"的历史困境》，广西师范大学出版社，2005。

采取的通往理性的途径是通过批判其局限性完成的。综上所述，不论是马克思、弗洛伊德当时的思想家都在借助科学的方法不断深化对人类理性的认知。

自人类社会步入近代以来，东西方发展进化的路径不尽相同。但是对于中国的研究者而言，千百年来文人所固有的家国情怀似乎并没有随着传统在现代的断层而失去传承。从某种意义上说，"家国情怀"在中国文人心目中的地位甚至可以与"科学精神"在西方学者心目中的地位等同。因此，虽然西方独立、自由的理念伴随着各种概念、理论模型进入了中国的学术场域，进入了国际传播研究中，但无论是继续坚持"国家本位"的国际传播，还是认为传播可以独立于政治的"传播本位"的对外传播，这两种看似矛盾的立场在更深的"家国情怀"层面是相通的。对于后者更为通俗的表达或许就是"我批评你是因为我爱你"。

在与国际传播研究中脱胎于政治学的国际关系、外交学视角相比时，新传界学者在追求"学术独立"与"家国情怀"时所表现出的纠结也常常被凸显出来，并且在某种程度上制约了两类学科合作所期望达到的协同效果。这种差异的产生主要有两点：一是从国际关系和外交学所归属的政治学来看，虽然它本身也是西学东进的产物，但由于源自中国的传统文化本就积累了丰富的政治智慧，因此传统的力量在政治实践中还是非常强大的。二是从新传界自身来看，与国际政治类专业相比，新传界拥有两个独特的研究视角，即媒介技术和传媒经济。它们像两个深入大众社会的抓手，不断为新传界的研究提供大众实践的土壤。下面就简要谈一下媒介技术视角之于国际传播研究的影响。

3. 新闻学、传播学独特的媒介技术视角

媒介技术视角之所以特殊，是因为处于与国际政治专业相比较的语境之中。它的形成与两个因素有关。一个是受来自西方传播学研究中技术主义控制论学派的影响，另一个则是因为媒介技术的变迁往往牵引着传播实践的走向。我们姑且将前一个原因称为理念的层面，后一个是传播实践的层面。理念层面的媒介技术学派主要关注信息时代传播形态的瞬息变化对社会结构的影响，该学派由20世纪80年代中期传入我国，代表人物有英尼斯、麦克卢汉等。

通过对相关文献的整理我们发现新传界研究者通常将媒介技术视角运

用在以下三个方面：一是作为梳理传播实践转向的时间标准。例如有研究者发现在对国际传播进行历史梳理的过程中，大多数该领域的研究者都会采用传播技术标准，当然也会有人采用将传播技术和世界格局发展结合起来的标准。[①] 二是关注于国际传播中信息渠道建设。在这一点上学界与业界的不同在于，前者偏重对网络这一新兴传播形态的关注，而业界则侧重于对基础设施建设以及技术对新闻业务的影响等。三是文化产业等领域。

由于新传研究者需要时刻保持对传媒科技的灵敏度，因此传媒科技作为一种传播理念的媒介进一步拉近了新传界研究者与西方科学精神的距离，为该领域的研究注入了与众不同的技术逻辑。然而通过进一步梳理我们发现，此类逻辑在研究中的运用还主要停留在新的传播技术是什么，对操作层面造成了什么影响上。而事实上这种头痛医头，脚痛医脚的运用媒介技术视角的方式与真正的科学精神还有一段不小的距离。

四 新形势下，新闻传播界的国际传播研究将面临科学精神的全面挑战

在互联网传播时代，在传统媒体时代所暴露出的研究不足，急需得到进一步的修正。正如本文开篇所提到的，中国已经被推到世界舞台的中心并即将面临世界对其核心理念的质询。这意味着单靠学技术、借理论概念亦步亦趋的尾随他国之后是远远不够的，在科学话语占主流的世界话语体系中，中国要如何才能在传统的生命智慧与西方的超越智慧中寻求平衡，将千百年来积淀的文化精粹，将新中国成立 60 多年的持续探索，将改革开放以来所积累的各项经验，运用科学理性的方式向世界传达已成为一个十分紧迫的话题。在未来，中国向世界贡献的将不能再止步于中国元素，而是要建立一种中国范式、中国体系。或许我们也可以将其称为被系统化、结构化了的"中国元素"，这种范式和体系必然与中国社会发展同步，但也不乏超越实践的地方。伴随着中国国际地位的提升，中国的理论研究者和传播实践者也终将在未来的国际舆论场中，面对由一个游戏的参与者向一个游戏规则制定者的角色转换，我们也可以用全面转型和升级来描述这

[①] 李彦冰：《从国际传播功能的演变看国际传播的阶段划分》，《东南传播》2010 年第 1 期。

种变化，而这种变化的实质是我们将要面对支撑主流西方理论体系的科学精神的挑战。

就网络语境下的国际传播而言，我们依旧需要借助媒介技术这个相对独特的视角，通过将其上升为一种认知方式的途径来重组传统媒体时代的经验，通过确立一种新的文化价值观念的方式来应对新媒介技术对中国理念的挑战。具体而言，就是要借助技术背后所蕴含的科学哲学或者技术哲学来指导国际传播领域的研究，简言之，就是求助于科学技术哲学（自然辩证法）。

1. 西方科学精神的独特性

众所周知，古老、灿烂的中华文明曾经向世界贡献了农、医、天、算四大学科，以及陶瓷、丝织和建筑三大技术，更不用说对世界近代科学的诞生起到了推动作用的四大发明了。[①] 然而此"科学"非彼科学也。事实上，中国的科学技术都是以实用目的出现的，而希腊文明却独树一帜，按梁启超的话讲，希腊先哲对科学的追求完全出自其对知识的热爱和好奇，而并非功利的目的。正是得益于这种无功利性，脱胎于希腊文明的"科学"才得以发展，对人类社会的进步产生重大影响。因此，西方国家的科学发展常常是自发而非外力推动的结果，这是与中国不同的地方。

这里还需要分析两个概念，即"科学"与"科技"的差别。实际上，在近代科学出现之前"科学"与"技术"一直是分开的。进入19世纪以来，原本分属不同领域的科学家与技术工匠开始频繁联手，科学与技术的发展也越来越难分彼此。在这一演变的过程中，弗朗西斯·培根起到了关键作用。从科学史的角度来说，笛卡尔和培根构筑了西方近代科学的两种形象。前者代表了古典的理性传统，而后者代表了新兴的功利传统。培根强烈地主张科学应该增进人类的物质福利，否则就是一些空洞的论证和言词游戏。有人曾这样总结，"从某种更深的意义上，近代科学的两大传统——理性与经验共同受制于技术理性这种新的理性形式。"

循着媒介发展的历史，我们很容易发现除了印刷术之外，大部分传播科技都诞生在19世纪下半叶，当时正值科学与技术彼此融合发展的时期，此外再加上农业文明所孕育的实用理性传统倾向于将"科学"与"技术"

---

① 吴国盛：《科学的历程》，北京大学出版社，2002。

混为一谈，因此在中国，科技就更多的成了"科学"与"技术"的代言。新传界的媒介视角之所以可以上升为一种理念的媒介，实现该领域的研究者与科学精神的对接，正是科学与技术的连接越来越紧密的结果。

事实上，与西方科学精神所崇尚的纯粹不同，技术的发展往往是受需求牵引的。今天在全球科学家和技术人员的共同努力下技术的发展日新月异，面对这样一种瞬息万变的时代语境，我们需要做的或许不是更快，而是慢下来，跳出已有的技术框架，将视线深入到技术背后的科学精神上来，实现中国式哲学与西方科学精神的直接沟通，才能真正在以美国为主导的网络文化中注入中国文化的基因。

2. 中华文明再次遭遇吸收异文化的考验

进入现代社会以来，科学不断跨越自身的界限向社会领域、人文领域的研究中拓展。有人认为造成这种现象的原因在于科学自身所具有的普遍性、公有性、无私利性和有条理的怀疑精神。实际上，科学精神的传承与发展也并不是一帆风顺的。发生在20世纪的两次世界大战曾让人们质疑科学，质疑西方文明对理性的无限追求，出现了更加符合新时代趋势的社会责任理论等，1974年诺贝尔经济学获得者哈耶克也曾深刻地批判过这种对理性的过分追求，写下了《科学的反革命——理性滥用之研究》。不过有意思的是从文章的论证结构到表述方式，哈耶克即便是在反对科学理性也自始至终依旧在科学理性的框架之内。这一点可以通过与中国学者所撰写的相关题材的文章的比较中窥见一斑。这再次提醒我们的是，无论是各领域的研究者，还是从事新闻、传播实践的具体个人科学精神已经通过西方的语言、教育体制、生活方式等深入到每个人的思维中。而对于一直处于"学徒状态"的中国研究者而言，这个前提时而被注意，时而被忽略。

互联网时代的到来不仅会大大加深人们对传播技术的依赖，也会使技术背后的思维方式更深的影响不同文化背景的受众，使之产生一种趋同的作用力。正如有学者所指出的"网络是一种技术，一种通信工具，一种传播媒介。但是它也体现了一种文化、一种思维方式、一种价值观"。[1] 互联网本身具有去时空化的属性，去时空化意味着对归属时空范畴的地域特殊性的忽略。在传统媒体时代，国际传播一直强调国家主体，而"国家"这

---

[1] 成美等：《建设中国特色社会主义网络文化强国对策建议》，《中国广播》2013年第5期。

个概念首先是个地理空间概念，这个概念本身呼唤着对地域特殊性的关注。那么互联网作为一种去特殊性的媒介如何来承载不同文化的特殊性将会是我们遭遇的一个难题。互联网与国际传播的结合是大势所趋，积极着手研究是变"被动"为"主动"的最好方式，但是鉴于网络自身的媒介特性和传播议题的国家属性，在追求两者结合的路上注定会是曲折的。

中华文明将再次面对吸收异文化的考验。历史上在吸收佛教文化的过程中，中国的确表现出了令世人称赞的雍容大度和开放自信，但是由于近代以来百余年的受挫经历，更由于中国文化现实的发展状况，我们的民族在西方文化的冲击面前，常常表现出盲目自大和妄自菲薄两种心态。历史再次提供给中国一个践行"中国梦"的机会，然而我们即将面临的互联网却是一种更为复杂的传播语境，安全、经济、政治、公民等各种利益诉求都会在网络上有所呈现，都将进一步影响着网络国际传播的走向。比如目前互联网上所呈现的网络民粹主义，以及互联网上国内国外不法力量的结合就引起了部分学者的关注。总而言之，在国际传播中无论是从实践还是从理论上，要做到真正的理性、客观都实属不易。此外，产生于美国的互联网自身所携带的去中心化、自组织等思维与文化基因，也在深刻挑战着现有的国际传播格局。

3. 为了更好地融合，国际传播研究应增强方法论意识

从可操作的层面上来看，与科学精神进行深度对话意味着整合人文与科学两种思维。然而这两种思维指导下的学术传统在同一领域的相遇常呈现要么互相排斥、要么平行不相交的发展态势。事实上，你中有我，我中有你的状态已经伴随着科学技术的进一步发展深入社会生活的各个方面，两种传统必须打破以往自顾自地发展模式，携起手来共同应对人类社会所面对的危机，这是大势所趋。在国际传播的研究中，已经有不少研究者认识到这一点并做出了很多有益的尝试，如将社会学、心理学、生物学、经济学中比较成熟的研究方法整合到国际传播的研究中来。通常这些方法会与国际受众研究、国际传播模式研究以及国际传媒市场等领域相结合。这种尝试虽然目前还处于初级阶段，但在一定程度上增强了国际传播研究的科学性。人大新闻学院的陈力丹教授曾对这种状态做出过总结："借鉴了较多的概念、论证架构和研究方法，却很难直接将它们移植到中国的情境中来。"这种批评本身是中肯的，同样的批评也适用于国际传播领域的研究。

然而人文与科学两种思维的融合势在必行，从提高国际传播研究的科学性来说，我们更需要做的或许是找出差异，求同存异。例如，中国传统的人文研究属于高语境的研究，重视具体的情境和时间概念，认为理想的研究应体现出历史的厚重与纵深；① 而运用科学方法的研究属于低语境的研究，重视的是简洁（去语境）和普遍性（非时间）。以方法为导向的研究常常容易因为一味地追求测量手段的精准，而在不经意间将着重点从问题本位转移到了方法本位上。再如，国际传播通常涉及处于人类认知图式底层的文化图层，从有效测量的角度来讲，的确需要更为深入的技术支持。事实上，随着生物科学、脑神经科学等的进步也正在成为可能。然而人性之复杂和善变单靠精准的测量手段是无法模拟和重现的，这就需要找到一个有效的平衡点。

就目前中国实际的研究状况而言，在研究者既定、研究手段既定的条件下，我们或许可以通过增加研究资料类型的方式取得更好的进步。吴飞和陈艳在对中国国家形象研究进行述评时曾谈到这样的观点，我们可以"从西方当代影视媒体（纪录片、广告片、故事片以及其他形式图像文本）的叙述表达话语方式分析'中国形象'以及受众影响"。这在以前的国际传播的研究中常常是被忽略的。此外，对科学方法的运用也有可能改变传统研究者的研究方式。众所周知，目前的研究方法主要来源于自然科学，而自然科学的研究往往是以团队为单位进行的，大量的底层数据常常需要大家的合作才得以完成。这有可能进一步冲击文科类研究者所惯常使用的个人作坊式的研究方式。

事实上，科学的方法论意识在国际传播的研究中绝不是可有可无的存在，它符合即将到来的以互联网等为表征的信息社会对国际传播研究所提出的新要求。信息社会中的"信息"一词最初来源于物理领域，刚开始，它是以"bit"出现的概率，从还原论的角度来说，它是一个既不能物化为物质也不能物化为能量的虚拟概念，② 后来这个概念被运用到生物学还有心理学等领域，再后来演变成了现在的"信息社会"。从其积极意义来看，

---

① 孙江波：《在"本土化"与"自主性"之间——从"传播研究本土化"到"传播理论的本土贡献"的若干思考》，《国际新闻界》2011年第2期。
② 〔法〕埃德加·莫兰：《复杂性思想导论》，陈一壮译，华东师范大学出版社，2007。

信息社会的确会如人们大声宣扬的那样将人类的物质文明带向一个新高度。但同时也如上面所提到的，信息不能物化的虚拟属性也意味着信息社会将是个不确定性倍增的社会，一直以来，有序性的认知平衡终将被"倍增的"不确定性打破，为了协调认知，使其回到原先的状态，通过对数据的科学处理似乎成了寻回确定性的必经之路。换句话说，信息社会意味着对数据的依赖，宣告了大数据时代的到来。

目前，中国为了借助第三次科技浪潮的东风，实现中国社会的跨越式发展，也在全力进行着信息化建设。这种跨越式的发展不仅是对物质生产领域提出的要求，也要求我们国际传播这种前沿的研究领域要在理念层面尽快实现与信息社会背后的科学思维的对接。

五 运用好科技哲学和科学方法两个理论武器打破国际传播领域僵局

诚然，改革开放 30 年以来，国际传播领域在新传研究者的辛勤耕耘下结出了累累硕果。在本章中，多次提到了"科学""科学哲学"以及"科学方法论"，原因在于这种意识的确在以前的研究中未得到应有的重视，而这恰恰又是互联网时代比较突出的特质。该结论完全是建立在前人的基础之上，是对各种成果吸收之后的反思。当然，本文更无意走向另一个极端，即将国际传播研究推入唯理论的窠臼。中国的古典哲学崇尚"平衡"的概念，在国际传播研究领域，这种平衡的达成依赖于中国语境下的人文主义与西方科学方法论的有效结合。或许正是由于科学方法论在过去主流研究中的缺失，才造成今天的理论研究既没有真正起到指导实践的作用，也没有在范式上有所创新的局面。

在谈到国际传播时，人们常常想到一个词就是"西方话语霸权"。通过深入的分析，我们不难发现其背后隐藏的是对科学精神的推崇。今天，中国也通过向人类社会贡献思想和理论的途径，才能真正获得他国的认同，进而获得影响全球的能力。中国的国际传播即将翻开互联网时代的新篇章，这既是机遇也是挑战。作为新兴互联网传播领域的研究者，需要从传统媒体时代继承的经验或许就是运用好科技哲学和科学方法两个理论武器。具体而言，就是将科技哲学作用于理念层面，在中国语境下实现人文与科技之间的对话，科学方法则作用于理论研究的实践层面，对人文倾向的研究构成一种有力的补充，共同达到平衡的状态，这样做或许可以打破新闻与传播领域的研究者在国际传播领域中所遭遇的僵局。

正如前所述，在文化产业、受众研究、媒介经济等领域都是文理结合实现不同思维方式的对话好的路径。当然又有不少学者做出了类似的尝试，比如喻国明、关世杰、郭镇之、陶大坤、丁和根等。

国内主流媒体国际传播力提升战略

互联网时代国家通讯社提升
国际传播力的战略选择

粗略而言，互联网时代提升新华社国际传播力的途径有二，一是使我们的报道传播到全世界尽可能多的受众，二是对目标受众形成尽可能大的正面影响，两者相辅相成，不可偏废。前者的突破口在于多媒体融合，后者的突破口在于以市场为导向调整采编流程、加快本土化建设和大力打造著名传播者。

一 走多媒体融合的道路

历史经验证明，从报刊、电台、电视台到网络媒体，媒体发展的根本推动力是传播技术的进步。每一次传播技术革命都催生了一大批影响力巨大的媒体，同时也无情地淘汰了一大批曾经辉煌的媒体。目前，传播技术正面临一次新的革命，走多媒体融合的道路势在必行。

(一) 移动多媒体时代加速到来

1993年初，上台不久的美国总统克林顿提出兴建"信息高速公路"之后，世界各国掀起了一股兴建"信息高速公路"浪潮。此后，信息传播在互联网上逐渐实现了多媒体化。这是第一次多媒体传播革命，它依赖于有线互联网和个人电脑。

目前，全世界正在兴起第二次多媒体传播革命，它依赖于先进的移动通信技术和移动多媒体终端。正在试验中的4G技术将使移动通信的速度比现在提高成百上千倍，能为不同类型的用户传播及时、便捷、海量、高清的多媒体内容。

多媒体终端由智能手机和平板电脑组成。一些专家认为，平板电脑是放大版的智能手机，智能手机是缩小版的平板电脑，未来两者将融为一体。苹果公司推出 iPad 使得平板电脑在过去一年中迅速崛起。笔者从 2010 年 6 月 7~9 日在西班牙加纳利举行的西班牙电信研讨会上了解到，2010 年全世界平板电脑销量达 1800 万台，预计 2011 年将超过 5000 万台，2015 年将达到 2.4 亿台。

智能手机和平板电脑的崛起将严重冲击个人电脑市场，改变世界电脑市场格局。据研讨会提供的资料，2010 年智能手机和平板电脑的全球总销量分别为 3.2 亿部和 1800 万台，两者总和略低于个人电脑的 3.5 亿台，但到 2013 年，智能手机和平板电脑全球销量之和将达约 8 亿部（台），是个人电脑的 2 倍。

智能手机和平板电脑为移动多媒体内容提供了理想的展示平台。研讨会指出，目前智能手机用户平均每天使用手机 90 分钟，其中 60% 的时间用于打电话、发短信和使用聊天工具等通信消费，其余时间用于读书、听音乐、看视频、查地图和玩游戏等多媒体内容消费；而平板电脑用户平均每天使用电脑 3 小时，有 70% 的时间用于多媒体内容消费。

研讨会认为，移动多媒体技术和产业不仅能够实现传统媒体和移动通信的融合，还能实现文艺、金融、交通、旅游、教育、医疗等多行业的融合，为这些行业带来一系列机遇和挑战。目前，移动运营商和作为内容提供商的传统媒体应当加强合作，共同抓住移动通信发展的重大机遇。一些专家认为，第一次多媒体传播革命已经淘汰了大量传统媒体，目前的传统媒体如果不抓住第二次多媒体传播革命机遇的话，同样面临被淘汰的危险。

（二）多媒体报道能够较快地实现社会、经济效益双丰收

2010 年 4 月 30 日，中国媒体在海外的第一个多媒体中心——新华社欧洲多媒体中心建成，隶属新华社欧洲总分社。李从军同志 6 月 23 日批示说："欧洲总分社的多媒体中心建设取得初步进展和成效，这对下一步海外总分社的实体机构建设和传播力建设都有一定的启示意义。"正如李从军同志所言，欧洲多媒体中心建成后 1 年的实践证明，多媒体报道是潜力巨大的富矿，社会、经济效益产出投入比很高。

欧洲多媒体中心项目主要是研发建设集文字、图片、视频为一体的多媒体采编和数据加工制作平台，同时更新新华"欧洲屏媒"系统。2010年5~12月，多媒体中心共编发各类稿件8461条，其中视频稿1407条，图片稿5648张，文字稿1406条，再编辑、再制作多媒体报道1407组。中国驻比利时大使馆领事部领导认为，欧洲多媒体中心新华"欧洲屏媒"图文并茂的形式让欧洲人民更直观、更及时地了解到一个真实的中国，不仅能加强中国在海外的话语权，而且有助于提升中国国家形象和新华社在国际上的影响力，是走在时代前列的产品，受到欧洲受众的关注。海南、天津、上海等都利用欧洲多媒体中心开展对外宣传。国务院新闻办王国庆副主任2010年10月到欧洲调研时对欧洲多媒体中心给予高度评价。国新办2011年3月在内部文件中专门介绍天津利用欧洲多媒体中心开展对外宣传的经验。

除了社会效益外，欧洲多媒体中心还获得了较大的经济效益。2010年，欧洲多媒体中心通过新华"欧洲屏媒"广告当年实现赢利。截至2010年，欧洲多媒体中心到账收入占欧洲地区总收入的40%以上，为欧洲总分社成为继亚太总分社之后第二个年营销收入过百万美元的总分社做出了关键性贡献。

（三）多媒体意识应渗透到阵地前移各项工作中

新华社欧洲多媒体中心建成以来，欧洲总分社积极把多媒体意识渗透到采编前移、营销前移和终端前移等各项工作中。实践证明，只有这样才能切实加强报道力，避免使多媒体融合成为一纸空谈。

1. 在设立编辑部时，从组织架构上积极探索文字、图片和视频报道的融合

英文和频媒编辑部整合了多媒体报道，它不仅编发英文文字稿，还再编辑再加工针对欧洲用户的部分图片和视频稿件。正在筹建的其他编辑部也贯彻了多媒体融合的理念。

2. 主动把多媒体意识渗透到报道组织、策划工作中，在实践中优化工作流程

新华社欧洲总分社每天举行由文字、图片和视频记者共同参加的编前会，值班领导统一安排多媒体报道，文字、图片和电视记者三方发挥各自优势，相互补台，形成合力。在 5 月的八国首脑峰会这一重大报道中，欧洲总分社充分利用平日积累的多媒体报道经验在报道中取得了成功。

3. 在营销和终端前移中充分发挥多媒体融合优势，为扩大报道力服务

在建设欧洲"新华影廊"的过程中，欧洲总分社采取实体影廊、电子影廊和网络影廊并举的理念，以图片来推动多媒体融合，取得可喜成果。截至今年 5 月 10 日，总分社已在欧洲 29 个国家成功建立"新华影廊"，其中包括"传统新华影廊"13 家，"网络新华影廊"30 个，"电子新华影廊"150 多处。所建"新华影廊"取得了可观的社会效益和一定的经济效益，在中国的使领馆、一些国际机构和当地媒体以及社会各界中引起一定反响。为了加快 CNC 在欧洲的落地，总分社积极探索落地方式的多媒体化，除了在传统电视网上落地外，还积极探索在手机、平板电脑和网络上落地。

4. 探索适合多媒体传播的报道形式

新华社欧洲总分社积极探索多媒体传播规律，在抓好互动文字、图片和视频互动的同时，充分尊重各自报道的规律，在对新闻点认同性的基础上，根据三种方式进行内容的取舍，积累了一定经验。

5. 积极培养多媒体报道人才

新华社欧洲总分社在 2010 年 4 月下旬举办了多媒体培训班，对总分社全体采编人员及海牙分社首席记者进行新建多媒体系统操作技术培训和多媒体采编培训。总分社要求全体采编人员都要掌握多媒体采编技能，新到采编人员必须接受多媒体培训并在多媒体中心实习。

二　扩大对目标受众的有效影响力

在传播渠道足够发达，全世界的受众都能便捷地获得某一新闻的多媒体报道时，争夺受众、强化报道对每个受众特别是重要受众的正面影响是提高报道力的关键。为此，应遵循和充分运用市场规律、贴近性原则和明星效应。

（一）以市场为导向调整采编流程

人们常说计划经济是生产什么卖什么，市场经济则是消费者需要什么就生产什么。就目前新华社的国际传播而言，我们没有开展足够的扎实有效的市场调研，用户的需求是什么，我们的市场在哪里，目前尚没有一个清晰、完整的答案；我们没有研发和生产足够的有针对性的新闻产品；我们没有开展像国际一流公司那样的国际市场营销工作。总之，我们仍处于生产什么卖什么的阶段，我们的海外用户普遍反映我们的新闻产品没有针对性，吸引力不大，这经常使得我们的海外营销人员在推销新华社产品时陷入十分尴尬的境地。

根据用户需求有针对性地研发和生产产品是市场经济的基本规律之一。要提高报道力，必须改变工作流程，实施"前店后厂"式的生产、营销模式。一是做好充分、及时的市场调研，摸清市场动向；二是建立良好的需求收集机制，快速向编辑部下订单，编辑部"照单下菜"；三是在与用户的互动中制定新闻产品研发计划；四是及时收集用户反馈，为用户提供服务，搞好公关，与用户成为朋友。

新华社欧洲总分社根据李从军同志关于改变发展方式，走内涵式发展道路的战略思路，坚持围绕"三个面向"（面向市场、面向受众、面向未来）推动阵地前移。新成立的英文和频媒编辑部是以市场和受众需求为导向、以英文文字和频媒产品为主打的采编制合一的新型编辑部，目标是建成一条切实面向市场、面向受众的多媒体英文欧洲专线，以提高新华社在欧洲的报道力。

新华社欧洲总分社经调研发现，据国际部的统计显示，2011年1~5月，共有217条外文稿件被外媒采用，其中被国际知名媒体采用的为30条。在这30条稿件中，涉华稿件达到24条，占80%。在被外媒采用的217条外文稿件中，被发展中国家媒体采用的稿件达到187条，占86%。在这些稿件中，有一半左右是驻在国或者是所在地区的新闻，还有一半是国际上的重大新闻事件，另有小部分是其他发展中国家和地区的新闻。要增强新华社国际报道力，一是可以把涉华报道作为突破口。二是要积极反映广大发展中国家的声音，以这些国家为落脚点，拓展新华社的影响力。三是在重大国际新闻问题上加强采访和调研，突出报道的独家性和权威性。

为了面向欧洲市场，英文和频媒编辑部自开始试运行的当天就签发3条英文重头稿件，包括一条有关欧洲经济形势的英文新闻分析、一条关于中医药在欧洲渐入人心的英文特写,以及一条关于欧洲气候变化的综述稿件。稿件签发后被多家英文媒体网站采用,英文特写还被《中国日报》欧洲版首页刊用。在 5 月的八国首脑峰会报道中,根据市场需求采写的《英文特稿:七国首脑频碰头一国总统暗思量》被《环球邮报》《俄罗斯之窗》《印度时报》多家主流媒体网站全文采用,被美国国防部和俄罗斯克里姆林宫网站转载,被《中国日报》、《人民日报》和央视等多家网站在显著位置刊载。这些实践证明,目前对于新华社国际报道力建设而言,以市场为导向调整采编流程不仅是必要的,也是切实有效的。

(二) 加快本土化建设

由于语言、文化和人脉的原因,本土化是大幅度提高国际报道力的必经之路,一些国际大媒体已经积累了很多成功经验。新华社欧洲总分社自 2010 年初以来,大力加强本土化建设,在提高推动英文视频、英文文字、图片和多媒体报道力方面发挥了支柱性作用,特别是在英文视频和多媒体报道中,当地雇员已占半壁江山。为了加强本土化建设,总分社一是组织所辖分社就在当地注册情况进行了全面清查,及时纠正发现的问题,取得聘用当地雇员的资格,为推动本土化进程创造了必要条件。二是制定并实施了雇员管理的一系列规章制度。三是认真做好雇员培训,让他们了解新华社的历史、政策要求和采编规定,分享经验,调动了雇员的工作积极性和创造性。四是开展与雇员座谈和联谊活动,总分社针对雇员组织了新华社战略转型座谈会,请律师就劳工法律问题与雇员座谈,在总分社中秋节联欢会和春节联欢会上,雇员参加主持和表演,增强了雇员对新华社的认同感。

总结欧洲地区雇员工作正反两方面的经验,笔者认为需要从四方面加强本土化建设。

1. 花大力气选高端人才

俗话说千军易得一将难求,高端人才对提高国际报道力往往能发挥特殊作用,例如总分社聘用的兼职英文文字雇员保罗·艾米斯曾经是美联社的明星记者,相当于我们的十佳记者,他写的深度稿件就很有分量,已经引起外媒的注意。

2. 严格依法办事

西方国家法律意识很强，个人维权意识很强，工会文化影响力很强，如不严格依法办事，易留下劳资纠纷的隐患。为此，总分社严格按照欧洲当地法律法规、收入标准、聘用程序，以及总社的有关管理规定开展雇员聘用工作；向当地专业律师咨询，请律师指导雇员聘用和管理工作；根据总社精神和当地实际，制定操作性强的雇员管理规定，做到有章可循，有章必循，违章必究。

3. 完善适应本土化的机制体制

要完善雇员工作岗位职责和流程，在适应欧洲高福利制度的前提下建立雇员工作奖惩机制，建立雇员交流和沟通机制，建立内派人员与雇员的协调机制，建立总社有关单位、部门和地方分社与海外分社在雇员工作领域的合作机制。

4. 积极促进文化融合

随着本土化工作的推进，解决内派人员和当地雇员之间的"互不服气"现象成为重要课题。形成"互不服气"的大背景是东西方文化的不同，小背景则是内派人员认为在欧洲，新华社雇员薪酬高、休假多，大多不愿加班加点，社会福利受到保障；而内派人员收入相对较低、没有节假日，几乎天天加班加点超强度工作，出现"打工的比老板干活少、挣得多"的不合理局面。雇员则认为自己的归属感不强，内派人员对他们有戒备心，工作自主权不大，刚工作没有几年的内派人员就当他们老板，他们心里不服气。解决"互不服气"问题，必须积极促进文化融合，要真正以人为本，充分尊重雇员、依靠雇员、培养雇员，加强沟通，让他们有归宿感，这样才能调动他们的主动性、积极性和创造性，从而增强国际报道力，同时也要改善内派人员待遇，使之与雇员收入的差距达到合理水平甚至持平。

（三）大力打造著名传播者

自古就有"人以文传，文以人传"的现象，也有不朽之人传不朽之作的说法，这是大众传播的基本规律。新华社国际报道力达到世界一流水平的标准之一是拥有世界知名的记者、主持人和评论员，打造著名传播者是当务之急。

1. 要充分利用微博、博客、论坛、社交网站等新媒体

任何一种传播技术只有达到艺术的高度，才能释放出它的巨大魅力。报刊、摄影、广播、电视无不如此。多媒体传播技术必然会催生出多媒体传播艺术，也必然会催生出多媒体传播大师级的人物。应大力鼓励采编人员使用社会媒体，打造一批网络名人，并通过这一途径打造一批著名的多媒体记者。

2. 要遵循文化产业的规律主动打造著名传播者

在文化产业中，包装打造明星是一项基本工作，目前已经积累了大量经验。我们应当借鉴其精华部分，打造自己的传播明星。另外，新华社具有较强的内敛文化，不利于培育明星，因而还要按照文化产业的规律营造适于明星传播者产生和生存的文化氛围。

3. 鼓励开展高层公关

世界知名的记者通常也是成功的外交家，应当改变我国的一些驻外记者只会闷头写稿子的形象，鼓励他们加强高端采访，加强高层公关。雅典分社首席记者梁业倩在这方面做得很好，她多次采访希腊总理、总统、副总理、外长等政府高官，在希腊成为一个著名的外国人，经常被当地媒体采访。在希腊债务危机和从利比亚撤离行动报道中，名人效应让她获得很大方便，显示出了较强的报道力。

4. 充分发挥传播者社会良知和思想源泉的作用

新闻界真正的不朽之作和不朽之人，必须具有深刻的思想和强大的社会责任感。马克思当初只是《莱茵报》的总编，但他在29岁时就与恩格斯写出了《共产党宣言》。毛泽东是《湘江评论》的主编，25周岁时在该杂志创刊号上就提出了重要的革命思想。马克思和毛泽东等之所以不朽就是因为他们具有伟大的思想和强烈的社会责任感。新华社记者要向这些革命前辈们学习，敢于争当有社会影响力和国际影响力的记者。

目前在中华民族伟大复兴的历程中，中国硬实力取得的成就举世共睹，而软实力建设相对滞后。一个国家的崛起离不开强大的软实力，国际报道力建设是提高软实力的重要组成部分。我们相信，随着中国的日益强大，只要我们抓住媒体传播技术革命的机遇，加快市场化、本土化进程，打造出一批具有国际影响力的著名记者、主持人和评论员，我们一定能够使国际报道能力产生飞跃，为中国的和平崛起做出贡献。

以多媒体融合促进国家通讯社
国际传播力建设的欧洲实践

随着现代科技的不断进步，多媒体在世界新闻舞台上正发挥着越来越重要的作用。从媒体的发展来看，多媒体手段的运用不仅有助于提高媒体自身的影响力，而且也是品牌塑造和争夺话语权的有力推手。一年多来，新华社欧洲总分社在阵地前移中通过对多媒体的有效融合，在欧洲地区不断树立新华社的国际形象，也为进一步促进国际传播力建设做出了有益的尝试。

一 老牌媒体的"新面孔"

在欧洲，西方一些传统的主流媒体纷纷利用多媒体手段来打造新的传播平台，巩固其在世界舞台上的话语权。

美联社从10多年前就开始了文字、图片、视频三位一体的多媒体报道，在世界重大和热点事件中，美联社派出的多媒体报道团队阵容齐整，文字、图片、视频构成三个报道形式基点，最后形成合力，为其牢牢掌握话语权立下不小功劳。美国的CNN也不固守其传统电视报道的模式，在精心打造电视节目的同时，在网络上毫不放松，其中网络节目I-report十分红火，普通人可以将自己拍摄的电视通过网络直接上传，一经选用就在CNN的电视频道里面播出，形成电视和公众的互动，此举大受欢迎，为CNN赢得大批的用户和追随者。即使在最传统的报纸领域，也不再是纸质媒体的单一世界。作为英国最老牌报纸之一的《金融时报》和美国影响力较大的《华尔街日报》也纷纷开辟其网络版报纸，不仅如此，两家报纸还都开办了电视专题节目在网络上播出，其视频读者遍布世界。

作为世界性通讯社，新华社也在不断加快海外多媒体的步伐。在欧洲地区，不仅逐渐形成三位一体的多媒体报道团队，而且更以多媒体中心的成立融合了多种形式的报道，随着阵地前移战略的稳步推进，报道方式不断创新，新华社欧洲地区的报道从文字、图片、电视拓展到屏媒、网络和手机，在欧洲构筑自己的多媒体阵地。

二 多种报道形式的有效互动

在多媒体的各种报道形式中，文字、图片和电视三种传统形式构成了报道的三角基点，只有三者之间形成有效互动，方能形成合力，取得事半功倍的效果。

新华社欧洲总分社在多媒体报道中以加强三者融合为出发点，强调互动，取得了良好的整体报道效果。

三种报道形式特点各异，做好统筹协调是根本前提，尤其是需要建立多种报道形式的融合机制，另外各个部门加强横向沟通，强化多媒体意识。欧洲总分社每天举行由文字、图片和电视记者共同参加的编前会，各自通报线索，查缺补漏，互通信息，共同研究当前报道重点，对于重大事件，值班领导统一安排多媒体报道，文字、图片和电视记者提出各自需求和计划，根据不同特点安排采访，如在只有电视记者能进入的场合，电视记者拍摄完成后迅速将现场情况反馈给文字记者，文字记者利用其优势迅速牢牢盯住新闻发布会，向电视和摄影记者通报重点内容，三方发挥各自优势，相互补台，形成合力。

在5月底刚刚结束的八国首脑峰会报道中，新华社欧洲总分社和巴黎分社组织的前方报道组每天召开编前会通报新闻线索，同时设置专门邮箱收集稿件和线索。小小邮箱发挥了巨大作用，图片记者通过电视记者提供的线索提前赶赴欧盟新闻发布会，提前占据好的摄影位置，电视和文字记者密切配合，发回大量报道。

三 打造多媒体融合的新平台

除了传统的多媒体报道外，欧洲总分社结合当地和新华社发展的实际，在推动阵地前移中将多媒体拓展到整体业务的发展中，不仅给多媒体融合赋予了新的理念，也创造了多媒体融合的新平台。

2010年5月，欧洲总分社多媒体中心成立，这是一个海外二级多媒体产品的采集、制作和营销平台，它以现有总社对外文字、图片、视频产品为基础，通过再制作、再打包、再包装，为欧洲地区受众提供针对性更强、内容更加丰富、形式更加多样的多媒体产品。它是一个综合了多种新闻表现手段，并集采、编、播为一体的高度集中的多媒体平台。

它从建设之初就以技术创新为引领，以多媒体融合为目标，技术上的先行使得多媒体中心不仅能完成新闻的采集和编辑等传统功能，更重要的是拓展了新闻产业链，对最终的产品进行全面的管理，对产品终端进行有效控制，同时也考虑到以后经济上的发展需求，为营销提供了便利。

欧洲总分社多媒体中心首先以电子终端为突破口，目前在欧洲地区安装的150多块电子终端将新华社的多媒体产品打包落地，直接面向欧洲观众，电子终端在欧洲的推出立刻吸引了市场目光，一些企业纷纷投放广告，天津市政府在考察欧洲电子终端后给予高度肯定，并表达了和欧洲总分社共同合作的强烈意愿。电子终端当年建成，当年就收回成本，不仅为新华社品牌的海外推广和新华社影响力的海外传播起到了积极的作用，而且还获得一定的经济效益，为多媒体的可持续发展奠定了良好的基础。

四 "新华影廊"的多媒体化

在建设"新华影廊"的过程中，欧洲地区各个分社解放思想，创新方法，引入电子影廊、网络影廊等新的理念，以图片来推动多媒体的融合，取得阶段性成果。

截至2011年5月10日，总分社已在欧洲近30个国家成功建立"新华影廊"，其中包括"传统新华影廊""网络新华影廊""电子新华影廊"。"新华影廊"的建立取得了可观的社会效益和一定的经济效益，在我国使领馆、一些国际机构和当地媒体以及社会各界中引起一定反响。

实体影廊中一幅幅生动的照片带给观众巨大的视觉冲击力，2011年5月，由海牙分社制作的"新华影廊"在2011年世界乒乓球锦标赛中成功展出，被国际乒联和许多国家的运动员广为称赞，在国际顶级体育赛事中展现了新华社的风采。

"网络新华影廊"是图片多媒体化的重要手段,目前已进入了 14 个国家的 30 家比较有影响的网站,包括比利时通讯社图片视频网、意大利电视台网、伦敦环球网等西方主流媒体网站,这些网站不仅展出了大量新华社图片,实现了新华社新闻产品首次在这些西方媒体中落地,而且都在它们首页醒目位置突出展示了"新华影廊"的统一标识。

在多媒体中心的采编和技术平台下,欧洲总分社将编辑好的"电子新华影廊"内容定时推送到近 30 个欧洲国家设立的 150 多块多媒体播放终端和 3 块 LED 屏幕。图片和电视通过电子终端取得了良好的效果,这些新华社的精彩图片刚刚登上电视屏幕就受到用户的广泛好评。

传统、网络和电子"新华影廊"以不同的形式打入欧洲主流社会和主要媒体,产生了较大影响力,在此基础上,欧洲总分社正以与西班牙电信集团合作为契机,积极探索开设手机"新华影廊",尝试在新华社为该集团提供的西文手机报中设置"新华影廊"栏目。同时,鼓励各分社积极探索利用 FACEBOOK、博客、微博、论坛等开设"新华影廊",将多媒体的理念进一步深化。

提升中央电视台全媒体化国际传播力的对策与思考

中央电视台全媒体改革的样态、路径与模式是中国广电业改革的范式与标杆。本文从中国广电产业发展的总体业态、媒介生态的宏观背景入手，通过纵向分类分层梳理央视新媒体改革的历史节点、事件和关键要素，微观透视央视新媒体、全媒体改革的变迁历程。在"宏观—中观—微观"的视阈下，系统分析央视新媒体、全媒体改革的专业化系数，在数字化、网络化、全媒体化语境下思考提升中国电视台网络全媒体国际传播力的对策。

一 新业态与新趋向：中国广电业全媒体化将走向何方？

（一）关键概念：什么是全媒体？

"全媒体"是近年在业界出现频率很高的一个词，不同时期定义也有不同提法。到底什么是全媒体？如何廓清这个基本概念？"全媒体"在英文中为"omnimedia"，为前缀 omni 和单词 media 的合成词。经过搜索国外的 Elsevier（SDOL）数据库、EBSCO 全文数据库以及 Springer 外文期刊，发现它是一个公司名。作为一个新闻传播学术语的"全媒体"并未为国外新闻传播学界所提及。[①]

国内对"全媒体"的说法目前也没有统一定论。彭兰认为，全媒体是指一种业务运作的整体模式与策略，即运用所有媒体手段和平台来构建大的报道体系（彭兰，2007）。刘长乐认为，"全媒体"的"全"不仅包括报纸、杂志、广播、电视、音像、电影、出版、网路、电信、卫星通信在

[①] 罗鑫：《什么是"全媒体"？》，《中国记者》2010 年第 3 期。

内的各类传播工具，涵盖视、听、形象、触觉等人们接受资讯的全部感官，而且针对受众的不同需求，选择最适合的媒体形式和管道，深度融合，提供超细分的服务，实现对受众的全面覆盖及最佳传播效果（刘长乐，2012）。上海交通大学教授谢耕耘指出，新媒体传播内容应根据新媒体的特点安排，应有一定比例量身定做的节目，不能简单"平移"电视播出的内容（谢耕耘，2013）。笔者认为，全媒体有传播手段多样化、传播终端多元化、业务融合三层含义。即"全媒体"指媒介信息传播采用文字、声音、影像、动画、网页等多种媒体表现手段（多媒体），利用广播、电视、音像、电影、出版、报纸、杂志、网站等不同媒介形态（业务融合），通过融合的广电网络、电信网络以及互联网络进行传播（三网融合），最终实现用户以电视、电脑、手机等多种终端均可完成信息的融合接收（多屏合一），实现任何人、任何时间、任何地点、以任何终端获得任何想要的信息。

（二）中国广播电视全媒体业态综述

《广电总局关于促进主流媒体发展网络广播电视台的意见》（广民〔2013〕号）指出：第一，指导思想。以党的十八大精神为指导，加强和改进网络视听节目内容建设，推动广播电视媒体与互联网等新型传播载体融合发展，提升网络广播电视台的辐射力和影响力，唱响网上视听节目传播主旋律。第二，基本原则。坚持台台并重，将网络广播电视台提升到与电台电视台发展同等重要地位，给予网络广播电视台建设和运营充分保障。坚持融合发展，利用传统电台电视台在品牌、节目、广告经营和新闻采编等方面的优势，推动台台资源互动和深层融合，打造具有广电特色的网络视听新媒体。坚持规模运营，整合传统广播电视媒体和新媒体资源，实现各种新业务的集中开发和运营，做大做强网络广播电视台。第三，总体目标。经过三至五年努力，形成一批导向正确、内容丰富、业态新颖、技术先进、影响广泛、综合实力强的网络广播电视台，确立网络广播电视台在新媒体传播格局中的主流地位。

经查阅 2009～2013 年的《中国广播电视年鉴》关于中国广播电视新媒体发展内容，可大致作如下概述。随着"三网融合"的推进，加快发展新媒体、新业态，推进传统媒体与新媒体融合发展、传统产业与新兴产业整体升级，成为中国广播电视发展的主要着力点和重点方向。国家广电总局提出了一系列支持传统媒体发展新媒体的政策措施，积极推动电台电视台开办新媒体。各地广播电视机构积极运用高新技术改造提升传统媒体，大力发展新媒体，网络广播电视、手机电视、IPTV、互联网电视、公共视听载体、移动多媒体广播电视等新媒体、新业态建设整体步上新台阶。

近年来，在宏观经济、广电政策、新媒体冲击等因素的交互影响下，中国广播电视产业的整体态势是"三网合一"逐步推进，"二台合"并破冰前行。2010年是中国"三网融合"的元年。2012年，广电网与电信网IPTV业务经营由竞争转向合作。"三网融合"方案迅速推进，为IPTV的发展奠定了坚实的网络基础；IPTV用户的飞速增长，为广电IPTV提供了庞大的用户基数；宽带的提速降价，为高清IPTV的发展提供了良好的平台基础。此外，手机电视、互联网电视、移动多媒体广播电视都在"三网融合"的整体框架下，获得快速发展、融合发展的契机。

2013年是中国经济社会面临转型转轨的年份，中国政府换届之年，在国内外严峻形势下，我国经济砥砺前行、宏观经济走势企稳回升；但微观经济结构存在诸多问题，社会改革处于战略调整期。中国广播电视的新媒体发展呈现出多业态交融、多终端落地的局面。电视产业资本经营呈现出资本运作形式多样化、合纵连横的特点。中国广播电视产业步入数字化、网络化、全媒体化发展的新阶段，而多元化产业经营不仅推动产业融合发展，而且也极大延伸了广播电视产业的产业链和传播链。2013年，全行业网络广播电视、手机电视、互联网电视、公共视听载体、移动多媒体广播电视等不同类项的新媒体业务都迈上新台阶。

二 央视新媒体改革的历史检讨与问题剖析

（一）央视新媒体、全媒体改革的历史轨迹

本文通过对央视全媒体改革的历史性还原，系统分析其顶层设计的合理性与制度瓶颈。本文采用内容分析编码表，将2009~2013年央视新媒体、全媒体改革的历程进行编码。编码方式为：确立改革目标、改革内

容、改革成效等三个横向分类指标，再按网络电视、手机电视、IPTV、移动电视等四个纵向指标，立体透视它的轨迹与思路（见表1）。

表 1　央视新媒体改革编年表

编号：001	
年份：2009年	
A1：网络电视	B1：改革目标：坚持新闻立网，建成中国第一网络视频新闻互动传播平台 B2：改革内容：12月28日，国家网络电视台正式开播，名称为"中国网络电视台"，采取"5+2"模式，即主页和客户端+新闻台、体育台、综艺台、博客台、搜视台。网络电视台博客台"爱西柚"和网络电视搜视台"爱布谷"于11月12日上线公测。12月4日，国家网络电视体育台、新闻台、综艺台上线测试 B3：改革成效：截至11月，央视网日均访问量达1.62亿次，比2008年同期增长了45%；央视网春晚直播当天的页面浏览量达2.03亿次，视频累计观众达到3356万人，CCTV手机电视用户数量达到935万户，都比2008年增长了近一倍
A2：手机电视	B1：改革目标：建设手机媒体终端平台 B2：改革内容：成立"CCTV手机视频节目生产基地筹备小组"，启动手机视频节目生产工作。9月28日，CCTV手机电视伴随着中国联通3G业务商用同步向全国用户推出。10月30日，联通iPhone发布，CCTV手机电视iPhone产品同步上线 B3：改革成效：CCTV手机电视全面实现了在联通3G平台手机电视现有业务线的全面上线工作
A3：IPTV	B1：改革目标：尝试IP电视业务的新模式，探索新媒体新业态 B2：改革内容：央视网通过模式创新，在云南地区率先开通了IP电视业务 B3：改革成效：云南模式是央视网、地方广电、地方电信三赢的新模式，解决了困扰IPTV领域多年的多方利益冲突问题，为央视网在新媒体领域发展做出探索性贡献，受到广电总局的高度评价，也获得地方广电的认可
A4：移动电视	B1：改革目标：建设移动媒体终端平台 B2：改革内容：央视国际移动传媒有限公司于6月正式挂牌成立，CCTV移动传媒依托中央电视台强大的节目资源，开设了50多个常规栏目，为全国移动人群提供贴近生活、贴近实际、贴近群众的视听节目。2009年共制作播出节目1.8万分钟 B3：改革成效：截至2009年，CCTV移动传媒的公交车载电视有近9万块显示屏，覆盖全国30个城市，每天为超过5000万群众提供视听节目

（二）问题发现

通过透析2009~2013年央视全媒体改革的历程，发现央视全媒体改革呈现出以下特点。一是全媒体转型的思路是以国家宏观政策（三网合一）、行业法规为导向，由政策驱动自身新媒体及全媒体业务发展。二是全媒体转型发展的重点在产业规模上。央视的网络电视、手机电视、互联网电视、公共视听载体、移动多媒体广播电视等新业态都获得了较大发展。但是央视电视生产内容与节目形式并没有发生太多变化。三是央视作为一个庞大的机构，它的每一步改革都面临传统体制的约束，所谓"船大更须调好头"，传统电视体制与电视思维都将成为约束电视发展的障碍。

综上所述，央视全媒体改革可能存在如下问题。

（1）新媒体的高速发展，特别是社交媒体的使用正在不断稀释传统媒体（包括电视媒体）的注意力。中国互联网络信息中心（CNNIC）2012 年报告显示，截至 2012 年 12 月，我国微博用户规模为 3.09 亿户，较 2011 年增长了 5873 万户，增幅达到 23.5%；网民中的微博用户比例较上年提升了 6 个百分点，达到 54.7%。我国使用社交网站的用户规模为 2.75 亿户，较上年提升了 12.6%；网民中社交网站用户比例较 2011 年略有提升，达到 48.8%。有 66.8% 的网络视频用户表示，与以往相比观看电视的时间明显减少，其中有 23.7% 的用户表示基本不使用电视收看电视节目；56.7% 的网络视频用户认同对互联网的依赖要超过电视，其中有 26.9% 的人对这一描述非常认同。[①] 新媒体形态层出不穷，它们拥有交互式的传播方式、专业化的传播内容以及高质量和大容量的数据存储，极大地满足了受众需求，对传统电视的优势地位带来了巨大冲击，使得媒介市场格局逐渐由单一媒体垄断转化为多种媒体并存发展。如果说这种格局转变的根源来自信息接收渠道的多样化和受众需求的个性化，那么，这一转变的结果便是受众的分化即传统电视受众注意力的严重稀释。

（2）传统电视生产体制约束了电视全媒体发展。当前，电视台普遍采用的以分为主的频道制和以合为主的中心制，实际上已经难以适应全媒体环境的要求。电视生产的传统流程在全媒体的环境中必定要发生变化，这种变化还有赖于体制改革、内生的创造力，还有赖于电视组织形式和运行机制的流程再造。

---

① 中国互联网络信息中心：《中国互联网络发展状况统计报告》，2013；http://www.cnnic.cn/hlwfzyj/hlwxzbg/hlwtjbg/201301/P020130122600399530412.pdf。

（3）单向的电视传播思维阻碍了电视全媒体发展。传统电视在传播过程中，由于传播技术等方面的限制，往往将受众置于一个单纯的信息接收者位置，而且受众的具体类型没有进行细分。而全媒体环境所带来的受众市场的细分和即时参与的特性，为所有想表达自己意见的机构与个人提供了条件，他们也成为信息的提供者，用户与用户、用户与机构之间可以展开广泛的交流。因而，电视应该在内部形态的变革中，打破原有的单向传播思维局限，拓展多样化的形态满足市场细分的需要。

（4）电视媒体竞争力正在被削弱。央视全媒体发展的战线拉得太长，它的竞争力正在被逐步消解。

（5）同一内容多平台发布将导致电视节目内容的同质化。

（6）不同媒介形态之间如何配合是一个问题，不同媒介形态的综合可能导致内容磨合的困难。

三 提升中央电视台全媒体国际传播力的对策思考

（一）抓住全球移动化浪潮的历史机遇

"整个世界正处于风口浪尖上，会比以往任何时候更安全吗？有很多牺牲，有很多新领域。只有时间能够说清楚这一切将如何发生。"有"互联网女皇"之称的玛丽·米克尔（Mary Meeker）在D11大会上发出了自己对科技发展的新预言。一年一份互联网趋势报告，米克尔成为科技和投资新趋势、新领域的代言人。在《2013互联网趋势报告》（英文版）中，米克尔总结到：受益于新兴市场推动，2012年全球互联网用户总数为24亿户，增长率同比为8%，中国居于首位。2012年，全球3G用户数为15亿户，同比增长31%，3G渗透率为21%。移动设备使用率迅速增长，仍处于早期阶段，还有3~4倍的发展空间。[1]

在2013年的总结和预言中，米克尔给出的最迅猛的信号是移动。移动互联网第一个增长的维度是流量，另一个增长的维度是移动设备。全球数字化、移动化浪潮驱动着中国电视产业向移动化方向发展。央视全媒体改

---

[1] 宗秀倩：《互联网女皇报告：移动设备仍有3~4倍的发展空间》，MSN中文网，2013年5月30日；http://it.msn.com.cn/network/212573/539769389452b.shtml。

革应顺势而为，抓住全球移动化的历史契机。

(二) 打造多媒体信息汇集平台

全媒体化的媒体环境中，人们普遍认同的是，在新媒体平台上给用户提供的增值服务，将远远大于在其中每个单项传统平台上提供的任何服务的价值。而且事实上，我们并不能简单地断定传统电视的受众群体正在逐步减少。传统电视的受众在新的媒体平台上实现了重新聚合，正是这种重聚，提供了媒介融合的受众基础。因此，电视媒体必须将不同媒介的不同承载方式有机融合，使融合后的电视媒体不仅成为电视台与受众沟通的平台，更是一个有核心竞争力的多媒体信息资源平台。

(三) 实现节目内容的多元化多样化发展

面对全媒体进程中先进的技术洪流，内容仍然是传媒产业竞争的关键。当网速发展到极致，人们不再担心网速的时候，最需要解决的问题依然有两个。一是内容，二是用户服务。媒体运营遵循的基本规律是：接口是标准的，内容是差异的；资源是有限的，服务是无穷的。电视媒体唯有从内容入手才能提升自身的核心竞争力，才能真正做大做强。因此，应该积极引进各家节目内容，在节目内容上实现多样异质发展，从而增强节目内容的吸引力，走节目内容差异化战略。同时，在电视内部，需要借助电视台的既有品牌资源，对电视节目进行二次加工、包装以及自创节目的制作。

(四) 从受众出发重构电视产业链

目前，中国电视受众的现状：一是开机率低、受众流失，二是电视受众老龄化。2013 年中国视听新媒体发展报告显示，北京地区电视机开机率从 3 年前的 70% 下降至 30%。① CTR 媒介智讯《2011 年第三季度受众媒介接触习惯调查》显示，电视受众中 45～64 岁的人群占了近六成。中国电视受众的现状反映了中国电视节目制作还是沿用传统单向传播的电视思

---

① 慧聪广电网：《〈中国视听新媒体发展报告 (2013)〉发布》，慧聪广电网，2013 年 6 月 16 日；http://info.broadcast.hc360.com/2013/06/161156563724.shtml。

维。央视全媒体改革不能仅仅停留在业态层面，还要在内容生产制作与传播上打破传统思维惯性，力争从电视受众出发，重构电视产业链，通过流程再造创新电视节目内容。

（五）走集团化集约化道路，塑造电视全媒体国际传播体系

在当前的环境下，在国际关系调整和新一轮传媒变革浪潮当中，我们必须抓住机遇，迎接挑战，通过走集团化集约化道路，打造以新媒体为龙头的国际传播新体系。央视全媒体国际传播体系的建构必须实现三个跨越，即在技术、文化、观念上实现跨越式发展。在技术上，我们必须尽快赶上国际新媒体技术发展的步伐，实现与国际顶尖新媒体技术的无缝对接。在文化上要打破不同地域文化、语言、价值观的阻碍，进行有效的对外信息传播。要在传播业务、文化产品上跨越文化理解的差异。另外，不同国家之间由于历史背景、政治体制、经济发展水平以及地理、人文等各方面因素，对同样事实往往会产生不同的评价标准。我们的传播体系建设要考虑这种评价标准的差异，并实现这种差异的跨越，被不同评价标准下的人们所接受。

移动互联网时代中央电视台小屏移动智能终端发展战略

互联网的迅速发展，微博、微信等新媒体的出现给中国的传媒业提出了许多现实的问题。针对这些问题，学界和业界都进行了许多的研究和探讨，各种讲座、论坛、会议以及论文和专著都对媒介的发展之路进行了分析。这其中主要讨论的焦点有新媒体的应用，传统媒体的转型，媒介融合，全媒体发展，大数据等。具体到传统媒体如何应用移动智能终端的问题，目前相关论文并不多，并且在相关的文章中，也以探讨纸介媒体如何应用移动智能终端为主。对电视移动终端的应用进行研究的主要有王建磊的《如何打造电视 APP》以及他和沈泽合写的《让电视移动起来——电视 APP 开发现状及趋势分析》两篇文章，前一篇文章在探讨电视 APP 如何发展的同时也更多地着墨于智能电视 APP 的发展；后一篇文章对当前电视 APP 的类型进行概述，并对电视 APP 的两大体验和电视 APP 的发展趋势进行了分析。移动智能终端主要包括智能手机、笔记本、PDA 智能终端和平板电脑。本文讨论的小屏移动终端，主要是指智能手机和平板电脑。

一 中国移动智能终端发展现状

（一）体量大、范围广、潜力大

近年来中国经济的快速发展，国民的人均财富有了快速的增长，手机的普及率迅速提高。2012 年，手机超越台式电脑成为中国排名第一位的互联网接入设备。中国互联网络信息中心的数据显示，至 2013 年 6 月，中国移动上网网民数可达 4.6 亿人，由此超越美国成为世界上最大的智能手机市场。

被称为"互联网女皇"的玛丽·米克尔在 2013 年的互联网趋势报告中陈述到,至 2012 年第四季度,中国智能手机用户达 2.7 亿户,移动设备使用率迅速增长,仍处于早期阶段,还有 3~4 倍的发展空间。根据国际数据公司(IDC)《中国手机市场季度跟踪报告(2013 年第一季度)》,2013 年第一季度中国智能手机总出货 7800 万部,同比增长了 117%。IDC 预计 2013 年中国智能手机市场在运营商的补贴和消费者换机需求下,出货量仍将激增;2017 年智能手机出货量将超过 4.6 亿部,市场规模将达到 7405 亿元。自从苹果公司开发了 iPad 以来,平板电脑在中国也开辟了广阔的市场。研究公司 NPD 发布数据显示,在 2012 年,中国平板电脑出货量首次超过笔记本电脑;而 6500 万部的出货量让中国跻身世界第二大平板电脑消费市场。[1]

从这些数据来看,中国移动智能终端的市场普及率已经很高,移动智能终端体量大、范围广并且有很大的发展潜力。

(二) 小屏移动智能终端成为市场发展趋势

新媒体时代人们使用媒介的主要特征是移动化、社交化、碎片化。这三者中,移动化和碎片化是比社交化更具有基础性的趋势。当代人的生活节奏很快,人们除了工作的时间比较集中,其他时间被分得很碎,在这种情况下,小屏的移动智能终端(以下称小屏终端)比其他智能终端(比如智能电视和大屏的平板)更方便人们随时随地使用,也更符合人们生活的需要。这种现状从移动智能终端生产商的产品调整上也可以看出。

苹果公司在 2012 年下半年发布了 iPad mini,其屏幕缩小到 7.9 英寸,重量为 0.3 千克。美国市场研究公司 DisplaySearch 分析师理查德·史姆认为,虽然大尺寸平板电脑主导了 2012 年的市场(9 英寸及以上尺寸机型的销量占据 60%),但小尺寸设备的发展速度却超出了预期。理查德·史姆认为 2013 年小尺寸平板电脑在整个平板电脑市场的出货量中有望占据 60% 以上的份额。据 DisplaySearch 估计,将有 66% 的平板电脑采用 9 英寸或更小尺寸的屏幕。另外一家美国市场研究公司 IDC 也预计,8 英寸或尺

---

[1] 小峰:《中国 2012 年平板出货是突破 6500 万部首超笔记本电脑》,Tech Wed 网站,2013 年 1 月 8 日;http://www.techweb.com.cn/world/2013-01-08/1268577.shtml。

寸更小的平板电脑将占到 2013 年平板电脑总出货量的 55%。NPD 公司也预测，到 2013 年，7 英寸和 8 英寸平板电脑会占据主导地位，市场份额可能会达到 45%，出货量有望突破 1.08 亿部。这是容易理解的，小尺寸平板不仅方便手持，减轻手的负担，而且价格也更低。智能手机和小屏的平板电脑在功能和外形方面有着相似的趋势。

随着小屏移动智能终端的普及化，其平台的影响力必然也会随之增大，对传统电视来说，如何制作适合小屏的内容产品，如何入驻小屏平台就显得很重要。BBC 音乐广播总监 Tim Davie 认为目前广播行业的头等大事是将自身节目融入智能手机、平板电脑等各类便携电子设备中去，并提供富有创意的观看内容来吸引更多青年听众。①

二 小屏终端对中国传统电视业的挑战

（一）受众的流失

中国电视受众从 2001~2012 年观看电视的时间稳步下降，而网民使用互联网的时间稳步上升，到 2012 年，中国用户使用移动和互联网服务的时间相对于看电视的时间超过了美国。中国的数字为 55%，美国为 38%。据艾瑞咨询的数据，北京地区的电视开机率仅为 30% 左右。当前智能手机用户数量呈现出跳跃式增长态势，工信部的调查数据显示，超过一半的网民在 18~22 点之间使用智能手机。另据调查，超过一半的人在走路上下班、乘坐公交地铁、等候吃饭等碎片化的时间内主要使用手机。中国互联网络信息中心数据显示，中国用手机看视频的网民达 1.34 亿人。

（二）广告的流失

从经济上来说，受众即意味着广告投放，移动互联网的发展使广告费更多地从传统媒体流失。从全球媒体产业最发达的美国市场看，新媒体正在蚕食传统媒体的奶酪。GE 等公司宣布减少对传统媒体投入增加网络媒体广告预算，全球快餐巨头麦当劳公司也宣布，它将逐渐减少电视广告预

---

① 刘波：《视频网站谋求移动终端通道市场》，慧聪广电网，2012 年 8 月 15 日；http://info.broadcast.hc360.com/2012/08/150819519821.shtml。

算，与此同时，大大增加对数字媒体的广告投放额。麦当劳公司主管营销的副总裁拉玛先生称："麦当劳在电视上一掷千金的日子已经过去了，电视作为影响消费者的主导媒体的地位正在发生动摇。"①

根据艾瑞报告，2012年国内移动广告市场规模为63.2亿元，同比上涨161.2%，预计这一数字将在2013年达到102.7亿元。艾瑞咨询发布的《2012中国手机应用市场年度报告》显示，2012年中国移动互联网市场产值达到了712.5亿元，智能手机时代的价值核心开始转向软件与应用。全球知名分析机构Gartner预计，2015年全球移动广告市场规模超过200亿美元，未来两年内，移动广告市场将进入井喷阶段，其中平板电脑终端广告市场尤为引人关注。

从用户的角度上看，用户对移动智能终端上的广告也更少反感。据统计，有超过86%的iPad用户愿意以观看广告的方式，换取免费的数码内容，如电视剧、杂志和报纸文章等。就中国市场而言，用户还未习惯付费使用电子媒介内容，更愿意在移动智能终端浏览视频时收看广告，而不愿意付费去看无广告的内容。在受众更少抵触的情况下，广告的心理效果也会更好一些，广告主也会愿意把广告费投入在移动智能终端内容上。

对企业化运营的媒体而言，广告费无疑是非常重要的经济支持，央视虽然财力雄厚，但其要获得持续稳定发展，也必然需要稳定的广告收入，如何在移动智能终端上开辟广告来源无疑是一个有着重要经济价值的问题。

(三) 政治文化功能的弱化

电视既是产业也是事业，对中国来说，电视承担着重要的政治和文化功能。尤其是央视，弘扬主流价值观和社会主义意识形态也是其重要功能之一。文化和意识形态是需要传承的，其宣传不应该出现代际的断裂。而目前中国年轻人对传统电视的使用率较低，相对地，他们对移动智能终端的使用率很高。所以，传统电视要完成其政治和文化功能，就必须积极应用移动智能终端，这样才能在年轻人当中形成广泛的影响力。

---

① 谢耘耕、倪握瑜：《重蹈覆辙还是自我突破——新媒体时代电视媒体的选择》，《新闻界》2007年第3期。

三 应对挑战，打造小屏终端的影响力

(一) 国际上的经验

移动智能终端的发展在许多发展中国家尤其是电子产品制造业发达的国家。智能手机在各国手机用户中的普及率排在前 5 名的分别是：韩国 67%、中国 66%、美国 53%、英国 51%、俄罗斯 37%。

1. 韩国 KBS 的 APP 开发

韩国电子产业发达，三星集团已经成为全球销量最大的电子生产商。韩国智能手机的普及率位居全球第 1 位。在这种情况下，韩国的电视台也纷纷开发基于移动智能终端的应用。韩国 KBS 电视台就开发了一个 APP 应用群（见表1）。

表 1 韩国 KBS 电视 APP 应用群

应用的名称	主要内容和功能
KBS1 TV Lecture100℃	记录身边普通人的生活故事，体现一种普通人的精神和智慧
PHOTO	一款扩增实境的应用程序，用户可以通过该程序与著名广播电视节目主持人合影，并分享图片给自己的朋友们
Player K	综合版的 APP，用户可以看到 14 个频道高质量的电视和广播内容，提供实时直播和点播
News	KBS 黄金时段的新闻以及实时新闻和突发新闻报道
Dokdo Live	用户可以通过该公共广播分享对大韩民国领土和主权的热爱
Radio Exclusive Apps	可以收听 Super Junior 主持的 Kiss The Radio、刘仁娜主持的 Volume Up Radio Show 等人气电台节目
Mobile Homepage	可提供 KBS 所有的节目内容
Hello Counselor	用户可以通过手机参与 KBS2 的 Hello Counselor 节目，并且可以分享到社交网站上
Book Store	提供 KBS 周刊、戏剧艺术书籍，以及纪录片和连续剧
CLASSIC NOW	免费提供一千部 KBS 精选的古典音乐作品
Let's Learn Korea	向外国人提供韩国语讲座的移动应用服务
TV Scanner	捕捉有趣的电视片段并在社交网络上分享
Landscape of Sound	通过混合背景音乐和声音效果给人创造一种记忆和情绪

从表 1 可以看出 KBS 的移动终端 APP 开发有以下特点。

（1）种类多样，深度和广度结合。就媒介形态来看，其 APP 包括了电视、广播、电子书和电子杂志等多种形态。就内容而言，既有提供综合内容的应用，也有提供专门内容的应用。新闻、电视剧、戏剧、纪录片等内容一应俱全。内容风格既有时尚的明星广播，也有古典的音乐作品，另外还有政治气息明显的爱国内容分享。

（2）互动性、参与性及社交性强。在 KBS 的移动终端应用中有五种（PHOTO、Dokdo Live、Hello Counselor、TV Scanner、Landscape of Sound）是需要用户自己参与其中的，并且这些应用与社交网络是相通的，可以进行分享交流。这种重视用户参与的应用能够很好地调动使用者的积极性，另外通过社交网络，其人际传播的效果较好。

2. BBC 的移动终端策略

英国的智能手机普及率也位居世界前列，BBC 开发了各种适用于智能手机的应用软件，主要有 iPlayer、BBC News、World News 等。其中 BBC News、World News 两个应用让用户可以随时收看国内和国际新闻资讯，iPlayer 让用户可以通过手机免费收看或下载电视电台节目。BBC 其他一些辅助性的应用主要与历史、教育类相关。[①] BBC 的移动终端应用还是以新闻为主，并且 BBC 作为公共广播，其内容也侧重于公共服务的内容，比如教育。

（二）CCTV 如何应用小屏终端平台

1. CCTV 的优势

（1）CCTV 既有节目资源丰富。CCTV 拥有 16 个不同的专业频道，涉及经济、综艺、体育、娱乐、少儿、军事、农业、法律、民生、国际、新闻等多个领域。对于各个领域，CCTV 都积累了丰富的节目内容。而这些内容无疑可以通过合适的方式使用到移动智能终端平台上。

（2）CCTV 既有观众基础较好。CCTV 是中国的国家电视台，一直以来为全国观众所信赖。虽然年轻受众对传统电视的关注度偏低，但是央视在年轻受众心中的权威地位依然没有动摇。央视的品牌影响力在移动智能

[①] 贺涛：《移动互联网背景下中西新媒体发展现状比较——以 CCTV 和 BBC 新媒体发展战略为例》，《东南传播》2012 年第 6 期。

终端平台上也能显现出来。

（3）CCTV在政策、技术开发等方面有优势。CCTV作为国家电视台，属于中国国家事业单位体制，按照中宣部、广电总局的部署，接受两者的直接管理。其重要的地位使其在争取政策支持时更容易引起重视和获得肯定，在和国营电信企业合作时也更加方便。另外，CCTV一直走在技术开发的前端，拥有国际的视野和一批高科技人才，所以对于新媒体方面的技术开发相对国内其他电视台和网站而言有很大优势。

2. CCTV面临的主要挑战

（1）CCTV虽然专业化频道很多，但是频道专业化程度不深，其内容资源对高端人才的吸引力不大，而文化程度较低的受众对专业内容又不感兴趣，所以还不能充分达到分众传播吸引特定受众群的目的。

（2）市场竞争激烈。移动智能终端的飞速发展，使得各类媒体纷纷投入其中。各种类型的电视APP纷纷出炉。一类是综合型的，如中国移动开发的"手机视频"客户端，囊括了各种影视资源和电视频道资源，直播、点播、视频搜索、下载、专题等服务统统具备；另一类是各大电视台开发的APP，如芒果TV、凤凰卫视、安徽电视台、阳光卫视、浙江手机台、江苏卫视等。此外，还有视频网站开发的APP，比如优酷、土豆和爱奇艺等。这些竞争对手不可小觑，在App Store 2012年度精选的TOP100免费APP中国区榜单中，PPTV（聚力传媒）网站客户端产品位列娱乐类视频应用首位。PPTV抓住当前年轻人观看电视的偏好，和韩国三家电视台及中国台湾娱乐媒体达成了近90%的娱乐资源和影视剧资源的合作，并通过亚洲娱乐资源结合泰国、香港跟内地的娱乐资源，重拳打造亚洲娱乐媒体产品。另外，移动智能终端平台的竞争是国际化的，许多国外媒体的APP在中国也有广泛的用户群，也分流了许多受众。

（3）就目前手机电视业务发展看来，手机电视用户经常遇到画面清晰度较低，手机网速限制以致视频加载速度慢、运营商收费较高，以及昂贵的手机终端等一系列问题，这些必然也是CCTV发展移动终端内容会遇到的问题。

3. CCTV如何打造小屏终端的影响力

（1）终端应用的内容要新闻立台、分类清晰、实现精准传播。

第一，重视新闻第一时间第一速度成为移动第一门户。对央视来说，新闻节目无疑是重中之重，央视有一批口碑很好的名牌新闻栏目，如《新闻联播》《新闻1+1》等，央视可以对这些节目进行加工和整合，使之适应移动终端平台，让用户能方便进行实时观看和点播，确保央视新闻第一时间第一速度到达用户，成为移动终端第一新闻门户。

第二，提供年轻受众喜爱的娱乐休闲内容。年轻受众是央视需要重视的群体，年轻受众使用移动终端的一个重要目的就是娱乐休闲。娱乐休闲内容主要有电视剧、综艺栏目、电影、电子杂志、游戏等。就目前而言，电视剧对各类受众有着普遍的吸引力。除了一些优秀的国产剧，许多年轻人对韩剧、日剧、美剧等也特别钟爱，央视也可以像PPTV那样引进一些受众期待很高的国外电视剧。也可以邀请各类电视剧迷作为评委，预测某剧能不能受观众欢迎，从而有目的地选取合适的节目资源。对于综艺、电影、游戏等，各类媒体对该市场分割得比较细碎，央视可以在自己已有的资源上寻找优势。

第三，要注重教育、文化和公益类栏目产品开发。正如BBC一样，央视也承担者教育和文化传承的责任。在这一点上，央视可以借鉴BBC的经验，推出一批高质量的教育、文化公益类节目。虽然这些内容看起来有些冷门，但实践证明，如果有很好的创意，这类节目也可以非常有趣，如央视播映的《舌尖上的中国》就在网络上引起了轰动效应。央视应该尝试制作更多这样"既叫好又叫座"的原创性节目。

第四，对于当下最重要的事件及时深度专题报道。对于重要的事件和问题，作为一家权威媒体当然不能失语，另外，舆论对重大事件也需要一个表达的论坛。在此情况下，针对重要问题开辟一事一议的专题就显得很有价值，这也能吸引用户的广泛关注。

（2）终端内容要根据移动客户消费习惯和时间长短实时更新。

小屏移动终端一般是人们在短暂闲时使用，所以节目内容不宜太长，否则受众无法看完完整的内容，而且单个节目所耗流量较多。另外，电视剧、动漫等内容要经常更新，如果更新太慢，受众就会转战其他媒体的客户端或其他平台。

（3）要开辟随时随地实时分享参与互动社交应用的蓝海。

给用户参与的机会是培养用户忠诚的重要手段，另外增强互动也能给受众亲切感和成就感。像KBS那样，让用户通过手机和节目主持人合影的做法应该会受到年轻人的喜爱。就目前技术而言，移动客户端和微博、微信都能打通，所以用户和主持人通过文字和语音进行实时互动都是可以实现的。通过投票、评论、分享等功能，用户也可以轻松地进行反馈和社交。

（4）要和电信运营商合作，以用户体验至上。

电视主要以视频为主，而视频的数据体量较大，如果按正常的电信数据流量资费来算，在手机或平板上在线观看电视栏目将是很昂贵的，这样一来，大部分用户无法随意观看自己想看的节目。而如果CCTV能和各电信运营商达成合作，降低用户观看移动客户端上栏目的资费，那么，用户的使用率就会提高。

（5）要进行移动客户端的品牌全媒体渠道推广。

现在各种手机的应用商店里都有无数的应用软件可以下载，为了扩大央视移动客户端的品牌效应，进行必要的品牌推广是必要的。品牌推广时要注意CCTV整体标识的一致性，强化用户的品牌认知。在刊登平面广告时加入二维码图标，可以让用户方便地接触到CCTV移动终端上的内容。

总　结

碎片化已经成为当前人们生活的大趋势，而小屏终端就是应这种趋势而生。在中国，小屏终端的普及极大地冲击了传统媒体行业。CCTV作为传统电视的强者，如何在小屏终端平台保持领先地位，这是一个需要不断研究和摸索的问题。国外有其成功经验，我们可以借鉴，中国也有自己的国情，这是需要更加深入理解和应对的。移动化、互动性、社交化等只是最基本的发展趋势，如何在这些趋势下或更新趋势下顺势而为，是需要且行且研究的。

参考文献

王建磊，沈泽：《让电视移动起来——电视APP开发现状及趋势分析》，《广播电视信息》2013年第1期。

王建磊：《如何打造电视APP》，《广播与电视技术》2013年第4期。

孙凤毅:《浅析央视新媒体发展创新模式》,《当代电视》2009 年第 8 期。

贺涛:《移动互联网背景下中西新媒体发展现状比较——以 CCTV 和 BBC 新媒体发展战略为例》,《东南传播》2012 年第 6 期。

谢耘耕、倪握瑜:《重蹈覆辙还是自我突破——新媒体时代电视媒体的选择》,《新闻界》2007 年第 3 期。

唐绪军:《中国新媒体发展报告 2013》,社会科学文献出版社,2013。

中国国家广播提升移动互联网
国际传播力的思考

有专家指出,中国互联网的发展可以分为四个阶段:一是初始阶段,1994~1998年;二是云阶段,1999~2004年,门户网站、新闻网站兴起;三是web2.0阶段,2005~2009年,以博客和播客等的出现为代表;四是从2010年开始,微博开始兴起,微信等移动终端大面积被使用。

中国互联网20年,差不多每五年发生一次重大变化,各类新媒体的出现带来新的应用,进而造成了整个传播格局和市场的变化。现在使用人数最多、传播力影响力比较巨大的形态有三种:微博、微信和移动互联网。进入移动互联网时代,如果是3.0时代,笔者认同这是一个以人为中心的3.0,它不同于Web1.0时代,是以内容为中心的;也不同于Web2.0碎片化的双中心模式,更多强调人与内容的交互,发挥了人与人、人与内容、内容与内容之间关联网状传播的作用,从博客、UGC到微博、微信,这个特征日益明显。数据显示,2012年中国移动互联网市场规模为549.7亿元,增长率为96.4%。2013年Q1中国移动互联网市场规模为204.2亿元,同比增长75.4%,环比增长10.4%。经过两年的高速增长,移动互联网在赢利模式、产业格局等方面进入关键性的一年。

一 移动互联网引发人类网络化生存的第二波浪潮

基于网络信息技术的新媒体已经成为当今世界最活跃和最重要的发展领域。移动互联网、微信、微博客、大数据与云计算、社交媒体、三网融合、宽带中国、智慧城市与物联网、移动应用App、OTT TV等已成为中国新媒体的热点。新媒体与政治、经济、文化紧密相关,极具传播社会影响,是各国竞相抢占的战略制高点。

据统计，目前全球互联网用户已经达到了 25 亿户，手机用户超过 64 亿户。截至 2012 年 12 月底，我国网民规模达到 5.64 亿人，全年共计新增网民 5090 万人。互联网普及率为 42.1%，同比提升 3.8%。从数据来看，两项指标均延续了自 2011 年以来的增速趋缓之势。显示当前网民增长和普及率进入了相对平稳的时期。与此同时，我国手机网民数量快速增长。2012 年我国手机网民数量为 4.2 亿人，年增长率达 18.1%。智能手机等终端设备的普及，无线网络升级等因素，进一步促进了手机网民数量的快速提升。此外，网民中使用手机上网的比例也继续提升，由 69.3% 上升至 74.5%，其第一大上网终端的地位更加稳固。

目前在全球范围内移动信息网络技术发展速度远远超出了我们的想象，区别于传统的 PC 互联网、传统的广播电视技术，这一次技术变革的发展速度更加迅猛。在如今应用过剩、用户体验为王的移动互联网时代，基于技术的软件加硬件服务与人们更加贴近，与我们的日常生活、工作、学习更加紧密。可以说移动互联网引发了人类网络化生存的第二波浪潮。

目前移动互联网主要的赢利来源包括广告、游戏，但是其模式与 PC 端都存在着巨大差异，移动端的收入与其快速增长的流量不成正比，2013 年移动互联网从业者将进一步探索移动端流量变现的方式。

二　中国自媒体发展态势：布局自媒体领域，搭建自媒体平台

有业内专家曾对 2013 移动互联网做过几大趋势判断。一是移动互联网终端的应用人群规模更加庞大。2012 年国内是 2 亿的移动设备，2013 年可能达到 5 亿。二是移动互联网市场竞争更激烈，互联网巨头公司将会大举进入移动互联网领域。三是渠道整合。目前移动互联网的渠道虽然在成长，但还比较单一（依靠应用商店），未来会有更多更精细化的渠道出现。目前各大传统互联网企业在移动端都进行了基本布局，尤其是腾讯已经拥有微信等几亿用户量的平台级产品，其他的传统互联网企业也在移动端各个领域进行积极尝试，试图延续其在 PC 端的竞争优势。短短两年，360、搜狐、新浪、百度、网易等中国互联网巨头已大举进入移动互联网领域，布局自媒体领域，搭建依托自有资源和优势的"自媒

体"平台。

自媒体最早是新浪先推出的，尽管热门的腾讯微信比传统的新浪微博在用户规模等方面更具有现实性优势，但新浪微博仍是最为重要的自媒体平台之一。新浪的自媒体计划分为两部分，一部分是新浪微博，另一部分是新浪门户。新浪微博要想争回"自媒体头号阵地"，所采取的私信推送是新浪微博所能想到的最有效也是最受质疑的方式，有行业人士指出私信推送的 UI 和微信公众平台几乎一模一样，私信推送引发了部分用户的高度反感，很多用户直接对推送信息的账号取消了关注，如何解决推送问题，成为新浪微博接盘自媒体的最大障碍。中国社会科学院 2013 年 6 月 25 日在北京发布的"中国新媒体蓝皮书"指出，中国微博竞争格局为四大门户主导，其中腾讯、新浪两强并立，腾讯微博用户数量达到 2.453 亿户，新浪微博用户数量为 2.332 亿户，搜狐、网易微博用户数量分别为 6956 万户、3263 万户，有分析称，阿里巴巴对新浪微博的投资很大程度是为了自媒体。目前看微信公众平台应该是一个最为重要的自媒体平台，但是腾讯显然是想把自媒体的重任交给新闻客户端，腾讯新闻客户端未来将采取上线订阅机制和自媒体平台，并与微信公众平台打通，即微信公众平台发布的信息可自动同步发至腾讯新闻客户端和 PC 端的腾讯网。

奇虎 360 的自媒体平台将通过搜索引擎对微博和微信公众平台内容进行抓取，并将获得的内容聚合，在 360 搜索、导航等重点页面推广。除了直接抓取之外，360 正在与很多自媒体人建立联系，希望得到内容授权甚至是独家授权，360 承诺一旦合作建立，将在页面重点推广合作自媒体人的账号。与此同时，360 投资了自媒体 APP 生成公司微窝，在安卓平台上提供了自媒体脱离于微博、微信，独立建立入口的另外一种路径——APP。

搜狐董事局主席兼 CEO 张朝阳曾公开赞扬了自媒体，他表示："自媒体，发挥个人创造性的媒体，如果有好的商业模式支撑，中国的媒体可以摆脱混沌水的状态，成为素质教育与民族智商提高的推动力。"2013 年 4 月 24 日搜狐宣布旗下移动互联网产品搜狐新闻客户端用户量突破 1 亿户，成为国内首个用户数过亿户的新闻客户端。搜狐新闻客户端除包括报纸以外，全面向自媒体、网络、电台、电视台等各种形式的媒体开放，引入各方合作共建"全媒体平台"。经过两年多的技术创新和渠道铺设，搜狐新闻客户端已经在平台搭建、用户驻留、内容运营等方面取得全方位突破。截至 2013 年 4 月，搜狐新闻客户端全媒体平台的合作媒体为 550 多家，总订阅量突破 4.5 亿份，其中《央视财经》《参考消息》等媒体刊物超过千万份订阅量，《南方周末》《人民日报》《意林》《读者》等媒体刊物超过 500 万份用户订阅量，百万份以上的订阅刊物超过 33 家。

三 微信发展态势：坚持平台化发展及生态链竞争的思路

根据公开资料，微信于 2011 年 1 月 21 日推出，至 2012 年 3 月底，微信用户为 1 亿户，用时 433 天。2012 年 9 月 17 日，微信用户突破 2 亿户，时间缩短至不到 6 个月。4 个月后，用户数突破破 3 亿户。随着微信 5.0 版本的推出，预计微信用户突破 4 亿户指日可待。

微信，已成为一个平台，它不仅是互联网大平台上的小平台，它更像一个操作系统，其接口的定义、开放程度，决定了众多移动互联网玩家的生死，虽然其接口还不够开放。从门户网站（如新浪、搜狐、网易），到搜索引擎（如谷歌、百度），再到 IM 工具（如 QQ、MSN）和 SNS（如人人、Facebook），争夺的都是入口，这是互联网竞争的最高地。有行业人士认为微博、微信是 SNS，前者更具媒体特征，后者更重社交功能。当微信逐渐成为一个越来越强大的入口，这种强大将随着公众账号及微信 APP 的快速增加而呈现马太效应，而众多企业，都拼命地在微信的统一入口之下，试图把握自己的信息流，实现自己的价值。

马化腾在 2013 年 3 月曾表示："腾讯不要自己去把某一个行业做得太深……我觉得最理想的方式就是构造一些很简单的规则和网络层的连接，然后把复杂的商业模式交给外面的这种合作伙伴或者是个人。"这正反映出其平台化发展及生态链竞争的思路。

内测中的微信 5.0 被认为将导致自媒体倾覆：微信不愿让这种强打扰的推送内容影响用户体验，会把用户订阅的公众号在 5.0 中放到二级页面中统一管理，这样聊天主界面将更为干净。同时限制企业类公众账号每月推送一次消息，而自媒体类每日只能推送一条消息。当订阅用户在一级主页面看不到那些红色更新提示，只有很强烈的阅读欲望，才会主动去二级页面中搜索自媒体的更新。据了解当前微信的审核团队仅几百人，远远少于微博数千人的数量，他们每天要审核如此多的自媒体内容的确不堪重负。

在移动互联网时代，用户是一个积累的过程，只有追寻用户的需求不断创新内容，才能够不断留住用户。微信的成功，归功于对于产品内容的体验创新，也归功于微信之父张小龙的3个微信原则和微信背后的产品观。

四 广播行业发展态势：依托移动互联网在内容与形式上寻求更大革新

从收入衡量看，2012年在中国广告花费经济增长放缓情况下，电台媒体依旧领涨其他传统媒体，据尼尔森调查数据，2012年中国广告花费超过6528亿元人民币，其中电台媒体虽仅占广告总花费的2%，但广告投放花费增幅达9.4%，在传统媒体中保持领先地位。在美国，广播公司正在削减许多市场中的广告时间，Clear Channel（清晰频道）是这轮趋势的先行者，2012年它在前10个市场中的电台都把广告削减了20%以上。广告时间缩短，但它剩余时段的广告价格有所提高，在前30个市场听众中的收视率也提高了4%。广播广告整体市场容量有限，此举将更加提升节目的内容及广告价值。已在150个城市拥有850个广播电台的Giant Clear Channel（巨头美国清晰频道）在全美电台总数的比重虽然不足10%，但该公司的收入却占整个行业的19%，排名第2位的Infinity的收入比例为11%，在其之后的市场规模都相当分散。2012年该公司创收为16亿美元，比上年的15.8亿美元略有增幅。

在中国，中央电台已有16套传统广播节目，4套数字广播节目，2套数字电视节目，还包括网站、互联网的手机电视和电视、有声阅读、客户端等跨媒体产业。从中央人民广播电台的产业格局来看，最成熟最稳健的是以新闻、财经、音乐这三套频率为核心的广播广告业务；二是基于已开播的有线电视购物平台，媒体零售业务在多种资本形态支撑下迅速形成规模；三是基于互联网的新媒体业务在行业政策、台网融合等优势下蓬勃发展；四是引入善舞资本的人才和资本方逐渐形成的投融资业务，中央人民广播电台牵头成立了投资公司和文化产业投资基金。国家电台新媒体业务目前包括：中央重点新闻网站中国广播网，面对特定地区的"你好台湾网"和"中国民族广播网"；以手机电视、互联网电视为核心的视频网络业务；以中国广播联盟、全球华语广播联盟为代表的联盟官网带来的产业内容服务。2012 年，中央人民广播电台的收入规模达到 17.7 亿，来自于产业部分的经济收入达到 14.27 亿，每年保持着 30% 的涨幅，呈现出高速增长的状态，有力地支持了事业的发展。但从大的传统媒体范畴和新媒体领域里看，如 2012 年上海 SMG 总营业收入达到 174 亿；中国移动互联网市场，2012 年规模达到 549.7 亿元，增长率为 96.4%。相比而言，国家电台的整体收入规模和增收空间的体量依然偏小。

随着移动等技术的发展，广播广告的产品日益丰富，2012 年中国户外传播艺廊上触动传媒所展示的全新的媒体服务：受众可根据移动终端识别超声波技术来获取更多的产品信息，对广播广告未来与移动的结合也提供了启示。广播节目开始为广告客户"量身定做"。整合传播中的公关、促销等元素也因广播的即时性、低成本，被越来越多地应用。

随着移动设备的进一步普及，互联网电台的收听率也在不断地增长，其中优质的广播节目尤其受到年轻受众的喜爱。基于互联网私人电台的不断兴起，可谓是给"海盗电台"正名。苹果 PodCast 服务、潘多拉网络电台（Pandora）、邻居的耳朵等各类网站，为渴望成为电台骑士的年轻受众们创造了条件。这批以"80 后"、"90 后"主导的广播节目制作者，正以独特的个性化视角丰富互联网广播的内容与形式，并累积了上亿户的受众。2012 年，潘多拉网络电台（Pandora）的注册用户达到了 1.5 亿户，比上年增涨 50%。其中，有 5990 万用户为一个月至少收听一次的"活跃"用户。这一数字比 2011 年 1 月潘多拉网络电台开始上市时增加了 3000 户。市场调查机构尼尔森发布的 2012 数字产业报告显示，智能手机 2012 年首次成为手机市场主流设备，市场份额从 2012 年第一季度的 49% 升至 2012 年第三季度的 56%。手机应用在 2012 年获得持续增长，在排名前 10 位的移动应用中，潘多拉电台成为排在 Youtube 视频之后、Twitter 微博之前的安卓 Android 平台的第 6 位应用，而潘多拉电台则是 iPhone 平台上居第 9 位的应用，热门程度高于 Instagram 图像的社交分享应用。

广播是以电波来传送信息的，它的传递速度是其他载体所无法相比的。电波的速度每秒达到 30 万公里，相当于绕地球 7.5 周。广播的时效性、传播速度位居传统媒介之首。笔者认为在移动互联网时代，国家电台为了生存与发展，不仅要与上游、下游产业环节紧密结合，形成纵向的产业链，以此降低市场风险，还要通过跨行业、跨媒体的横向整合，追求更大范围的规模经济，实现国家电台的跨媒体协作，与电影、电视、杂志、互联网及其他所有媒体相结合，推进整合传播，实践广播行业的业内整合，实现地区性广播的资源优势共享互补，这将逐渐成为国内外广播电台的发展趋势。

五 结论

有专家指出广播是在所有传统媒体的新媒体化非常被人看好的载体，因为它成本低、转型快，尤其是对于带宽的占用、对于技术的依赖都相对要好于其他传统媒体。所以发达国家在传统媒体转向新媒体过程中，广播走得最好也最快，怎么打破过去传统做广播的思维很重要。

1. 要借鉴"内容 + 平台 + 终端"模式，向移动互联网渗透

IT 业和传媒业已经密不可分，"内容 + 平台 + 终端"模式已经成熟。苹果公司的软件和硬件有机结合的模式很好地诠释了 IT 业和传媒业融合的趋势，苹果公司提供了用户体验极好的终端产品，并打造了大型信息平台，吸引了大量的"内容提供商"来提供高质量的内容。受苹果的启发，互联网企业不再是当年的电信增值业务提供商，他们以原有的黏性业务向移动互联网渗透：例如腾讯基于 QQ 聚集了大量用户，并逐步向新闻、社区、游戏、支付等领域扩展；谷歌和百度通过搜索、地图等逐步向手机移植应用，并通过手机操作系统占领最终用户。而 UC 这样的浏览器公司，更是立志于成为手机的流量和内容导航门户，把新闻、推荐、应用、游戏、用户中心、支付，聚合在浏览器上，其形势愈加明朗。应用和内容提供方在有了用户量作支撑后，都有了和电信运营商对抗的勇气和资本。

2. 要在人才、模式、受众、市场等关键环节形成能力和核心价值

广电及国家电台在大众传媒时代一直在内容管控、生产、制播、覆盖等方面优势明显，但在移动互联网时代如何在人才、模式、受众、市场等

关键环节形成能力和核心价值，已是亟待解决的事关生存的大问题。笔者从国家电台产业发展现状的角度认为产业升级有这样几点认识。

（1）用基因重组的思维实践国家电台产业的集团化和系统性管控，带动各分、子公司在内容和结构、体制和机制、产品和服务，以及在商业模式、队伍建设等方面加快推进、深化实施。

（2）要从传统媒体出发，站在全媒体运营机构的角度，以全球化、国际化的视野，尽快深化内容创新，内容服务创新，将全媒体产业化的运营转向以中心、频率、栏目为主体的商业化，并坚持业务或产品可实现商业化的货币化。

（3）要先做到技术层面的"台网融合"，技术是移动互联网时代的创新、发展根基，要实现技术服务公司化、服务采购一体化的集中管控，做好平台建设、技术研发和服务运营支撑，形成全媒体、多网络的平台功能，起到实现商业化、货币化的"管道"作用与结算功能。

（4）要立足市场推出品牌栏目、品牌主持、评论员和主持人客户端、网页、微信公号、微博大号等，为增强国家电台的影响力和传播力夯实基础建设。

（5）用新媒体增强广播深度互动，如今，微信、微博等社会化媒体的兴起，也让广播的互动方式更加多样和具有深度，手机短信的应用、互联网上的互动，听众可以在这些平台上实时发表意见以及评论，投票或表达自己的收听需求；电台主持人可以在短信平台上看到听众发送的短信，即时选择适合的内容在节目中播出，形成集思广益、内容丰富的互动，让一个固定内容的节目增加了大量的随机性变化，往往妙趣横生。广播电台还可以成为信息提供商，采取和通信公司利润分成的方式进行增值经营，手机用户可以定制广播电台特别制作的收费广播信息或有声短信等。

总之，要借鉴腾讯微信等自媒体的基础功能：如对话（音频：广播最强项）、文字、图片、视频（包括动画等）这些极具黏性的体验创新方式，构建广播机构在移动互联网时代的基础功能。

《失控》作者、《连线》杂志创始人凯文·凯利对于未来10年互联网大趋势时用到了四个关键词：屏幕（Screens）、分享（Share）、注意力（Attention）、流（Flow），而这四个关键词的解释指向的就是10年后互联网生活的画面。广播的辉煌源于融入了百姓生活，坚持为人民服务，认真履行党和政府赋予的使命和责任。如今，广电行业在深度和广度方面发生的深刻变化已超出广电传统范畴，媒介生态圈已发生了巨大变革，国家电台如何生于广播，涅槃于全媒体，重生为融合多种媒体业务和文化业态的综合性传媒机构，更好地传递党和政府的声音，坚持为党和政府服务；更好地传播正能量，坚持为社会大众服务；更好地传承中华民族的主流价值观，坚持为数字时代的用户服务。压力前所未有、机遇前所未有。

欧美主流媒体国际传播路径

从国际主流电视新闻媒体传播路径分析媒体国际化传播新趋势

纵观世界新闻地域格局，具有世界或者区域性影响的电视频道基本上都集中在欧美主要发达国家。比如，美国的 CNN（美国有线电视新闻网）、CBS（美国哥伦比亚广播公司）、ABC（美国广播公司）、FOX（美国福克斯广播公司）、DISCOVERY（美国探索频道，全球最大的纪录片生产商），英国的 BBC（英国广播公司），法国的 TV5，卡塔尔的半岛电视台，日本的 NHK。上述这些电视媒体的受众覆盖面占全球的 70% 以上，新闻信息的传播量占全世界的 65%，几乎左右着全世界的"角度"和"看法"。

一 新闻电视媒体跨国传播的发展与现状

以 CNN 和 BBC 为代表的老牌国际新闻电视频道，具有典型的"覆盖全球，报道世界，影响世界"的跨国传播特征，也具有强大的跨国传播能力。CNN 甚至被比喻为"联合国安理会第六个常任理事国"。而以半岛电视台为代表的新兴跨国传媒的崛起，既是阿拉伯国家新闻电视媒体跨国传播的成功范例，也是第三世界国家挑战西方强势媒体话语权的集中体现。为此，笔者希望分别以 CNN、BBC 和半岛电视台等为例，通过分析它们的产生、发展和主要特点来了解世界新闻电视频道跨国传播能力的现状和全貌。

（一）全球第一个跨国传播新闻电视媒体——CNN

人们通常认为，CNN 的创建和跨国传播就是世界新闻电视频道跨国传播的发端。1980 年，特纳广播公司在美国东南部城市亚特兰大市创立了美国有线电视新闻网（Cable News Network，简称CNN），这是全世界第一个全天24小时不间断播报的新闻频道。从诞生之初的并不被业界看好，到目前CNN国际频道实际进入的国家数量为110多个，全球观众超过10亿人，影响力遍及全球。CNN创造了一系列史无前例的国际新闻报道（也包括其他方面的报道）方式，如"24小时滚动新闻""直播""热线电话""卫星传送""直播间"等。可以说，CNN几乎每一次大胆创新都在世界范围内引领传媒发展潮流，都成为跨国新闻传播的典范。

当然，由于CNN国际频道是以西方主流意识形态来报道和评论整个世界的，因此其对于一些第三世界国家的报道，存在着偏离真实、客观、公正原则的顽疾，"报道偏向美国"的批评之声由来已久。在近年来不少重大新闻报道中，也体现得非常明显，中外新闻学者对此广为批评，CNN的"伪客观"为许多观众所不齿。

（二）致力全球传播的BBC

BBC世界新闻频道（BBC World News）是由英国广播公司投资并商业化运作的国际性新闻和信息频道。它初创于1991年4月，目前已覆盖全球200多个国家和地区、超过2.95亿个家庭，同时有超过170万间宾馆客房、近百艘国际游轮以及近50家航空公司的航班上可以随时收看BBC世界新闻频道的节目。

丰富、权威的新闻资讯、体育、气象、财经、时事和纪录片，是BBC致力全球传播的核心。数百名记者工作在全球50多个分支机构，形成了BBC世界新闻频道遍布全球的报道网络。

（三）异军突起的半岛电视台

1996年2月，一个全新的新闻电视频道——半岛频道建立。从1999年开始，半岛电视台卫星频道每天24小时不间断向世界各地传送节目，主要覆盖西亚、北非、北美等诸多地区，受众人数达到4500万人。半岛电视台在中东地区的影响力已远远超过CNN和BBC，因此受众大多会把其称作"阿拉伯的BBC""海湾的CNN"等。

1998年12月。当时美英战机连续多日空袭伊拉克首都巴格达，各国都十分关心萨达姆的生死，就在这时，萨达姆这次露面并且接受了半岛电视台的独家专访，向世人展示他依然活着。正是萨达姆的露面和接受半岛电视台独家专访，帮助半岛电视台完成了在国际传播舞台最富戏剧性的出场，从此半岛电视台声名鹊起、锋芒毕露。随后，半岛电视台第一个向世界播放了塔利班炸毁巴米扬大佛的录像。对这些重大事件的报道使半岛电视台逐渐走向辉煌。

正是凭借独一无二的采访资源和传播能力，凭借对以上种种资源和契机的把握，使半岛电视台异军突起，成为中东乃至世界新闻电视频道中的佼佼者。半岛电视台是阿拉伯国家媒体的成功范例，也是第三世界国家挑战西方强势媒体话语权的集中体现，在世界媒体竞争中发出了自己的声音。

"半岛现象"引发了全球模仿效应。

由于 CNN 和 BBC 等老牌世界级新闻电视频道的成功是漫长的时间、无数报道成就的历史积淀加上庞大财力支撑所造就的，尤其是它们都有强大的国家实力和强势的政府支持，都是拥有世界影响的强盛国家对外传播自身文化和价值观的产物和工具。但来自海湾地区的半岛电视台，借助伊拉克战争报道迅速在全球范围内树立起自己的品牌影响力，旋即成为许多国家模仿的对象。其他国家纷纷意识到，原来新闻电视频道跨国传播和经营的成功模式并不是只有 CNN 这么一种。

正是在半岛效应的影响下，法国、俄罗斯、日本等国家开始加快行动，试图在新闻电视跨国传播中发出更大的声音。

（四）法兰西 24

从法国政府规划组建一个跨国传播的新闻电视频道，到这个频道最终开播，法兰西 24 的诞生经历了一个漫长的过程。但在数任总统的直接干预和大力推动下，法兰西 24 的创建和发展过程最能体现政府在跨国新闻电视频道建设方面的主导意志和巨大作用。

法国政府希望组建一个官方国际新闻频道的意愿早在 1987 年便具雏形，法兰西 24 正式诞生却是在 2005 年 11 月 30 日。频道在财政上得到政府的大力支持，法国国内的其他传媒机构也给予了法兰西 24 极大的支持，形成了全法国媒体支援法兰西 24 的局面。

（五）今日俄罗斯

"今日俄罗斯"（Russia Today）是俄罗斯开办的第一家以英语为主的国际新闻电视台。

2005年4月，俄罗斯政府新闻信息署筹集资金3000万美元建立，由国有的俄罗斯新闻社所拥有，每天24小时不间断播出。特别值得一提的是，今日俄罗斯还开设了一个免费视频网站，使用英、俄、阿、西四种语言，免费提供高质量的视频内容。不仅是普通观众，外国媒体也可以通过网站免费下载新闻视频并使用，目前已有包括美国广播公司（ABC）和福克斯电视网在内的155个国家的2000多家媒体成为今日俄罗斯网站的客户。

（六）NHK World

与俄罗斯和法国相同，日本NHK开通跨国传播的新闻电视国际频道，也是出于政府"要准确、迅速地传达日本在重要国际问题上的立场和主张"的政治需要。为了强化NHK World的对外传播能力，日本政府在财政上对NHK World给予了巨大的支持，仅2010年一年日本政府就为NHK World拨款68亿日元，并提供专款在海外建立信号接收装置，帮助其提高海外收视率。特别值得一提的是，凭借在2011年向全球直播东日本大地震的出色表现，NHK World的国际形象和影响力极速提升。

通过对新闻电视媒体的准公共产品特征及跨国传播路径的研究我们不难发现，新闻电视频道尤其是具有跨国传播性质的电视频道，都具有典型的准公共产品属性和特征；不仅为社会公众提供丰富和有益的精神产品，在信息化时代其信息的获取与传播能力，也已经成为国家竞争力的核心组成部分，具有极端重要性。

二 新闻电视媒体跨国传播的定位与特征

（一）新闻电视媒体跨国传播的定位

新闻本身是具有客观性的，但新闻媒体并不是新闻"复印机"，同样的新闻事件，经过不同的选择、编排和解读，呈现出来的效果就会有差异，这既是新闻报道的倾向性，也是新闻媒体可以差异化竞争的基础。全球每天发生的新闻事件本身是一种客观存在，如何传播，用什么方式、从什么角度传播，则是由媒体的定位和价值观决定的。然而，全世界所有的媒体哪怕是公认的最偏执、最具倾向性的媒体，也不会承认自己有倾向性，而是极力标榜自己定位的客观公正性。因此，笔者主要希望从报道内容、目标观众和传播范围等方面研究跨国电视频道的定位，以分析跨国电视频道发展路径及趋势，及其对我国新闻电视媒体跨国传播的借鉴作用。

按照电视频道的报道内容、目标观众和传播范围来分，国际新闻电视频道大致可分为四类：全球性综合频道、全球性专业频道、区域性综合频道、区域性专业频道。

从目前世界电视频道的定位状况来看，跨国传播的新闻电视频道的定位主要表现为全球性专业频道和区域性专业频道这两种模式。而且各大新闻频道都随着自身的特点在不断改革创新，纷纷进行了自己的频道定位。

（二）世界主流电视新闻频道的定位与特征

目前，世界上有20多家跨国传播的新闻电视频道，但真正能够产生巨大国际影响的，只有不到10家。以下我们对其中6家具有世界影响力的新闻电视频道的定位与特征进行分析，以获取我国新闻电视媒体跨国传播可资借鉴的经验（见表1）。

表1 6家跨国传播电视新闻频道的定位与特征

频道名称	频道定位	频道特点
CNN国际频道	全世界第一个全天24小时不间断播报的新闻频道；遵循"覆盖全球，报道世界"和坚守"严肃新闻"的真正全球化定位模式	严格坚守和彰显"严肃、先进"的新闻理念；在世界范围广泛设立驻外机构；拥有具有世界影响的众多品牌栏目和主持人；对重大国际新闻报道不遗余力，确保其国际影响力
BBC世界新闻频道	自2004年起，口号由"需要一个更广阔的视野"变为"新闻第一"；频道恪守"公正性、客观性"原则，力求提供全球最可信的新闻和最真实的新闻报道	长于以短小精悍的新闻准确传递新闻价值。在重大新闻事件报道中随时切换出海外记者或外景现场进行即时采访。秉承严谨的新闻理念，坚持真实可信原则，但近年来声誉有所下降

续表

频道名称	频道定位	频道特点
半岛电视台	站在阿拉伯立场上对新闻事件进行西方式的思考。以时事评论为主，以宣扬民主、弘扬自由为理念，以更新阿拉伯人观念，关注伊斯兰世界问题为宗旨。	全面模仿 CNN 和 BBC 大量的现场直播和前方记者连线、24 小时新闻滚动播放以及每周固定时间播出的大型栏目，在模仿的基础上也有所创新；是第三世界国家挑战西方强势媒体话语权的集中体现
法兰西 24	法国总统雅克·希拉克说："在国际话语权争夺日渐激烈的背景下，法国这样一个文化大国在国际舆论之争中必须拥有举足轻重的发言权。因此，现在是我们凝聚法国的对外宣传能力，建立一个拥有强大国际竞争力、能够与 CNN 和 BBC 并驾齐驱的法语国际频道的时候了。" 这段讲话是对法兰西 24 定位的最好诠释	创建和发展过程最能体现政府在跨国新闻电视频道建设方面的主导意志和巨大作用。有着严谨的新闻风格和全球化视野，以硬性新闻和深度报道见长。尤其是对以网络技术为代表的新传播手段的有效利用，是其能够迅速成长的主要原因之一
NHK World 电视频道	是出于政府"要准确、迅速地传达日本在重要国际问题上的立场和主张"的政治需要而建立的。但这种狭隘的定位一度限制了其发展。2009 年 2 月开始进行全方位改版，重新定位频道目标受众为"外国受众"，开始真正向国际新闻电视频道转型	重新定位后其用户数量不断攀升、频道覆盖区域和国际影响不断扩大。尤其在 2011 年东日本大地震报道中，利用直升机航拍向全世界直播地震海啸全过程，彰显其报道能力和高度的职业精神
今日俄罗斯	"体现俄罗斯对世界的看法，反映俄罗斯的观点，向世界展现一个真正的俄罗斯。"良好的收视率说明世界上越来越多的人在关注和试图了解俄罗斯。被众多媒体称为"俄罗斯版 CNN"	节目常涉及有关政治、社会、经济等敏感话题，站在俄罗斯立场上进行分析，观点客观、犀利；大量介绍俄罗斯风土人情，很好地展示一个真正的俄罗斯；充分利用互联网，成为俄罗斯首家与视频网站 YouTube 合作播放节目的国家媒体机构用户

通过表 1 可以看到，以 CNN 国际频道为代表的面向世界播出的电视新闻频道，具有一些较为鲜明的指标体系和特征。

（1）强大的世界新闻采集能力。主要体现为在全球范围内广泛设立驻外机构、派出驻外记者，或者雇用新闻报道员。这是广泛、深入进行动态新闻报道和各类深度报道的基础，也是国际频道各类新闻节目的源泉。

（2）恪守和彰显"严肃、先进"的新闻理念。新闻的生命是真实，严肃、先进新闻理念的基础就是恪守新闻的真实性、报道的客观性、观点的均衡性，这才国际新闻报道应有的理念和品质。

（3）拥有"世界级"的品牌新闻栏目和知名主持人。如 FOX 新闻频道的名牌节目几乎都以主持人命名，像《奥瑞利因素》《汉尼提》等，这些主持明星在美国几乎家喻户晓。可以说，发挥好品牌效应可以为新闻传播带来巨大的无形收益。

（4）具有高效、科学、合理的管理、采编、人才培养等一系列的机构框架和制度。

（5）特别注重做好重大国际新闻报道，这是提升媒体国际影响力的重要途径。

（6）坚持自己的核心价值观念，这是媒体的灵魂。

（7）具有国际化的经营理念，具备较为完整的经营体系和赢利模式。通过跨国传播形成的影响力和品牌号召力，具有较强的经营能力和造血功能，并且通过经营收入为内容生产提供强大的财力保障。

三 建设面向世界播出的电视新闻频道的目标和方向

（一）国际化趋势更加明显

进入 21 世纪以来，面向世界播出的新闻电视频道数量不断增加、覆盖面进一步扩大，由 2000 年的 5 家上升到 2010 年的 9 家电视台共 26 个频道和版本，全球性传播网络建设进入了一个加速期。同时，很多覆盖全球的电视网络已经逐渐突破了法律准入、财力要求、技术条件等多种因素的限制，在国际覆盖面和国际影响两方面取得巨大进展。

（二）本地化趋势更加全面

进入 21 世纪以来，新闻电视频道国际传播网络建设的本地化程度大幅提高，与合作和传播对象国的融合也更加全面更加彻底。具体而言，新闻电视频道跨国传播的本地化表现在如下几个方面。

（1）播出内容本地化。针对世界范围内的不同观众的差异化需求，为了改善新闻传播效果，大多数国际传播的新闻电视频道都采取了播出内容部分本地化的策略。

（2）播出语言本地化。以 CNN 国际频道为例，其针对全球 5 个区域的节目虽然都是用英语播送的，但在它同各国当地的传播机构合办的媒体中，则更多地用当地语言播送节目。

（3）雇员本地化。近年来，西方媒体的海外机构雇员本地化程度普遍大幅提高，由于淡化了外来身份，这些媒体有效地规避了许多本地法律障碍，以更加隐蔽的方式融入了对象国。

（三）报道的现场化趋势更加突出

电视作为新兴媒体出现在报纸和电台的面前时，其报道的深度并不强于报纸杂志，传播的时效也难胜于广播电台。但电视报道的直观性却是纸质媒体和广播电台无法比拟的，这也决定了新闻电视频道在国际传播中越来越重视报道的现场化。

（四）新媒体的影响日益显现

以网络媒体和手持终端媒体为代表的新媒体的出现和迅猛发展，给全球传媒业乃至全世界人民的生活都带来了一场革命。

在新媒体时代，专业采编人员可以凭借现代传播技术和手段，及时将采集到的信息发送到各种终端而不受地域和时间限制。在那些没有专业采编人员的地方，则可以利用普通民众采集新闻信息，这种利用公众采集信息的做法已经成为许多国际媒体的普遍做法。

新媒体技术降低了新闻电视跨国传播的准入门槛，对于需要庞大财力支撑才能进行的跨国电视新闻传播和经营来说，具有特殊的意义。

对于新闻电视频道的跨国传播来说，设备投资和传播平台的建设既需要大量的资金投入，也需要大量运行和维护费用的投入。而且，为了在国际竞争中争得哪怕是一秒钟时效上的领先，就需要跟踪和研发比竞争对手更为迅捷的采集和传播系统，而这个系统必须贯穿和衔接采、编、发全过程，耗资巨大。基于传统传播方式和技术手段下的高额建设与维护费用，无形中使得新闻电视的跨国传播形成了高成本、高投入的准入门槛。因此，跨国传播的新闻电视频道也成为强势国家影响和控制国际舆论的主要工具，发展中国家往往因经济实力不足而难以负担建设和运营跨国传播的新闻电视频道。然而，新媒体技术的出现和迅猛发展，在一定程度上降低了新闻电视跨国传播的准入门槛，给发展中国家创建自己的跨国新闻电视传播机构带来了新的契机和前所未有的可能性。

参考文献

〔美〕保罗·A. 萨缪尔森、威廉·D. 诺德豪斯：《经济学（第 12 版）》，中国发展出版社，1992。

〔瑞士〕彼得·戈麦兹：《整体价值管理》，王晓宜等译，辽宁教育出版社，2000。

王茜、王千子：《传媒蓝皮书：09 年中国传媒产业总产值 4907.96 亿元》，新华网 2010 年 4 月 21 日；http://news.xinhuanet.com/fortune/2010-04/21/c_1248073.htm。

程曼丽：《大众传播与国家形象塑造》，《国际新闻界》2007 年第 3 期。

张亮：《美国电视产业的现状及其特点》，《中国广播电视学刊》2003 年第 2 期。

冷淞：《观察英国电视产业现状》，《传媒观察》2004 年第 10 期。

王艳宁：《美国电视产业及"垂直集成战略"》，《新闻与写作》2005 年第 11 期。

刘笑盈：《提高国际传播能力 打造国际一流媒体》，《对外传播》2009 年第 2 期。

傅俊卿：《电视新闻务实》，中国传媒大学出版社，2004。

陆地：《中国电视产业发展战略研究》，新华出版社，1999。

段鹏：《国家形象建构中的传播策略》，中国传媒大学出版社，2007。

冯智敏：《内容业：电视产业发展的根本》，《西南民族大学学报》2006 年第 8 期。

高金萍、孙利军：《西方电视研究的理论进路》，《国外社会科学》2008 年第 9 期。

何梓华：《新闻理论教程》，高等教育出版社，2008。

胡正荣：《媒介管理研究》，北京广播学院出版社，2000。

冯善书等：《解码美国〈新闻周刊〉易主内幕》，《南方日报》2010 年 8 月 6 日。

李希光、周庆安：《软力量与全球传播》，清华大学出版社，2005。

孙铭欣：《透视 CNN 的国际影响力》，《媒介》2009 年第 1 期。

杨润英：《基于经济全球化视角的我国电视产业的发展策略》，《产业研究》2005 年第 9 期。

易光群：《广播电视产业价值链的建构》，《电视研究》2006 年第 3 期。

中国传媒大学电视与新闻学院课题组：《全球播出的新闻电视频道研究》，出版者不详，2010。

英国广播公司数字新媒体战略的现在和未来

——对英国广播公司新广播中心的考察报告

在数字新媒体技术浪潮汹涌而至时，英国广播公司（British Broadcasting Corporation，简称BBC）一直采取了较为积极主动的应对策略。从早期的 DAB、BBC Choice 数字电视频道、BBC World Service 网站，发展到中期的移动业务，BBC 高清，以及现在的互联网业务 BBC Online，智能电视业务 Red Button，多屏融合业务 BBC iPlayer。作为一个传统媒体巨头，BBC 无论是在新媒体运营理念的前瞻性，还是新媒体产品、服务的创新性方面，都继续保持了它在全球一流媒体行列中所应具备的典范价值。

2013年1月，《媒介》杂志编辑部赴英国对 BBC 新广播中心进行了实地考察，与 BBC 中文网、未来媒体部、研究与发展部的相关负责人就 BBC 数字新媒体发展和战略问题进行了深入交流。

一 在改造和融合中布局新媒体业务

众所周知 BBC 由政府资助但独立运作，主要收入来源为用户的收视费，旗下节目不包含任何商业广告，2012年3月，BBC 在 2011~2012 财年的年报数据显示，2012年 BBC 的总收入为 50.86 亿英镑，其中用户执照费收入为 36.06 亿英镑，而其他来自 BBC Worldwide、BBC World News 和 BBC S&PP 的商业收入为 14.8 亿英镑（见图1）。这些收入中用于媒体运营的部分主要有三个，即电视、广播、互联网。在 2011~2012 财年，BBC 用于电视、广播和互联网的支出分别达到 23.349 亿英镑、6.401 亿英镑和 1.868 亿英镑（见表1）。在这些业务的支出中，既有对传统的广播、电视频道的支出，也有相当一部分流向了新媒体。

现在，基于 Red Button 的互动电视业务、基于 BBC Online 的网站业务、基于 iPlayer 的跨屏融合业务是目前 BBC 在电视、PC 电脑终端、移动终端的重点新媒体业务类型。

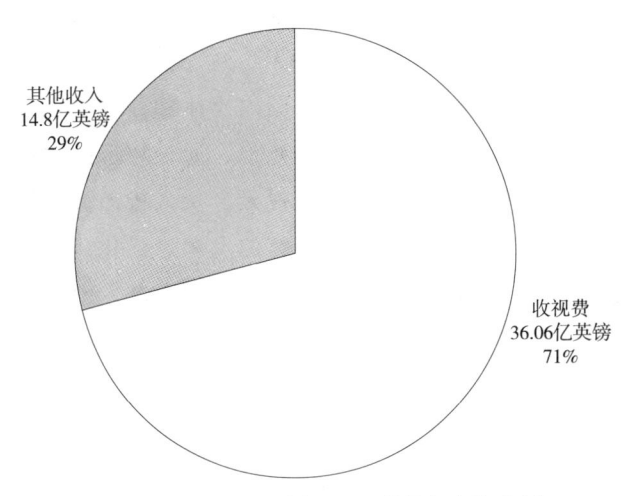

图 1　2011～2012 财年 BBC 总收入占比分析

其他收入 14.8 亿英镑 29%
收视费 36.06 亿英镑 71%

表 1　2011～2012 财年 BBC 电视、广播、互联网三大板块的支出情况

单位：亿英镑

业　务	内容支出	渠道支出	基础设施和系统支出	2012 年	2011 年
电　视	17.660	1.372	4.317	23.349	23.72
广　播	4.749	0.525	1.127	6.401	6.381
互联网	1.153	0.187	0.528	1.868	1.939
支　出	23.562	2.084	5.972	31.618	32.04

二　从数字电视频道到互动电视业务

1998 年夏天，英国数字电视频道 BBC Choice（选择台）开通。BBC 开启了英国的"数字化元年"。之后，又有 BBC Knowledge（知识台）、BBC News（新闻台）、BBC Parliament（国会台）、CBBC（儿童台）、CBeebies（幼儿台）、BBC HD（高清台）通过数字电视实现全国覆盖。

而 BBC 数字电视互动业务的雏形则从 1999 年的 BBC Text（图文电视）开始，2001 年它被更名为 BBCi；2008 年，统一改名为 Red Button（红按钮）。受众可以通过调节按钮选择数字服务功能，并且通过"红按钮"的经典构造，大大优化了用户体验。

目前，BBC 在 Red Button 平台上的互动电视业务基本涵盖了点播、时移、投票等，与国内的互动电视业务别无二致。但是，从它演进的历程来看，BBC 数字电视运营的思路明显要比国内媒体和数字电视运营商更为完整、从容。首先，开设独立的数字电视频道，通过频道的数字化积累原始内容资源；同时，从图文电视开始逐步探索，从人机图文互动，到人机视频互动，再到人人互动，经历了一个完整的实验、优化、普及、更新的过程。实体的数字化内容和虚拟的互动业务两条腿走路，内容和业务形成合力，共同构成了数字电视业务的必备要素。

2011~2012 年，BBC 对 Red Button 业务的态度是肯定的，该业务尤其在服务质量上有较大的提升，用户的周到达率也较为稳定，维持在 31% 左右。但从 BBC 整体策略角度来考量，接下来可能会减少对这一服务的投入。而且 2011 财年已经出现了这一迹象，2011 年 BBC 对 Red Button 的投入为 3702 万英镑，而在 2010 年的投入为 3950 万英镑，减少了 248 万英镑。

三 网站业务统一品牌，同时进行优化式收缩

BBC 总裁马克·汤普森（Mark Thompson）曾经这样评价 BBC Online："BBC Online 是 BBC 数字化未来的核心组成部分。就像看 BBC 电视、听 BBC 广播一样，付费用户在线浏览 BBC 可以获得信息、接受教育以及娱乐自己。随着数字技术的发展，互联网内容提供在我们生命中的地位将会变得更加重要且深远。"

其实，早在 1994 年，BBC 就有了以发展互联网网站业务以支持其电视和广播节目的发展的打算，但并未进行官方发布，直到 1997 年，BBC 才开始发展网络业务。

"BBC 是一个传统的媒体，其实最初我们推出网站的时候是在 1997 年的 11 月，比当时 CNN 我们主要的国际竞争的对手晚了两年多。当时一个 BBC 的编辑听到 CNN 搞了网站之后，跟他的上级说我想去 CNN 实习一下，然后他的上级派他去 CNN 的网站实习了 3 个月，他回来之后跟他的老板说

这个东西很好,我们也要搞。然后老板说那就搞吧,所以4个人做起了一个网站来。当时我们在推出或者进入新媒体的网站的时候很明显是有点慢。但是慢不见得不好,我们要发挥自己的优势,BBC 既有广播还有电视,既有英语还有其他的不同的语言,现在 BBC Online 已经后来居上了。" BBC 中文总监李文说。

当然,在 BBC Online 的发展中也经历了很多次调整。BBC 一度曾拥有新闻、体育、天气、儿童、青少、历史、学习、音乐、科学、自然以及地区性的多达 30 多个独立的垂直网站。后来几经变更、合并,这些林林总总的小网站全部融入 BBC Online 的旗下,打包在一起构成了 BBC 的网络门户,因此,BBC Online 既是 BBC 的官网,也具有英国综合门户网站的特征。统一品牌的意义不仅在于更易于用户识别、形成清晰的 BBC 网站品牌,更意味着众多碎片化小网站的重聚和融合,用平台化的运营思路将各自为政的"小山头"全部打通,使之成为一个个的子频道,网络资源得到重新整合优化。通过一个主门户和多个子频道的通联,各子频道也能够获得更多的流量导入。

然而大一统的网站盘子显然不够精细,于是 BBC 从 2011 年 1 月开始,便开启了网站业务的收缩改造并持续至今。这一次改造的目标是将 BBC Online 的预算缩减 25%,由 1.37 亿欧元削减为 1.30 亿欧元,将 400 个顶级域名中的一半关闭(其中已有 180 个在 2012 年关闭),2011~2013 年撤销大约 360 个岗位,使外部网站推荐人数到 2013 年翻一番,即平均每月 2200 万推荐数,同时设定了更加清晰的数字化议程,即"质量优先"。

BBC 按照一个统一的战略,将 BBC Online 划分为 10 个各具特色的产品,其中包括:新闻、体育、天气、节目、游戏、学习、广播及音乐、电视、主页以及搜索。它们有共同的技术特征,如相同的设计、改进的导航等等。而且,付费用户可以进行个性化订制,并能够通过电脑、手机到平板电脑、电视等各种方式连接这些产品。

同时,明确了新的 BBC Online 将要聚焦、关闭和缩减的内容。

加强关注的领域包括比如强化不同国家版本的新闻、体育、天气和旅游内容;在体育方面将会注重于快速、可靠、有深度的新闻,并动态覆盖到将整个国家融为一体的高质量直播活动;为孩子提供安全有创造力的空间;利用 BBC 知识与学习栏目为追求知识和提高基本技能的成人和在家或在校学习的孩子提供一个简单、融合的学习环境等。

而关闭压缩的部分,包括让大部分节目网站自动更新取代人工更新;从本地站点中去除没有新闻时效性的内容;新闻网站中大量减少娱乐新闻;减少新闻博客,更加关注主要编辑和通讯员的消息更新等。

除此之外,BBC Online 还明确表示不会涉及的领域,如社交网络、面向精英观众的专家新闻、本地黄页、在知识频道中的百科全书式主题、在线音乐服务等。

对于 BBC Online 的转型,汤普森认为:"BBC Online 是一个巨大的成功,但是网站宽泛的内容意味着我们会因缺少预期而失败。重视我们的编辑优势、承诺最高质量标准、采用更加合理的学术,这种方式工作会帮助 BBC Online 在未来很好的转型。我知道这些转变对于那些受影响的员工来说十分痛苦;但我坚信:为了 BBC,这么做是正确的。"

四 iPlayer 在集团新媒体的战略地位提升

iPlayer 是 BBC 于 2007 年推出的一项网络视频服务。用户通过 iPlayer 可以在 BBC 网站以直播、点播以及下载等方式收听和收看 7 日内 BBC 所播出的广播、电视节目。

2007 年 12 月 25 日,第一代 iPlayer 正式上线,首次从技术层面实现了全媒体传输渠道的整合。此举不仅带来传送方式的革新,而且使得 BBC 认识到按需服务的重要性,进而引发节目制作、包装、传输方式的系列革新与调整。

2008 年,第二代 iPlayer 面世,优点是播放器集成了无线视频点播电视功能,并且开始积极"抢滩"各种平台。2008 年 3 月,iPlayer 登陆 iPhone 和 iPod Touch,用户可以通过 WiFi 连接使用流媒体;同年诺基亚、三星等手机制造商的部分款型也可以接收到 iPlayer 服务。2008 年 12 月,BBC 联合 Adobe 公司开发并推出了 iPlayer 的客户端软件 iPlayer Desktop,为其开放品牌的打造和营销提供了更加有力的支撑。

从 2010 年至今,iPlayer 已经开发至第三代。它整合了更多的社交功能。用户能够直接通过 iPlayer 在 Facebook、Twitter 上分享音视频和观感体验。据 BBC 研究与发展部研发总监马修·伯斯盖特介绍,BBC 全力支持

iPlayer 的研发，自 2005 年 iPlayer 预热开始到 2011 年 3 月，投入在 iPlayer 的技术研发、革新以及运营上的费用为 2250 万英镑，现在 iPlayer 已经可以在 650 种移动设备和平台上实现下载、运行。

现在，iPlayer 正向第四代"认知媒体"方面迈进，它在终端扩展、国际扩张以及用户黏性等方面都取得重要突破。2011 年，iPlayer 开放国际市场使用权，在 iPhone 和 iPod Touch 上首先面向欧洲 11 个国家开放了 globe iPlayer app，用户付费后即可通过 WiFi 或 3G 观赏 BBC 提供的最新及过往的节目。2012 年 3 月，iPlayer 与微软 Xbox 360 合作，将触角伸向全球最流行的游戏平台，在 Xbox live 上推出视频服务，并以此为基础，BBC 开始试验"认知媒体"，iPlayer 第一次可以使用手势和语音识别来进行控制和搜索，并朝着人机智能交互的模式研发和推进。

通过这三个核心新媒体产品的功能、定位分析，笔者认为 BBC iPlayer 在 BBC 整个集团的新媒体架构中将占有越来越重要的战略地位。一方面，BBC iPlayer 的"终端拓展"战略实现了全渠道（广播、电视、卫星电视网络、互联网等）＋全终端（PC、平板电脑、手机、游戏平台等）的全覆盖，优化了用户体验，真正实现了能让用户在"任何时间、任何地点、以任何方式、在任何终端"上收看自己喜欢的节目内容以及进行互动，这与未来媒体融合化、平台化，并激发出无限生产、无限传输、无限需求的大趋势相吻合。另一方面根据笔者的了解，年轻用户是 BBC iPlayer 的忠实粉丝，通过智能手机、平板电脑、互联网电视在 iPlayer 的接入和点击的用户数量正呈现快速上扬的趋势。BBC 中文总监告诉记者，"目前 BBC iPlayer 这个服务因为种种原因只是限于英国国内的网友可以使用，现在每个月平均下载节目的人数多达 1.87 亿人次，而英国的人口只有 6500 万，73% 是下载电视节目，27% 是下载广播节目。由于这个平台的出现，也使最传统的广播媒体有年轻人可以来收听"。显然这一产品还将拥有较为持续的市场需求动力。同时 BBC 之所以一直对这一产品不遗余力地投入也表明了它对于新媒体时代，自身必须把握年轻受众、培养用户习惯的目的。在年轻受众越来越没有打开电视看频道的习惯的时候，传统媒体怎样用年轻受众喜欢的渠道、终端、方式和服务来提供内容的把握年轻受众群体，BBC 给出了一个参照。

五 平台化运营理念下的流程管理重构

(一) 打破传统部门编制，构建8个核心运营团队

按频道和业务划分是传统电视媒体惯有的组织结构，业务部门之间泾渭分明、节奏缓慢、职能固定而单一。BBC 从 2000 年开始，就尝试改革机制、基于自身和新媒体的角色定位，打破原有的部门编制，以应对数字全媒体时代的到来。经过多年的磨合运行之后，BBC 形成了由 8 个核心团队构成的相对稳定的部门格局。

这 8 个核心团队分别是新闻中心，包括 BBC 新闻、BBC 英语地区新闻以及 BBC 全球新闻，负责 BBC 所有的新闻业务、时事消息以及体育赛事的播出；视觉中心，负责 BBC 所有电视频道的节目制作、时间安排以及内容发布；音频与音乐中心，负责 BBC 所有的全国广播网络以及广播与电视中大部分古典乐和流行乐的制作；北部中心，包括 BBC 体育、BBC 儿童、第 5 直播频道，以及部分学习频道；未来媒体与技术中心，负责 BBC 所有的数字媒体业务；金融与商务中心，负责 BBC 资金领域的所有事务；运营中心，负责策略、政策、分配、资产、法律事务、公平交易、商业持续性方面的事宜，包括管理 BBC 旗下的不动产以及主要的基础建设性项目；市场与受众中心，负责市场与受众调查和研发（见图 2）。

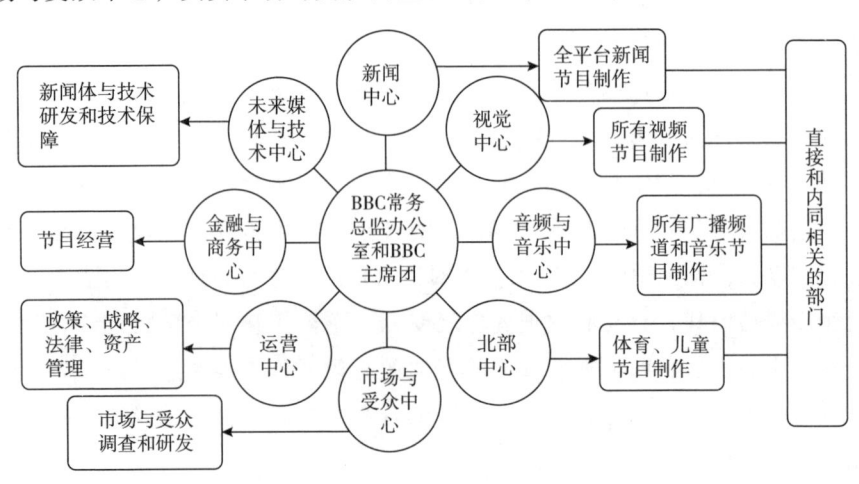

图 2 BBC 8 个部门构成和职能

在 BBC 的 8 个核心团队中，有 4 个和节目内容生产直接相关，即视觉、音频与音乐、新闻和北部中心。这 4 核心团队分别指向新闻、视频、音频、体育与儿童内容，指向了"大内容"的节目理念，打破了过去按照频道划分结构的方式。

（二）新广播大厦重构流程管理

2012 年 7 月，BBC 将位于伦敦西部的 1960 年投入使用的电视中心大楼以 2 亿英镑出售，BBC 总部新的办公地点位于伦敦市中心的新广播大厦。

BBC 的广播大厦新大楼涵盖 BBC 的 9 个广播网、3 个 24 小时电视新闻频道、26 种语言服务的业务，最多时要容纳 6000 人同时办公。

在这个有小联合国之称的新大楼，BBC 启动了全新的办公布局。一进大门，就看到地下一层的新闻编辑中心（The News Hub），它是整座楼的信息枢纽，位于大楼中轴透明天井低端。这个中心是目前世界上规模最大的现场新闻编辑室。

除此之外，其余部门全部打通。没有部门办公室，没有严格的技术分区，每层分工作区和休息区两大片，编辑部内部有广播、电视和互联网的 3 个工作环境，换言之是一个完全融合化的环境。一个编辑，既撰写网站文稿，也可以在同层的音频、视频工作室进行实时的播放。

BBC 中文总监李文向本刊介绍："新的大楼有一个重要原则——全面开放。"这种全面开放极端到什么程度呢？BBC 所有领导，包括总裁都没有自己的办公室，拎包走到哪儿就能坐到哪儿，每个人都是一个小桌子，一切透明、平等。另外，这种平等和开放不仅仅体现在台内员工彼此之间，还体现在 BBC 与公众之间，新的大厦也是英国公众新的公共空间，公共和 BBC 的工作人员可以混合运行。2013 年 4 月大厦一层的咖啡厅就将全面面向公众开放，"这意味着公众可以一边喝咖啡一边监视我们，我们 BBC 是公共媒体，70%～80% 的收入来自于执照费，公众就是我们最大的老板"。BBC 英语教学部中国组网络副总编杨莉介绍道。

六　新媒体计划与国家数字化浪潮联动

（一）全新的新媒体战略"one – ten – four"

"围绕现有的三大新媒体核心产品，以及众多节目内容，2013年BBC提出了全新的新媒体运营理念one – ten – four（1 – 10 – 4）"，时任BBC研究与发展部研发总监，同时兼任未来媒体与技术部董事的马修告诉记者。

这里的"one"（1）代表一站式服务，10个种类的内容都被注入同一个搜索引擎，用户只需登录一次就能实现全内容的一站式、跨平台共享。"ten"（10）指BBC的10种内容产品，分别是新闻、体育、天气、节目、游戏、学习、广播与音乐、电视、主页以及搜索。"four"（4）指4个屏幕，分别是互动电视、PC、手机和平板。

对于这一理念，BBC已有较为成功的运营实践。比如新闻中心，它就是将原来分属电视、广播和网络的3个新闻团队整合在一起，成为新闻资源进行跨平台分发的多媒体内容中心，现在已经完全可以按照受众的不同需求与传播渠道差异进行调整，使同一条新闻内容适合在电视、广播、互联网、手机、互动电视等多个平台上传输。使原本要多次生产的新闻内容一次就能完成，大大节约了生产成本。

马修也坦言，现在真正实现"one – ten – four"最大的困难在于业务之间的区隔，不能做到同步。现在，BBC的核心内容库的构建有3个，即广播内容、电视长视频内容、新闻内容，这3个内容分属于音频中心、视觉中心和新闻中心。目前，BBC的媒资系统不是一个，而是两个，一个是新闻、体育、知识与学习的传统内容媒资系统；另一个是iPlayer的媒资系统。

这样，3个内容库、两大媒资是相互独立、互不干涉的，内容库之间没有打通，一个搜索引擎无法同步覆盖。

预计未来，BBC很有可能会进一步加强内容整合，将现有的4个内容部门再次进行重组，逐渐削减部门数量，比如只设视频部和音频部，或者由1个内容部将所有内容全部包含在内。当然，如果不进行物理层次上重组，还有一种可行性，就是将4个中心后台全面对接。前台是4个实体部门，后台只有 1 个超大型的内容库，而支撑这个超大型内容库运转和分发必须要基于开放、实时的内容交易平台和精准、智能的数据传输平台。

（二）与国家数字化浪潮联动

作为 BBC 公共服务制度的核心——新媒体计划，一直以来就与英国国家的传媒、科技、文化的发展紧密相连，盘点它的新媒体计划和实施亦不是割裂于国家的独立创造。

1995 年，英国政府颁布了《关于数字地面电视的政府建议》，这个建议被看成是英国电视数字化进程的开端；1996 年，英国政府出台了《广播电视法案》，为数字地面广播建立法律架构。与之相呼应，BBC 也于 1995 年 9 月，公布了数字电视发展纲要，率先在世界上推出了数字化广播服务——DAB，开播了 4 套数字广播节目，开启了数字化改革的进程。

1997 年，英国开始发放数字电视牌照。1998 年夏，英国数字电视频道 BBC Choice 开通。英国的"数字化元年"由 BBC 开启。2004 年 11 月，文化、媒介、体育部和贸易工业部联合推出《英国数字电视计划》，以 BBC 主导的免费方式 Freeview 在英国第一代数字电视服务的普及过程中起到了最主要的推动作用。

1997 年，BBC 获得政府批准，从收视费中拿出一部分资金来发展网络业务。后来历经扩张、缩减和合并，形成了我们今天所看到的 BBC Online。

2005 年，BBC 在"2006～2010 年发展规划"中明确提出，要大力发展移动新媒体业务，成为集电视业务、在线业务和新媒体业务于一体的国际广播领域知名度最高、最富创造性的优势传媒。其新媒体业务主要包括通过 MP3 播放器、手机、互动电视和网络传输各种节目内容。

2007 年 12 月 25 日，BBC 推出了第一代 iPlayer，首次从技术层面实现了全媒体传输渠道的整合。

2008 年，《数字英国》议案被提出；2009 年，《数字英国》白皮书刊出，白皮书特别强调了 BBC 在数字英国中所扮演的重要角色，提出"BBC 需要成为一个与更大范围的媒体机构进行合作的公共服务内容提供者，成为数字英国的推动者"。

从这些事实中我们发现，政府策略性的支持使得 BBC 新媒体战略从一开始就拥有无法比拟的高度、广度与深度，BBC 当仁不让地被送到"急先锋"的位置上。

在数字化浪潮的进程中，BBC 获得了制定标准的权利。中文总监李文说："BBC 认为在很多情况下，数字媒体最重要的是要把标准掌握好。掌握标准之后就好办事了。在英国，广电技术 BBC 是制定者。BBC 首先在 20 世纪 90 年代制定了 DAB 数字广播技术标准，这套标准已经成为全欧洲普遍采纳的标准。后来 BBC 又制定了数字电视的技术标准，并协助推动英国电视数字化进程，有关技术标准还成为欧洲其他国家采纳的标准。"

从 BBC 发布的《构建公共价值》报告中可以领悟到 BBC 所承载的数字化战略的宏伟目标，在这本报告中 BBC 提出英国的数字化应该划分为两个阶段。第一个阶段重点在于数字化技术的普及，是由消费者付费订阅的商业模式来推动的；第二个阶段是利用数字化信息技术建立一个"数字国家"。现在第一个阶段已经基本形成。

美国新闻媒体业现状与未来

——美国主流媒体 PC 端和移动端样态和模式研究

美国皮尤研究中心 2014 年 2 月 27 日发布互联网 25 周年报告，美国已有 87% 成年人使用互联网。

互联网之父 Tim Berners – Lee 于 1989 年 3 月 12 日提出"信息管理系统"一文、1990 年圣诞节发布免费系统代码成为互联网 WEB 基础设施，从此开启了普通百姓之间电脑网络交互相连，使用网络浏览信息、搜索信息、分享信息成为全球 1/3 人口的主要行为，也成为美国社会生活的重要组成部分，美国成年人使用互联网的比例从 1995 年 14% 跃升到 87%（见图 1）。[①]

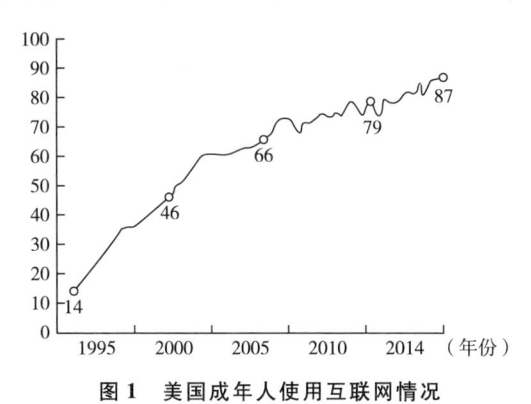

图 1 美国成年人使用互联网情况

一 万物相连时代的美国新闻业

2014 年 3 月，Businessinsider.com 发布最新报告称，万物相连的新互

---

① http://www.pewinternet.org/2014/02/27/the-web-at-25-in-the-u-s/.

联网时代已经到来,世界正从单一设备相连到物物相连的新时代,这个时代包括客厅里的电视、出行的汽车、可穿戴计算设备等所有消费者和商业工具悉数纳入万物相连的生态系统。[1]

预计到 2017 年,全球互联网设备的使用依次为联网汽车、可穿戴式装置、智能电视,其使用量维持在 1200 万~1400 万件之间;消费者兴趣所在依次为可传送资料的医疗装置、传感器腕带、头盔或眼镜;1/3 的美国家庭已在使用智能电视(见图 2)。

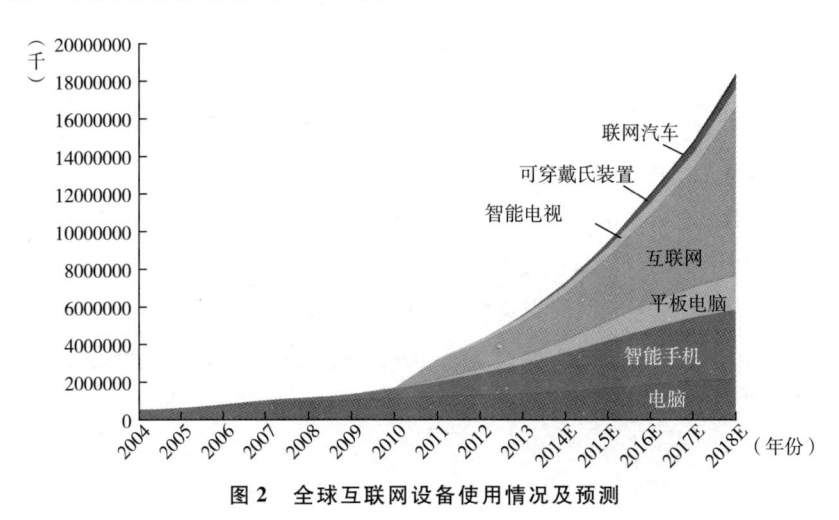

图 2 全球互联网设备使用情况及预测

美国调查公司 Hitwise 发布 2007 年 12 月 29 日调查,样本覆盖 1000 万美国网民,评 2008 年美国十大新闻及传媒业网站(见表 1)。[2]:

表 1 2008 年美国十大新闻及传媒业网站

单位:%

排名	网站	域名	市场份额
1	雅虎新闻	www.news.yahoo.com	7.75
2	weather 气象网站	www.weather.com	4.65
3	美国有线电视新闻网	www.cnn.com	3.61

---

[1] http://www.businessinsider.com/the-internet-of-everything-2014-slide-deck-sai-2014-2.
[2] Hitwise:《评出美新闻网站排行榜雅虎新闻居首》,腾讯科技网,2008 年 1 月 7 日;http://tech.qq.com/2008/0107/000234.htm。

续表

排名	网站	域名	市场份额
4	微软国家广播公司 MSNBC	www.msnbc.msn.com	3.39
5	雅虎气象频道	www.weather.yahoo.com	1.93
6	谷歌新闻	www.news.google.com	1.85
7	纽约时报网站	www.nytimes.com	1.63
8	福克斯新闻	www.foxnews.com	1.51
9	德拉吉报道	www.drudgereport.com	1.41
10	气象 weather underground	www.weatherunderground.ocm	1.28

尼尔森2013年9月发布统计美国独立受众最多的新闻网站（见表2）。

表2 2013年美国独立受众最多的新闻网站

排名	网站	独立受众	人均每日浏览时长（小时：分：秒）
1	雅虎新闻	47277000	0：16：38
2	美国有线新闻网 Digital Network	41463000	0：50：09
3	HuffingtonPost	32187000	0：23：40
4	NBC News Digital Network	30389000	0：18：47
5	Huffington Post Media Group News sites	525781000	0：16：43
6	NYTimes	23351000	0：18：33
7	Fox News Digital Network	22083000	0：32：04
8	USAToday	19649000	0：11：00
9	Tribune Newspapers	17339000	0：08：10
10	WashingtonPost	15373000	0：08：40

资料来源：Nielsen：《2013年9月份美国独立受众最多的新闻网站》，199IT中文互联网数据资讯中心；http://www.199it.com/archives/167585.html。

2012年皮尤研究中心发布了"2012年新闻媒体状况报告"。以下为该报告之中的几个重要发现。

1. 受众方面

新闻网站有了最大幅度的增长，而印刷媒体的受众则出现了持续下降的趋势，较之于前一年下降了5%左右。

（1）数字。不论设备装置如何，数字新闻消费在2011年是持续增长的。尼尔森在线调查结果显示，顶级新闻网站的每月独立访客人数以17%的速度增长，这与2009~2010年的增长趋势相似。

如今，美国人已经完全走入数字时代。美国有超过 3/4 的成年人拥有一台手提电脑或者台式电脑，除此之外，有 44% 的美国人拥有一台智能手机；18% 的人成为平板电脑的所有者，而这个数字在 2011 年夏天时仅达到 11%。人们使用这些设备的一个重要功能就是浏览新闻，51% 左右的智能手机拥有者使用手机获取新闻，56% 的平板电脑拥有者也是这样做。将近 1/4 的美国人，大约占人口的 23%，现在主要依靠多重数码设备获取新闻。

（2）网络电视新闻。在 2011 年，3 家广播电视网络的晚间新闻平均收视率增长了 4.5%，也就是增加了 972700 名观众。2011 年，每晚平均有 2250 万人收看美国广播公司（ABC）、哥伦比亚广播公司（CBS）或美国国家广播公司新闻网（NBC News）。而在每天清晨，大约有 1310 万人选择收看，这一数字比 2010 年增加了 5.4%。几乎 10 倍左右的人转向通过电视新闻广播了解重大突发新闻和天气，就像之前依赖当地电视台网站一样。

（3）有线电视新闻。无论在晚上的任何时刻，总会有 330 万人左右观看有线电视新闻。

这背后的推动力是美国有线电视新闻网（CNN）的总体增长，其在黄金时间段的节目收视率增长了 16%，观众人数的中间值是 654000 人。微软全国有线广播电视公司（MSNBC）白天档的节目增长了 20%。

（4）音频。根据电视节目收看状况调查公司阿比创的数据显示，每 10 个美国人中有超过 9 个（93%）会表示他们使用或者拥有一台 AM/FM 收音机，而且该设备是美国人生活中将其视为仅次于电视，排名第二的最流行媒介。但数字选择正在变得更加具有影响力，特别是在移动通信领域。据电子营销人员（eMarketer）估计，有近 40% 的人使用智能手机设备或是电脑收听在线音频服务，例如 Pandora 或 Spotify，而这一数据到 2015 年很可能翻一番。

新闻/电台的嘉宾热线节目逐渐流行，并且很可能在明年持续这种趋势。同时，美国国家公共电台发现自己在数年来首次遭遇总收听量的下降；但是，该组织在发展数码平台以获得更多新受众方面取得了进展。

（5）报纸。在所有的媒介部门中，报纸业在 2011 年损失最为惨重。报纸网站也正在逐渐流行，并且总访问人数正趋于稳定。

2. 经济方面

对于新闻媒体来说，2011年是经济上混杂的一年。广告费用紧跟受众进入网络，稳定的商业模型对有线电视施以援手。但是，大部分媒体仍然收益减少。

（1）地方电视新闻。地方电视台实况转播广告的收益总计达181亿美元，较之于2007年在地方电视台的收益少了10%。收益的其他方面则持续增长，包括通过电报、卫星系统、网络和移动通信广告方面付出的费用，但这些方面在地方电视台的总收益中只占大约15%左右。

（2）报纸。在2011年，印刷广告的收益减少了约21亿美元；也就是说，下降了9.2%。在印刷广告方面遭受的损失，相较于在网络上获得收益之间的比例接近于10:1。网上和印刷广告的总体收益在2011年下降了7.3%，只有239亿美元。大部分报纸仍然在运营基础上有利可图，净利润（在收取了利息、税收和特殊费用之后）微乎其微。而且，绝大部分报纸都是通过大面积削减开支来保证利润。2012年同样有更多的报纸收益情况与此相似。《纽约时报》和其他近150家报纸都做出了一种改变，即设置所谓的《纽约时报》"付费墙"计量模型（见图3）。

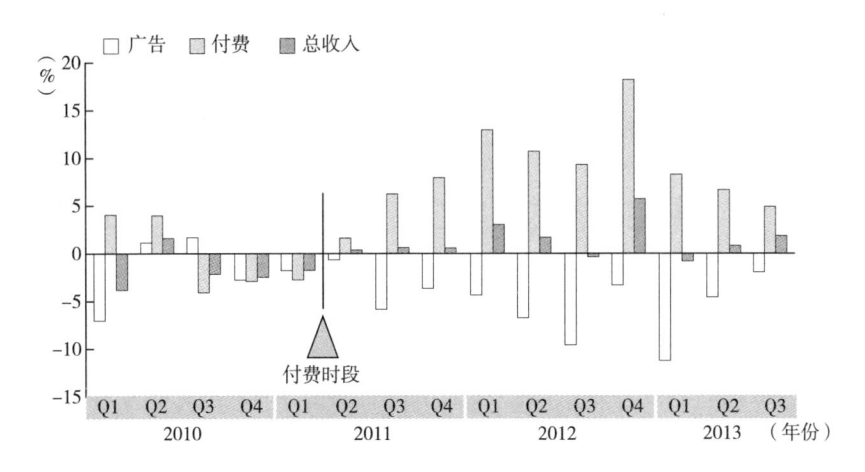

图3 美国《纽约时报》付费墙运行成效

资料来源：199it编译《纽约时报付费内容战略奏效》，199IT中文互联网数据资讯中心；http://www.199it.com/archives/168940.html。

从《纽约时报》对其内容进行收费至今已经有两年半的时间，截至2013年9月，《纽约时报》拥有72.7万数字订阅用户，这对于不愿意为数字新闻内容付费的用户而言,《纽约时报》这个成绩值得为之庆祝。更重要的是《纽约时报》对内容引入的付费墙,对收入起到了不错的拉动作用,在付费墙引入后的 10 个季度中纽约时报实现了 8 个季度业绩的正增长。

(3)数码。2011 年,在线广告相比 2010 年整体增长了 23%。5 家大型科技公司占据了近半数特排广告的收益,其中 Facebook 是最大的网站。在整个在线广告之中,这类公司占据了 68%。

(4)杂志。据出版信息局公布的数据显示,对于印刷杂志来说,在 2011 年,该行业的广告版面销售整体下降了 3.1%。

(5)音频。无线广播在 2011 年的收入实现了增长,但却缺少前一年快速增长的势头。根据广播广告局公布的数据,无线电广播总收益比 2010 年增长了 1%,即 174 亿美元。在无线电广播收益中,真正实现收益增长的是数码平台方面,其在网上和移动通信方面收益增长了 15%。但是,这些领域只占到无线电广播总收入这块大蛋糕的很小一部分。

(6)网络电视新闻。网络新闻节目在 2011 年得到了整个十年中的最高收视率,包括美国广播公司(ABC)和哥伦比亚广播公司新闻网都从广播广告总收入的增长中受益,而美国全国广播公司新闻网则从其有线新闻频道获得收益。

(7)有线新闻。据 SNL Kagan 表示,在 2011 年 3 家主要新闻频道的总收入比上年增加 8%,达到 33 亿美元。美国有线电视新闻网(CNN)和其兄弟频道 HLN,总收入比上年增长 7%,达 13 亿美元;而福克斯公司增长 9%,达到 16 亿美元;微软全国有线广播电视公司(MSNBC)预计比上年增长 8%,达到 4.09 亿美元。

有线新闻广告的总收入增长比例(9%),与订阅者总收入的增长比例(8%)相似的情况下,如果按美元总价值来看,订阅者总收入占到了总收入这块大蛋糕的较大部分,约有 18 亿美元(广告总收入 14 亿美元)。

3. 新闻投资

(1)数码。在 2011 年,媒体公司向网络视频注入了新的内容。美国广播公司新闻网向雅虎新闻提供新的视频内容;路透社成为领导性的新闻组织之一,向 YouTube 提供原始视频内容,并将最终成为十大原始新闻发布、视频分享网站之一。《赫芬顿邮报》宣布,将创建一个 24 小时在线的新闻频道,这是继 CNN 之后推出的一个类似的范本。

（2）报纸。各家公司的新闻编辑部持续缩小，以保持赢利，并降低成本以减少运营周期。在使用实际尺寸较小的纸张并减少提供给新闻的空间之后，当代新闻编辑部的实际"产量"较低。但是，剩下的编辑和记者被要求通过制造合格的内容，以适合智能手机或者平板电脑使用；就像建立一个社会化媒介存在一样，以衍生更多的内容。这就不仅要将重大新闻发表在每天的印刷报纸上，还要发表在网页上。

二 媒介融合从后台融合走向全面渗透融合

以美国为代表的全球发达国家媒介融合正在从后台融合走向前台全面融合，多来源和跨媒体是当代全球媒介环境下新闻消费的特征之一。电视、电脑、移动终端（手机、平板电脑）正成为受众获取新闻的主体屏幕，运用多终端获取新闻并进行多维互动正成为全球新态势。人们在观看电视时，同时使用平板电脑或笔记本电脑或智能手机等终端的行为，称为"双屏现象"，随着社交媒体的崛起，注重观众与观众以及电视节目间互动的"社交电视"，或许将是未来传统电视的转型方向。

2013年美国皮尤研究中心针对受众态度和新闻媒体现状进行的一项问卷调查结果显示，美国新闻媒体的影响力正在下降。31%的受访者表示，他们不再对某种新闻媒体感兴趣，因为这些媒体要么不再提供他们所需要的信息，要么报道得并不详细。

调查指出，由于消息的来源日益多元化，许多记者沦为"传声筒"，越来越依赖社交网络或数字科技来代替传统的新闻过滤和原创过程，而不再是故事的讲述者或新闻事件的调查者，从而可能导致新闻失实。

皮尤研究中心分析认为，美国媒体的新闻质量下降，是因为在数字媒体的影响下，美国传统新闻媒体机构陷入裁员潮。

美国一些知名新闻机构近来纷纷传出裁员消息，其中包括《新闻周刊》《纽约时报》、美国有线电视新闻网和《时代周刊》等。据皮尤研究中心披露的数据，相比2000年鼎盛时期，2012年全国报纸编辑的从业人数减少了30%，而美国报业的全职专业雇员人数自1978年以来首次减少到4万人以下。

以深度报道著称的美国有线电视新闻网在过去的5年间，将报道的篇幅压缩了一半；而《福布斯》杂志一类的媒体，完全可以依赖计算机科技获取新闻，根本不需要记者去做报道。媒体行业中的老手生存尚且艰难，一些如美国芝加哥新闻集团等成立不久的媒体公司，就不得不关张了。

分析人士认为，数字革命让世界媒体都站在同一平台上，传统媒体正遭遇日益激烈的竞争。只有顺应信息时代的要求，做出相应的变革，成功地实现转型，传统媒体才有望生存和发展。

不过，哥伦比亚大学新闻学院的谢斯睿教授却认为，不是美国媒体的新闻质量本身出现了问题，而是人们对于新闻的消费习惯正在发生改变，对报纸和电视等传统媒体的需求正在发生转移。从个案来看，裁员的确对新闻行业造成冲击，但从总体来看，现在比以往任何时候的信息量和新闻空间都要巨大，新闻媒体在某些领域的报道比以前更好。

三　大数据时代崛起　数据新闻首次获得普利策奖

随着大数据时代到来，利用数据新闻扩展传统新闻业带来了新机遇。ProPublica是纽约一个独立的、非营利的调查性新闻编辑室，由《华尔街日报》前执行总编保罗·斯泰格创立，他是将数据方法应用于新闻业最早、最杰出的先驱者之一。在报告中，数据新闻的定义是：依赖数据标准化采集、整理、分析、查询结构化和非结构化的数据库以确定模式、趋势、统计偏差和异常现象的新闻业。其可以用大量详细依据支持传统新闻业，有时甚至可以预测未来行为模式或事件。

从2008年开始，仅经过5年时间和两届普利策奖，ProPublica就成为如今美国数据新闻用户最活跃的网站之一，几十家甚至几百家其他美国媒体加入ProPublica，其中包括一些业界大亨，如《纽约时报》《华盛顿邮报》《洛杉矶时报》以及一些其他公司。在英国，《卫报》和英国广播公司都采用这一技术来补充和支持传统新闻。

佛罗里达调查报告中心联合创始人和副董事长以及新闻调查记者和编辑协会（IRE）的董事会成员马克内丽·托雷斯指出，在IRE，有菲利普·迈耶新闻奖，主要是褒奖数据驱动的新闻报道。每年，他们都会用数据科学完成一些极具影响力和创造力的工作，从而揭示问题和错误行为。比如，2012年的获奖作品是《破解密码》，就是一个多部分组成的系列。

这一系列报道记录了成千上万医疗专业人士在过去10年中如何一直为更加复杂和昂贵的卫生保健向联邦保险开出账单,尽管少有证据证明老年人要求更多的治疗,但是他们要求在原有的费用上再增加110亿美元或更多。

尽管对于大数据的提法已经并不陌生,但人们对于大数据的理解依旧只是一个开始。究竟什么是大数据,大数据对我们的生活又会有哪些实质性的改变和影响,并不能够简单明了地说清楚。

具体到大数据对于新闻业的影响,数据新闻可以从两个方向扩张传统新闻业。一是应用技术来收集和深度分析数据,二是以交互方式呈现结果或将结果可视化。为编辑部增加一个程序员,或许报业是该考虑这个问题的时候了。①

四 社交多屏时代:新闻通过社交网络精准服务用户

哈佛大学尼曼新闻基金实验室遍访美国新闻业界人士预测2014年新闻业的未来,受访者普遍表示,美国新闻业的未来在手机、社交、视频。社交网络分享平台Instagram、Facebook、Vine、Twitter和Snapchat作为全新强有力媒介通过移动网络设备迅速传播独到的表现力强大的视频,这些社交网络平台成为新的受众聚集地。手机上的社交用户无须寻找新闻,而是新闻主动推送找到用户。②

即时互动、随时交流、多平台多渠道的信息整合以及多样化的呈现方式……这一切,也告诉我们,技术变革给传播带来的影响不可抗拒,而我们需要面对的未来却是充满不断变化的未知。③ 在《2013世界报业创新报告》的前言中,阿克塞尔—施普林格公司首席执行官马提亚斯·多普勒的这句话,似乎为当前报业的所有尝试做了一个最好的注脚——我们通过各种不同的方式,继续为报纸的发展用尽所有的努力,不是为了留住过去的辉煌,而是在探寻未来的无限可能。④

---

① 赵新乐:《告诉你正在改变的报业世界》,《中国新闻出版报》2014年3月4日。
② Ed O'Keefe, Pushing to the future of journlism, http://www.niemanlab.org/2013/12/mobile-social-video/. (DEC. 19. 2013)
③ 赵新乐:《重塑新闻与重振报业》,《中国新闻出版报》2014年3月4日。
④ Davis Merritt, Maxwell McCombs, *The Two W's of Journalism The Why and What of Public Affairs Reporting* (Mahwah, New Jersey, Lawrence Erlbaum Associates, Inc., Publishers, 2004), p. 38.

2013 年 9 月尼尔森发布美国独立受众最多的十大网络品牌（见表 3）

表 3　美国独立受众最多的品牌网站

排名	品牌网站	独立受众数	每人浏览时长（小时：分：秒）
1	Google	160253000	1：57：49
2	Facebook	128163000	6：42：51
3	Yahool	125822000	2：13：13
4	MSN/WindowsLive	119480000	1：19：50
5	YouTube	113977000	1：54：32
6	AOL Media Network	79641000	1：44：32
7	Microsoft	79327000	0：44：43
8	Amazon	77103000	0：38：26
9	Wikipedia	67825000	0：25：03
10	Ask Search Network	61132000	0：13：14

资料来源：Nielsen：《2013 年 9 月份美国独立受众最多的新闻网站》，199IT 中文互联网数据资讯中心；http：//www.199it.com/archives/167585.html。

2013 年 9 月超过 2.07 亿美国人使用网络。Google 是首选，独立访问人数达 1.6 亿人，该月平均每人访问约 24 次。前 10 个网站中 Facebook 的访问者平均花费时间最多，每人超过 6.5 个小时。整体上，美国网民每人每月平均使用网络逾 27 小时，每人访问 90 个不同的网域。

五　门户社区博客浪潮后，秉承博客基因的社交网络媒体繁荣

1997 年问世的博客（Blog）自 2004 年问世的脸谱时代、2007 年问世的推特时代尤其从 2008 年美国大选开始走向衰退，但是所有网络和手机应用程序保留了博客基因 DNA。在开放的网络上，一切皆会被随时死去风浪席卷而去，只有不断创新才能永葆生命力。

美国皮尤调查研究中心 2013 年 11 月 14 日发布调查显示，在用户争夺中，新闻服务成为各大社交网络的一个竞争焦点。从 Facebook 到 LinkedIn，均已经推出了新闻媒体产品，试图通过新闻保持用户黏性。新闻服务和社交网络正在紧密结合，除了社交网络可以提高广告收入之外，传统新闻媒体，在纸媒发行量大跌的背景下，希望通过多种方式向网民提供新闻。可

以说新闻和社交网络合作，相互满足了对方所需。

如果以希望获取新闻的用户占到全部用户的比例来衡量新闻服务含金量和实力的话，兼具社交网络属性的 Reddit 排名第一，其 62% 的用户，借助该网站获取新闻，不过 Reddit 在美国渗透率较低，仅有 2% 的成年人访问该站。在网民渗透率上，Facebook 排名第一，有 64% 的美国成年人经常访问 Facebook，不过大约有一半的用户希望通过 Facebook 获取新闻，也就是占到了美国所有网民的三成左右。和 Facebook 类似，Twitter 用户中，一半也是以获取新闻为目的。Twitter 在美国渗透率为 16%，也就是有 8% 的美国网民通过 Twitter 获取新闻。虽然 YouTube 往往能够催生出一批颇具新闻价值的网络红人，但是皮尤调查发现，YouTube 的新闻属性却较低。目前，美国 51% 的成年人是 YouTube 用户，但是获取新闻用户，仅占到 YouTube 的 20%，即一成美国人通过 YouTube 获得新闻。在新闻服务上，白领社交网络 LinkedIn 表现最差，只有 13% 的用户通过它获得新闻，仅仅占到 3% 的美国成年网民。即使是已经过气的老牌社交网络 MySpace，读新闻的用户比例也超过了 LinkedIn。也许是意识到了软肋，LinkedIn 近来一直在加强新闻服务，尤其是财经新闻、财经名人博客的提供，LinkedIn 还收购了新闻聚合客户端 Pulse，将其服务整合到了网站上。近来，Pinterest、Instagram 等图片分享工具成为风险投资家热捧对象。不过在新闻服务上，大部分网民并未将它们视作获取新闻的工具，Instagram 用户中获取新闻的比例为 13%，Vine 和 Pinterest 的比例都在个位数。①

六 美国四大新闻客户端各具特色

据美国皮尤调查公司 2013 年发布调查报告，91% 美国人拥有手机，63% 的美国手机用户通过手机上网，意味着 57% 美国成年人为手机网络用户（见图4）。②

智能手机和平板电脑，取代了古老陈旧的报纸，成为人们获取新闻的最重要工具，新闻市场也上演了一场平板和手机的客户端大战。目前美国

---

① 赵新乐：《告诉你正在改变的报业世界》，《中国新闻出版报》2014 年 3 月 4 日。
② Maeve Duggan and Aaron Smith, Cell Internet Use 2013. http: //www. pewinternet. org/2013/09/16/cell–internet–use–2013/. (September 16, 2013).

图4 美国网络客户端使用情况

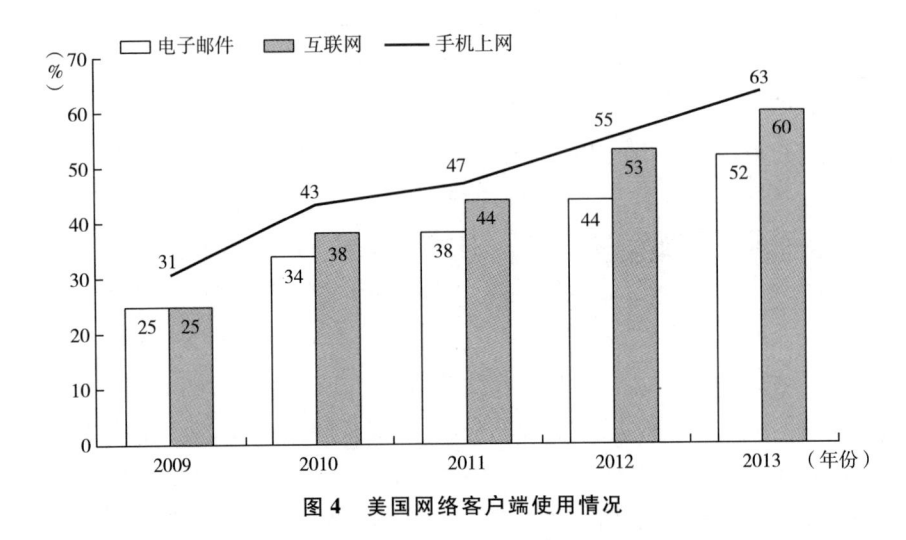

新闻客户端，大部分采取聚合新闻模式，如果用户希望阅读全文，将会被转引到移动版新闻网站。美国从事移动新闻专业服务的 Onswipe 公司监测了新闻客户端工具转引给移动版新闻网站的 6000 多万名独立访问者（2013 年 11 月 13 日至 2014 年 1 月 13 日）报告显示，新闻客户端呈现出四强争霸：分别是 Flipboard、白领社交网络 LinkedIn 旗下的 Pulse、CNN 旗下的 Zite，以及 News360。在转引访问者的占比上，Flipboard 遥居首位，给移动版新闻网站贡献了 44% 的访问者；Pulse 排名第 2 位，贡献了 29.19%；第三位是 News360，占比为 24.94%；Zite 贡献较低，仅为 1.87%。在这四家主导的新闻客户端中，Pulse 在访问时长上排名第 1 位，每次访问时长为 3 分钟 24 秒，Facebook 为 2 分钟 40 秒，News360 为 1 分钟 36 秒。美国四大新闻客户端，在新闻内容上形成了自己的特色，其中 Facebook 最流行的是娱乐新闻，流量占到了 20.8%；Pulse 最热门的是科技新闻，占到了 50.4%；Zite 最热门的新闻也是科技类，占到了 36.3%；News360 最受欢迎的内容是娱乐，占到了 27.9%。

2013 年，在客户端领域占据优势的 Flipboard，推出了网页版聚合工具，这意味着其在移动新闻领域的地位还将攀升。在过去 3 年中，iPad 等平板的风靡，创造了一个全新的社交新闻阅读工具市场。一批新创公司获得了数以百万计的风险投资，有一批 Pulse 在内的知名客户端被收购，还有一些奄奄一息的公司借此获得了"第二个春天"。谷歌早年曾提出收购

图 5　美国四大移动新闻客户端分布

资料来源：晨羲：《美国新闻客户端四强争霸 Flipboard 稳坐霸主》，ZICN 科技网，2014 年 3 月 3 日；http://it.21cn.com/itnews/a/2014/0303/16/26592117.shtml。

Flipboard，但是遭到拒绝。2013 年三季度，Flipboard 完成 C 轮融资，获得 5000 万美元，据称市场估值为 8 亿美元。Flipboard 知名股东包括高盛集团、KPCB、Insight 等。

美国新闻集团：数字化转型中的"新旧融合"

早在 2008 年，新闻集团就明确树立了数字化的战略导向，并于 2009 年设立首席数字官和新数字媒体公司负责数字化业务。此后，新闻集团一方面在数字化领域"开疆扩土"，另一方面又在传统优势领域"精耕细作"。既在传统业务里开展数字化业务，又不断推出全新数字化业务，以实现在业务层面上的跨媒体、全方位、立体化、多层次的"新旧融合"，推动整个传媒向数字化迈进。

经过多年摸索和经营，新闻集团的数字化业务版图已基本成型，涵盖包括电影娱乐、广播电视、报纸杂志、图书出版与营销教育等在内的多个业务板块，老牌的传媒战舰正转型成为综合型数字化传媒巨鳄。然而，由于种种原因，新闻集团并未再现之前的"传奇"，其数字化征途远非一帆风顺。为何一向在传统领域"风生水起"的"超级航母"面对数字化转型频遭滑铁卢？深层原因何在？新闻集团又是如何调整其前进步伐来应对的呢？

一 产业结构适时升级

综观新闻集团的发展路径，可以发现存在 3 个比较明显的产业结构发展阶段。第一阶段是 20 世纪 80 年代以前，报纸作为新闻集团的发家之本，一直在集团产业中占据主导地位，成为集团最大的收入来源。第二阶段是 20 世纪 80 年代末到 90 年代末，电影电视成为集团的重要财源，并且一直延续至今。第三个阶段是从 21 世纪开始，卫星数字电视、互动电视、互联网等新媒体被新闻集团视为战略核心，得到大力发展。在这种战略指导下，新闻集团通过持续调整来促进其产业结构优化升级，以便更好更全面地拥抱数字化。

新闻集团旗下拥有众多知名报纸，报业也一度成为整个集团在世界范围内大规模拓展新业务的重要推动力量。然而近年来，随着多桩丑闻缠身，新闻集团的报业和出版业务沦为"有毒资产"，成为整个集团前进路上的障碍。从近几年的财务数据来看，整个出版发行业务都处于缓慢增长甚至严重亏损的状态。此外，电影娱乐产业、有线电视、卫星电视对整个集团的营业收入贡献率持续走高，娱乐产业利润贡献率更是接近60%（见表1），吸引了众多投资者的兴趣和关注。为此，新闻集团为了重振投资者信心，也为了使集团的产业结构更加优化和科学，决定将贡献较差的出版发行业务从集团内部拆分出来。

表1　2008~2012年新闻集团各项业务收入

单位：亿美元

财政年 业务	2008	2009	2010	2011	2012（半年）
电影娱乐	66.99	59.36	76.31	68.99	38.12
电视	51.90	40.51	42.28	47.78	24.91
有线电视网	56.10	61.31	70.38	80.37	50.08
卫星直播电视	37.49	37.60	38.02	37.61	17.07
整合信息服务	11.24	11.68	11.92	—	—
报纸及信息服务	62.48	58.58	60.87	88.26	41.67
书籍出版	13.88	11.41	12.69		
其他	29.88	23.78	15.31	11.04	3.76
总收入	329.96	304.23	327.78	334.05	175.61

资料来源：《媒介》杂志依据新闻集团年报整理。

2012年6月，新闻集团宣布拆分为两家独立的公开上市公司，一家是出版公司，一家是传媒娱乐公司，出版公司规模比传媒娱乐公司小得多。分拆后的传媒娱乐公司被命名为福克斯集团，包括20世纪福克斯电影公司、福克斯广播公司以及福克斯新闻有线电视频道等；出版公司仍沿用新闻集团的名字，包括新闻集团在美国、英国与澳大利亚的报纸业务，以及图书、教育和市场营销等相关业务（见图1）。

此次拆分也预示着新闻集团未来业务重心的倾斜，出版发行业务有可

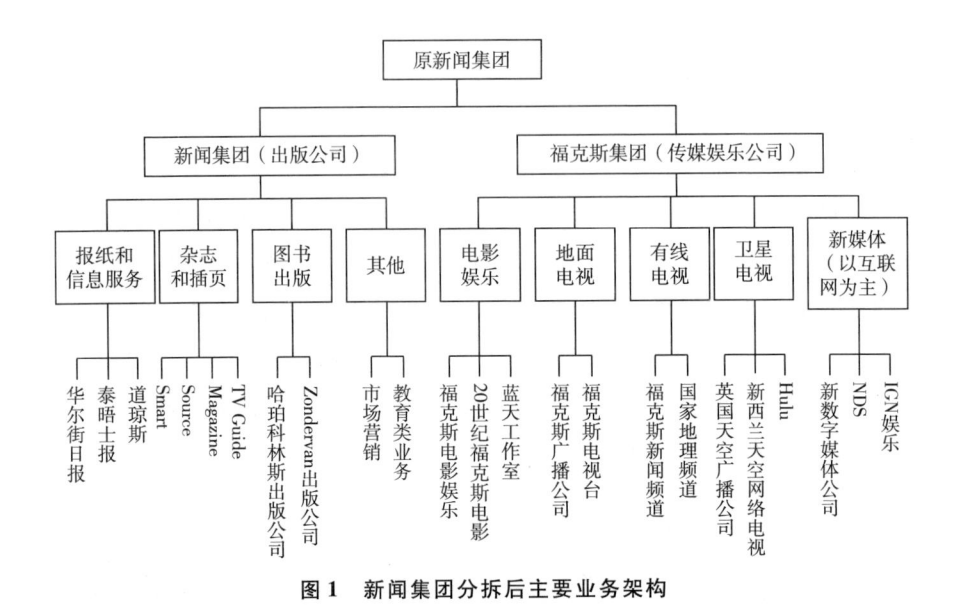

图 1 新闻集团分拆后主要业务架构

能战略性萎缩，电影娱乐业务将会更加蓬勃发展，而数字电视、卫星电视、互动电视等将是未来的重点拓展主体。对产业结构的适时调整，使得新闻集团对未来重点发展的业务更加明确。科学的拆分，也方便新闻集团未来能够在数字化之路上"大展拳脚"。

二 内容的数字化再造

新闻集团认为，传媒业始终都应塑造自身的独特价值，在与其他产业的融合中，创造新的用户体验，满足用户的内容需求，以"优质内容"或"优质注意力"赢得用户。基于这种理念，在数字化消费越来越大的时代，新闻集团一方面着力丰富其原有内容资源，另一方面积极探索新的商业模式，为用户提供更佳的数字化体验，以进一步开发其内容资源的价值。

（一）强化内容生产与提供优势

1. 通过自制或购买丰富自身内容资源，提高内容对用户的吸引力

对体育、娱乐和新闻资源的重视，一直是新闻集团的制胜法宝。在美国，新闻集团的势力几乎渗透到美国职业体育界的每个角落，无论是职业篮球、冰球、橄榄球还是棒球。2012年，福克斯体育花费巨额资金买断Super Bowl（美国国家橄榄球联盟年度冠军赛）的转播权，进而赢得超高收视率。福克斯广播公司的真人秀节目《美国偶像》长期霸占美国家庭电视市场，被誉为"美国真人秀之王"，公司亦决定继续在这一类"秀"上探索不止。福克斯新闻台在每个小时开始及结束时都提供最新的新闻报道，然后深入探讨各个不同专题，而每晚亦会制作一个一小时的特别节目来分析当日发生的重要事件。不断丰富着的内容资源使新闻集团成为数字化时代践行"内容为王"理念的获益者。

2. 充分利用新技术升级自身内容和服务，带给用户更好使用体验

新闻集团在发展过程中十分重视新技术带来的机遇，积极促进自身内容和服务与新技术融合，不断利用新技术创造并夯实其市场优势。2010年，福克斯电影公司结合3D新技术推出电影《阿凡达》，给新闻集团带来了将近4亿美元的收益。近几年，新闻集团又投资了《少年派的奇幻漂流》《飓风营救》《里约大冒险》等热门电影，并致力于3D、IMAX等尖端技术的应用。这一系列电影的成功正是由于新闻集团将传统媒体的优质资源与数字化生态相结合，为庞大的客户群提供超值的数字化体验的结果。

3. 通过制作适合新媒体传播形式的内容，提高新媒体市场占有份额

除了在传统领域继续强化自身内容生产能力之外，新闻集团还将制作适合新媒体传播形式的内容作为近年来的另一个发力点。默多克认为，"假如没有创新的内容，再先进的电子设备也不过是昂贵的玩具"。新闻集团致力于打破印刷媒介、电子媒介和网络媒介的界限，将其优势内容呈现在不同的媒介形态上，或专门针对某一新兴介质制作特别的内容以吸引特定群体。

2004年，新闻集团曾推出手机电视肥皂剧"Hotel Franklin"，长度仅持续1分钟，是新闻集团在手机电视上的一部试水之作。新闻集团旗下核心报业品牌《华尔街日报》《泰晤士报》等先后推出手机APP，直接触及目标用户。2011年，新闻集团又发布了针对iPad应用的付费电子报纸The Daily。默多克欲凭借iPad庞大的用户群体赢得数字阅读时代的先机，带领自己的集团进入移动互联新时代。然而，The Daily仅运营一年就被关闭。究其原因，在于The Daily最初只能在iPad上使用，传播渠道略显单一且局限。加上内容吸引力不够、定价过高等因素，The Daily 的实际订阅用户远远低于新闻集团的预期，如果继续运营下去，就要承担高昂的制作成本。新闻集团的战略导向受资本驱动影响较大，在发生危机时，为了赢利，新闻集团更倾向于牺牲 The Daily。对市场的错误评估和盲目乐观的预期使得"The Daily 之死"成为新闻集团数字化转型之路上的重大打击。

（二）对数字内容收费

新闻集团认为，不管以何种媒介形态进行媒介内容的传播和接收，都必须呈现其应有的价值性。默多克在谈及"报业数字化"问题时曾表示："优秀的内容值得付费。报纸不应该继续将内容免费提供给网民。"遵循这一理念，新闻集团在众多报纸提供免费浏览网络版的情况下逆势而为，积极倡导网络报纸付费制。《华尔街日报》在网站创立之初便确立了"数字内容付费"的战略理念。《泰晤士报》等在网站四周竖起"付费墙"，禁止谷歌将报纸上的文章装入索引数据库。

实行付费订阅一方面可以使内容生产者专注于内容资源的更新优化，另一方面也使用户需求得到更好的满足，形成内容生产和用户需求之间的良性契合。新闻集团抛弃了大多数传统报纸所采用的"开设报纸网络版，简单地将纸媒上的内容 PDF 电子化后搬到网站上"的做法，而是充分提升数字化内容的独特价值。以《华尔街日报》为例，登录其网站可免费访问部分突发新闻等内容，但独家新闻报道和深度分析、金融财经评论等专业性、高品质的信息服务只有在网站注册交费后才可获得。此外，它还采用移动媒体付费的方式，通过黑莓等手机终端阅读报纸的读者进行收费。由此，新闻集团确立了在线内容付费和移动媒体付费相结合的收费模式。

近年来，新闻集团继续强化并扩大对自身数字化内容收费的范围。2011 年 10 月，《澳大利亚人报》网络版开始收费，部分内容仍将免费提供。另外，新闻集团的独立视频网站也开展了在线收费的项目。2010 年 6 月，Hulu 网站推出付费视频服务 Hulu Plus，该服务支持平板电脑、智能手机、笔记本电脑等。到 2012 年，Hulu Plus 的订阅服务已占到 Hulu 总体业务的近一半，获得的额外收入被用于提高原创和独家节目的内容质量。Hulu 首席执行官杰森·基拉尔说："收费内容的推出不仅会开启一个全新而重要的收入流,还将令我们与最忠诚的用户之间建立更为紧密且更有价值的关系。"Hulu Plus 的成功正是新闻集团对数字化新型商业模式的成功探索。

三 传输渠道的数字化整合

无论是在新闻集团成长为一个跨国传媒集团的过程中,还是在其新媒体战略中,默多克的产业发展思路都很明确,即内容与渠道双管齐下。

(一) 全媒体覆盖的传输渠道

数字化竞争时代,唯有拥有多元化的全媒体渠道,才能保证内容的有效传输。新闻集团采用两种战略进行渠道扩张:一是自建渠道,包括自建网站和卫星网络等;二是通过并购占有既有渠道来实现自身渠道的拓展。2003 年,新闻集团拿下美国最大的卫星电视公司——DirecTV,实现了其打造卫星帝国的梦想;2005 年,新闻集团收购了社交网站 MySpace、照片分享网站 Photobucket、Web 网络公司、IGN 娱乐、Scout Media 网络体育公司等,以扩张其互联网版图。2007 年福克斯广播公司联合 NBC 共同创办视频网站——HULU。2008 年,新闻集团收购 Veri Sign 旗下 Jamba 手机铃音部门大多数股份,挺进手机娱乐产业。至此,新闻集团的内容传输渠道已涵盖有线电视网、卫星电视网、互联网和手机等,完成了在传输渠道上的全媒体覆盖。

(二) "瘦身 + 锻炼",完善传输渠道

新闻集团的传统媒体思维面对互联网时缺乏灵活变通,除了重要的新闻网站,其数字媒体业务并无太大亮点,也无太多耀眼品牌。加上管理不善,新闻集团在互联网业务上频频失利。为此,新闻集团通过不断出售经营不善的公司或业务来实现对整个传输渠道的有效调整。2010 年,新闻集团先后出售 Rotten Tomatoes、福克斯观众网、福克斯移动等以实现数字化战略转移;2011 年,又以低价出售 MySpace。MySpace 作为曾经最知名的社交网站,却被后起之秀 Facebook 超越,对比两者的发展历程可以发现,前者的失败源于缺乏稳固的用户基础和太过自由。另外,让用户完全控制

MySpace 资料反而导致他们对这一服务失去兴趣。而广告创收的压力和对用户体验的忽略也是导致 MySpace 最终失败的重要原因。

在互联网征途上受挫的新闻集团转而开始稳步扩张其传统渠道。除了在本土进行拓展外，新闻集团还通过抢滩海外的方式来调整其全球渠道网络。2012 年 11 月，新闻集团收购了洋基国际集团下属的体育电视网 49% 的股份。这样一来，新闻集团的体育节目就可以到达更多的用户。2011 年 3 月，福克斯国际频道在爱沙尼亚成立本地公司，为本地用户提供包括 FOX 生命、FOX 犯罪、国家地理频道在内的所有节目，成功将优质品牌内容传输到海外。

（三）以内容促进渠道完善

新闻集团充分认识到自身所具备的内容与渠道的天然优势，因此不遗余力地实现两者的绝佳融合。不仅通过报纸、广播和网站传播其新闻及电视内容，而且将其内容置于下属的娱乐、社交等网站，使两者互为支撑，相互完善，最终实现双向发展。

此外，新闻集团的优势内容资源也吸引了众多公司与之合作，间接拓展了内容传输渠道，也使自身内容资源得到更好的呈现。2011 年，华尔街日报推出了适用于 Facebook 的 Beta 版应用程序，使用户能够在 Facebook 上无缝阅读、分享和评论报纸的文章，并添加一些额外的功能，包括订制更多的内容。2012 年，新闻集团和微软共同宣布了一系列基于 Xbox Live 平台应用的计划，在该计划中，新闻集团的电视、新闻和网络媒体（如 FOX、FOX 新闻频道、IGN 娱乐、《华尔街日报》等）都可以利用 Kinect 以及 Bing 语音搜索，而来自 FOX 和 FOX 新闻频道的内容将会以订阅的形式进行分发。

四　全新数字化业务展望

在不断地丰富内容资源、科学调整传输渠道之后，新闻集团着力开发一系列与新技术相结合的全新数字化业务，以抢占新媒体市场，而这些新业务中尤以社交游戏和数字化教育最为抢眼。

(一) 进军社交游戏

MySpace 的失败给新闻集团互联网事业沉重的一击，但这并不意味着新闻集团从此退出社交网站的舞台。

2011 年，新闻集团拆分 IGN 娱乐并收购游戏网站 UGO，试图打造一项专注于视频游戏新闻、评论与文化的独立网络业务。同年，新闻集团收购社交游戏开发公司 Making Fun，并借此进军社交游戏市场。Making Fun 的目标不是自己开发任何游戏，而是作为"社交游戏领域中第一家全方位服务的发行商"。新闻集团旗下的英国 Shine Group 收购社交游戏公司 Bossa Studios，意味着新闻集团将继续其在社交游戏开发领域业务上的发展。

据其数字媒体部门主管表示，新闻集团未来将自主开发社交游戏业务，以实现像开心农场开发商 Zynga 一样的高速发展。"社交游戏拥有一个商业模式。那些开心农场的用户会花钱购买虚拟实物或其他虚拟商品。尽管还是会有部分用户不会付钱，但这的确是一个真实存在的市场业务。""我们现在正在试水这一市场，我们将会看看接下来的发展机遇，新闻集团可以使用其电影以及电视剧名称以吸引玩家。"

(二) 试水数字化教育

新闻集团认为新技术会对传统的教育模式产生很大的影响，教育市场拥有极大的发展空间和商业价值。默多克说："这个行业跨越幼儿园到中小学教育，仅在美国就能创造出 5000 亿美元的价值。"尽管新闻集团以前完全没有涉及教育领域，但在数字化技术突飞猛进的环境下，其非常看好这块业务，未来将会努力开拓和经营无线教育平台。

2010 年，新闻集团宣布聘请知名人士 Joel Klein 担任默多克的高级顾问，并由其负责教育市场战略。同年，新闻集团斥资 3.6 亿美元收购教育技术供应商 Wireless Generation 公司 90% 股权，此举表明新闻集团扩大教育市场的意图。该公司所研发的无线教育平台——"无线下一代"不但可以告诉学生今天他们学了什么，还可以和学生沟通明天会学什么，是一种订制化的教育方式。

2012 年 7 月，新闻集团与移动运营商 AT&T 联合推出教育品牌 Amplify，旨在针对幼儿园、小学、初中和高中生（简称"K–12"）开发数字教学材料、工具和系统。Amplify 的宗旨是"利用数字创新的力量来改革教与学，从而帮助学校提供更好的教学体验和成果"。AT&T 移动将提供基于平板电脑的 4G 移动体验，毫无疑问，这将显著强化"K－12"学生的教与学。

对于拥有众多传统业务的传媒巨人新闻集团而言，数字化转型之路可谓之艰辛。面对复杂多变的数字化环境，新闻集团通过不断优化产业结构，实现其核心业务之间的"新旧融合"；同时强化内容优势，提升内容独特价值，付费内容和免费内容共存，在线收费和移动收费模式并存，探索商业模式中的"新旧融合"；积极涉足新媒体，抢滩海外新媒体市场，以促进传输渠道间的"新旧融合"；传统业务和数字化业务互为补充，互相渗透，实现业务层面的"新旧融合"。凡此种种，无不体现出一个老牌传媒帝国的胆略和勇气，也为其他传媒集团的数字化转型提供了有益借鉴。

专注开拓：迪士尼提升国际传播力的经验

坚守传统的内容优势同时开拓新媒体领域无疑是迪士尼应对新媒体机遇与挑战的最好选择。自 2005 年成为迪士尼 CEO 后，"创造高质量的内容、通过创新的技术提升用户体验并且使这些体验更加容易获得"一直是鲍伯·艾格为迪士尼制定的发展策略。迪士尼的新媒体之路开始于 1999 年，2008 年成立互动媒体集团全面开展数字业务，到如今渐渐摸索出自己的发展路径。

迪士尼有五大业务板块，其中互动业务是迪士尼开拓新媒体领域的核心所在（见图 1）。迪士尼公司旗下的互动业务包括互动媒体和互动游戏两大部分，收入主要来源于两部分：一部分是自己开发的游戏销售和订阅；另一部分是广告及其他业务营收（赞助、对第三方视频游戏开发商的许可以及日本的手机业务）的收入，其中以游戏收入为主。如 2012 财年，在该部门 8.45 亿美元的收入中，游戏收入 6.13 亿美元，广告及其他业务营收 2.32 亿美元。

迪士尼五大业务构成

| 媒体网络业务 | 迪士尼/ABC电视集团和ESPN公司旗下的广播，电视，有线网，出版和数字业务 |

| 主题公园和游乐业务 | 影视娱乐业务 | 消费品业务 |

| 互动业务 | 互动媒体：围绕家庭、儿童、育婴的一系列网站
互动游戏：包括移动/社交/主机游戏，在线虚拟世界 |

图 1　迪士尼五大业务构成

表 1 2010~2012 年迪士尼各业营收和变化

单位：亿美元，%

	2012	2011	2010	2012vs2011	2011vs2010
媒体网络业务	194.36	187.14	171.62	4	9
影视娱乐业务	129.20	117.97	107.61	10	10
主题公园和游乐业务	58.25	63.51	67.01	-8	-5
消费品业务	32.52	30.49	26.78	7	14
互动媒体业务	8.45	9.82	7.61	-14	29
总　计	422.78	408.93	380.63	3	7

由于投入较多，而收入相对较少，互动媒体业务在过去的 5 年里已经累计亏损了约 15 亿美元，但在 2012 财年，由于减少了销售逐年下滑的主机游戏的开发以及在社交游戏领域取得的成功，互动部门的亏损从 2011 年 3.08 亿降到了 2012 年的 2.16 亿美元。迪士尼 2013 第一季度的财报显示，互动部门的营业收入为 2.91 亿美元，比上年同期的 2.79 亿美元增长 4%；运营利润为 900 万美元（上年同期亏损 2800 万美元），这是互动部门首次赢利。

迪士尼发展互动业务主要仍集中在网站和游戏，在游戏领域经历了从主机游戏到社交移动游戏的重心转移，而在网络领域主要通过自建和购买来拓展互联网版图。

一　掘金移动和社交游戏

从家庭到移动、社交

主机游戏以前一直是迪士尼游戏领域的主要业务，但随着主机游戏销售的下降，移动和社交游戏的兴起，迪士尼将重心转到了市场前景更为广阔的移动和社交游戏领域。艾格在出席会议时表示："我们在游戏市场犯了一些很明显的错误，最初我们只片面关注了游戏机市场，而整个游戏产业都在经历着翻天覆地的变化。使游戏业务向多元化拓展是我们当前的目标和战略。"他还说道，"社交游戏对迪士尼至关重要"。根据美国信息咨询集团 NPD 公布的数字显示，2011 年手机、社交和其他数字游戏营收占美国视频游戏市场营收的比例为 31%，而 2009 年的这一比例则为 20%。

迪士尼主要通过收购进军社交和移动游戏市场。迪士尼在 2007 年斥资 3.5 亿美元收购儿童社交游戏网站企鹅俱乐部（Club Penguin）。2010 年收购了 iPhone 游戏创业公司 Tapulous，Tapulous 被收购后，成为迪士尼互动媒体集团的关键部分，并力争成为移动娱乐市场的领跑者。在 Tapulous 的基础上，迪士尼成立了移动部门，办公室设在加州。此后，迪士尼互动部门裁掉了家庭游戏业务。同年，迪士尼又斥资 5.63 亿美元收购社交游戏开发商 Playdom。2011 年，迪士尼收购芬兰的 HTML5 游戏开发商 Rocket Pack。2012 年，迪士尼收购了韩国游戏开发商 Studio Ex，利用免费的多人游戏积极向亚洲市场进军。StudioEX 未来将开发在线及移动平台游戏。

除此之外，迪士尼在收购卢卡斯后还得到了负责游戏业务的卢卡斯电艺的所有权，后续在新媒体领域还将有所动作。CEO 艾格在对分析师的电话会上说，比起主机游戏，迪士尼将专注于移动和社会化的《星球大战》游戏。

（一）移动游戏的第一桶金

迪士尼收购的这些游戏公司在游戏领域不断尝试，一直没有取得重大突破，直到迪士尼移动部门发布的第一款独立形象的 iOS 平台游戏《鳄鱼小顽皮爱洗澡》获得巨大成功。该游戏从 2011 年 9 月推出，两个月后就成为 79 个国家 App Store 付费游戏排行榜冠军，下载量超过 300 万次，游戏标价 0.99 美元，迪士尼收入至少为 300 万美元。《鳄鱼小顽皮爱洗澡》3 个月内带来的收入，已经超出迪士尼过去推出的 30 款移动游戏总和。知情人士透露，2012 年 1 月《鳄鱼小顽皮爱洗澡》在中国的下载量已超过 160 万次。该款游戏被称为迪士尼的"逆袭"。迪士尼对游戏业务的开发更有信心。

未来，迪士尼移动部门将推出更多的手机游戏，移动部门高级副总裁 Decrem 说，单单他的 APP 游戏团队，就在孵育 10 多个新游戏。迪士尼对社交和移动游戏的重视可见一斑

减少主机游戏的投入，裁掉家庭游戏业务，这是止损。而更多更好地开发社交和移动游戏，这是增加营收。这样，以游戏创收为主的迪士尼互动业务慢慢实现了扭亏为盈。

（二） 游戏与内容的双向输出

内容产业链的开发一直是迪士尼成功的秘籍。在游戏领域则呈现为游戏与内容的双向输出——动漫形象的游戏化或者通过游戏开发动画，借着原有的产业链，拓展更多的价值。

2013年，迪士尼公司宣布年度游戏产品 Disney Infinity。产品将整合迪士尼现有卡通人物，并且提供一个更开放的游戏平台。据悉，这款游戏中集合了大量人们非常熟悉的迪士尼电影角色包括《怪兽公司》《加勒比海盗》以及《超人特工队》等影片中的人物，除了支持多个游戏平台之外，Disney Infinity 还将支持 iOS 等移动平台。

除了将影视形象输出到游戏，迪士尼也将游戏形象反向输出到动画。以 APP 游戏《鳄鱼小顽皮爱洗澡》为例。2012年夏天，一部以游戏角色鳄鱼小顽皮 Swampy 为主角的12集动画短片在迪士尼官方网站和 YouTube 上播出。这些短片的制作，改变了迪士尼以往"动画人物"为先的开发思路。在此之后，游戏将不再只是衍生产品，而是动画人物与大家率先见面的新平台，电影和短片可能才是下一步要做的事。在 Swampy 之后，会有更多的动画明星从迪士尼的游戏而非电影中走出来。这些形象可以开发出消费品甚至有一天会走进迪士尼主题公园。

此外，游戏也可以向传统媒体拓展以求互相促进。迪士尼旗下的社交游戏企鹅俱乐部在2012年联合大型出版商 Panini 推出的杂志业务，该杂志为月刊，定价为2.99英镑，并随刊附送小礼品。该杂志中载有"特别谜题"，小读者在解开这些谜题后，可以登录游戏网站获取虚拟货币奖励。同时，每期杂志也附有两个"密码"，读者可凭密码在网站上获取独家游戏物品。这相当于其在品牌、内容、用户优势基础上所进行的线下渠道延伸和产品价值的二次开发。

无论是推出杂志还是动画，都是游戏的延伸，游戏本身正如动画本身具有强大的开发价值，这也正是迪士尼着重发展游戏业务的原因。

这种内容和游戏的二次开发，无疑将为迪士尼创造更多收入，无论是广告、形象授权、消费品还是主题公园。借着原有产业链，对形象和创意的投入都将获得大量延展性收入。

二 整合网站资源

迪士尼互动媒体这一分支主要围绕儿童、家庭、育儿这3个关键词。迪士尼"家庭和娱乐"的定位从未改变。迪士尼通过自建、收购、合作以拓展互联网版图。

(一) 官网升级,"更干净、更简洁、更美观"

2012年迪士尼对自己的官网进行升级,使得网站"更干净、更简洁、更美观",公司高管把网站定位成公司的"入口"。改版后网站仍然为迪士尼产品提供广告支持,不过是以一种软广告的形式出现,即采用独家视频的方式。比如,一段迪士尼歌舞剧《报童传奇》的后台视频或者是混合迪士尼经典卡通人物和当代舞蹈音乐的视频系列都是一种很好的广告展示方式。

(二) 搭建家庭育儿网站群

迪士尼同时看重母婴市场的巨大潜力,于2011年收购了母婴类博客网站babble.com,并在2012年实验性的开设一个迪士尼婴幼儿零售店。除此之外,还开放了网站disneybaby.com,致力于为初为人父人母的家长提供信息、娱乐和育儿产品。根据comScore的数据,Disney Online旗下育儿博客网站babble.com每月独立访客达到3300万人次。

此外,2011年,迪士尼收购儿童社交网站Togetherville.com。儿童Togethervill.com账号里的朋友来自现实生活中家长了解并信任的人,以确保儿童不会受陌生人的侵害。它与Facebook的功能很相似,只是风格按照儿童的喜好来设定。最重要的是,父母可以完全控制孩子的账户,从状态更新到朋友列表。家长可直接用Facebook账号登录该网站,允许账户里的某些特定朋友成为孩子Togetherville.com里的好友,而孩子无法查看家长Facebook账户里的任何内容。

迪士尼在YouTube的频道也属于该业务分支。网络视频短片将由迪士尼负责创作,迪士尼在YouTube上的频道负责网络视频短片制作、合作频道的广告销售,并与YouTube分成广告收入。除创作原创网络视频外,迪士尼还为该频道选择草根视频。

通过这些网站的购买、建设和优化，迪士尼搭建起了自己的网络矩阵，以此抓住儿童、亲子以及家庭的新媒体用户，在潜力巨大的互联网市场里占得一席之地（见图 2）。

迪士尼家庭育儿网站群

Spoonful courtesy of Disney	Disney Family Deals	baby zone	Disney baby	babble
提供做法简单易消化且美观的食谱	提供家庭消费产品的折扣信息，入度假、游戏产品等，为其他网站导流	致力于提供从备孕再到怀孕到初期育儿的一切技巧、信息，搭建交流社区	致力于提供育儿信息、销售育儿产品，以销售产品为主	母婴类博客网站

图 2　迪士尼家庭育儿网站群

三　源头活水，以内容为本

无论在新媒体领域如何开拓，迪士尼始终没有忘记自己的根基所在。从 CEO 鲍伯·艾格刚上任时收购皮克斯，再到近年来收购 Marvel、卢卡斯影业可以看到，迪士尼拓展优质内容的发展路径从未改变。内容和创新一直是迪士尼的核心，其他业务大部分是内容的延伸，从主题乐园到 DVD 发行，再到消费品乃至新媒体的拓展，都是如此，源源不断的好的动画形象、好的故事的生产和消费，是迪士尼长足发展的根本。

新技术的利用是为了生产更好的内容，而渠道分发都是内容产业链的环节，只是载体与以往发生了变化，从实体店变成了虚拟网站。

迪士尼一方面优化自己的内容资产，另一方面优化自己的内容分销渠道，以促进内容的生产。

（一）丰富内容类型，优化内容资产

2012 年 10 月 30 日，迪士尼公司宣布以 40.5 亿美元现金和股票收购卢卡斯电影《星球大战》系列的制片商。除星战系列外，卢卡斯电影还拥有技术如 THX 声音系统等，可帮助迪士尼在特效方面更加具有竞争力。

迪士尼 2006 年、2009 年、2012 年分别收购皮克斯（Pixar）、漫威

（Marvel）、卢卡斯影业（Lucas Film），这3次收购，使迪士尼在动漫电影、超级动漫英雄系列、科幻电影类型中具有领先优势（见表2），使其角色形象实现全年龄段覆盖，内容类型更丰富。迪士尼6年3次的大手笔收购，强化其为全世界观众创造超乎寻常的创意内容的领先优势。迪士尼的平台优势和全产业链开发能力是迪士尼进行收购的有力支持。

表2　迪士尼近年来收购电影公司概况

单位：亿美元

收购时间	电影公司	价　格	电影类型	形象资产
2006年	皮克斯	74.0	动漫电影	《玩具总动员》《汽车总动员》《机器人总动员》等
2009年	漫威	42.0	动漫英雄系列	有《蜘蛛侠》、《钢铁侠》、《美国队长》、《雷神》等超过5000多个超级动漫英雄形象
2012年	卢卡斯影业	40.5	科幻电影	《星球大战》系列人物形象

迪士尼在收购皮克斯、漫威、卢卡斯影业后，将改变迪士尼以儿童和女性为主要动漫形象的传统印象，使其角色形象延伸到全年龄段，进一步提升迪士尼的品牌价值、并丰富其内容和动漫形象，同时强势的内容反过来也促进迪士尼平台价值的进一步提升。

除了并购，迪士尼也通过出售将自己的内容资产不断优化。

2010年，迪士尼公司以6.6亿美元将旗下电影公司Miramax出售给Filmyard控股公司。此次出售包括Miramax拥有的700多部电影的版权，其中有《芝加哥》《莎翁情史》《老无所依》等奥斯卡获奖影片。

迪士尼公司CEO鲍伯·艾格表示，虽然迪士尼以米拉麦克斯取得的成就为荣，但公司当前的战略是在"迪士尼""皮克斯"和"奇迹"三大品牌下集中发展大银幕电影，所以只好"割爱"。尽管如此，迪士尼出售Miramax的根本原因还在于它不太赚钱。同时，动漫类形象的电影是迪士尼集中发展的类型。

与此相同的还有杂志，由于纸媒广告不断下滑，迪士尼出版在2011年将《FamilyFun》杂志出售给了Meredith公司。此前的2005年，迪士尼出版将《发现》出售，2007年和2009年分别关闭了《迪士尼冒险》和《Wondertime》。

（二）技术提升体验

除了收购，在内容的体验上，迪士尼也通过新技术的利用，提供更好的视听震撼，比如推出 3D 电影，包括《怪兽电力公司》《超人特工队》《狮子王》《料理鼠王》等名片都是以 3D 形式呈现。

迪士尼还试图通过新技术提升游戏体验，迪士尼研究组目前在开发多用户触屏技术，该技术通过电容性指纹可以识别和区分用户身份，进而为每个用户创建属于他们自身的个人信息库，包括骨密度、肌群质量和衣物等。该技术可以广泛应用在传统的表面触摸功能上，例如将电容性指纹识别技术用在多人游戏项目上。这将提供更加丰富的游戏类型，多人游戏将来也可以同时使家庭成员和朋友参与起来，与迪士尼家庭、儿童的市场定位契合。

此外，迪士尼还将新技术运用到数据收集以提升游客体验。目前，迪士尼公司宣布将全面升级其主题公园的体验，最终目标是让每个人进入公园的人都佩戴一个具有 RFID（射频识别）功能的腕带，将他们在迪士尼公园及酒店的行踪信息都输入迪士尼的数据库。这些数据库不仅仅用于记录信息，还被用于改善游乐体验。

（三）优化内容分发渠道

迪士尼将内容由传统分发的渠道拓展到新媒体。迪士尼可以自建渠道或者选择合作。曾有分析师提出"迪士尼会成为下一个 Netflix 吗？"的问题，他认为，迪士尼有这个实力成为下一个 Netflix，但只是它不想。事实证明迪士尼确实不想，它选择了合作。

迪士尼通过与视频网站的短期实验性合作找到最好的分发策略。在 2011 年，迪士尼就和多家新媒体内容分销商达成协议，如 4 月，亚马孙旗下电影租赁及流媒体服务提供商 Lovefilm 与迪士尼达成直销协议，将借助其服务平台销售迪士尼影片；10 月，Netflix 和亚马孙与迪士尼就流媒体开始合作，由迪士尼提供 ABC 系列的电视电影；11 月，迪士尼和 YouTube 达成协议，共同出资 1000 万~1500 万美元制作和推广原创视频内容。

通过短期试验，迪士尼最终做出了不做 Netflix 而是与之合作的决定。2012 年年底，迪士尼和收费视频网站 Netflix 达成了一项多年的影片独家授权协议，从 2006 年开始迪士尼出品的电影在影院放映后将成为 Netflix 的在线片源，授权范围包括迪士尼、皮克斯、漫威以及迪士尼自然等出品的所有真人及动画电影。根据协议条款，Netflix 用户可在第一时间通过"首轮收费电视窗口"看到迪士尼的影片，协议中还谈到迪士尼的录像带首映片将于 2013 年开始登录 Netflix。此前，Netflix 通过 Starz 电影频道获得迪士尼影片的版权授权。通过短期合同试水分销渠道之后，迪士尼最终做出了这样的决定：在与 Netflix 签订这份协议之前，迪士尼关闭了自家提供 DVD 和数字流媒体的电影在线服务。

事实上，从 2011 年开始，迪士尼就开始减少家庭娱乐 DVD 发行的业务，当年迪士尼旗下电影工作室部门裁掉约 200 个工作岗位。

迪士尼选择了专注自己的内容建设，建立完全独立的大型分销渠道。迪士尼互动媒体联合总裁詹姆士·皮塔洛曾表示："投受众所好是必要的，通过他们喜欢的平台，把迪士尼讲故事的传统带给新一代的家庭和迪士尼粉丝。"

事实已经证明，无论是国内还是国外，传统媒体的优势无法顺利转移到新媒体，传统媒体自建的新媒体平台很难有足够强大的竞争力以抗衡内容海量且早已攒足人气的互联网平台。他们通常的做法就是收购新媒体或者与优势明显的互联网平台合作，自己负责提供内容，这将更加有利于内容的分销。迪士尼结束了自己在线销售转而与 Netflix 合作，是明智的选择。

文化强国使命的中国软实力

履行文化强国使命的中国软实力
建设方向和路径

缘起 世界软实力理论之父评中国软实力为何弱小？

2012年1月17日，美国学者、"软实力理论之父"约瑟夫·奈在《纽约时报》发表题为《中国的软实力为何脆弱》（*Why China is Weak on Soft Power*）一文指出，和平崛起的中国近年来十分重视打造"软实力"和文化魅力，并且为此投入了大量的资金，但是总体来看，中国总体软实力依然很弱小。[①]

早在2007年党的十七大上，胡锦涛总书记就提出"提高国家软实力"，党的十七届六中全会《中共中央关于深化文化体制改革、推动社会主义文化大发展大繁荣若干重大问题的决定》指出，增强国家文化软实力，弘扬中华文化，努力建设社会主义文化强国。

"软实力"的概念由约瑟夫·奈本人在20世纪90年代初最早提出，软实力来自一个国家的制度吸引力、文化感召力和在国际事务中积极正面的国家形象，在全球化和信息化的时代背景下显得越来越重要。

一 中国和平崛起成为世界第二大经济体奠定了 国家软实力的重要物质基础

2010年8月的数据显示，中国经济规模超过日本，成为世界第二经济体。《华尔街日报》预计，未来10年，随着中国经济不断增长、演变，作

[①] JOSEPH S. NYE JR., Why China Is Weak on Soft Power, http://www.nytimes.com/2012/01/18/opinion/why-china-is-weak-on-soft-power.html.

为世界工厂成了从铁矿石到金属铜等一系列硬商品（hard commodity）的定价者，最终掌握着全行业甚至一些国家的命运。①

2011年中国实现生产总值471564亿元，比上年增长9.2%，超过预期目标1.2个百分点（见图1）。②

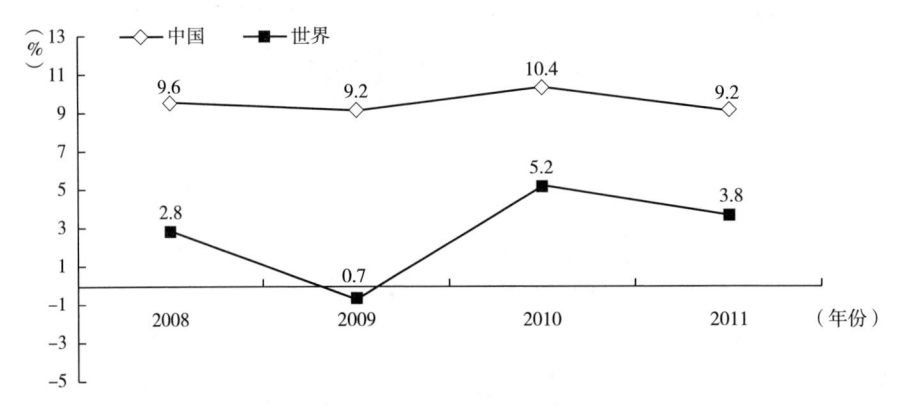

图1　2008～2011年中国生产总值增长率

当中国从封闭走向开放，从边缘走向世界舞台的中央，中国的发展已经日益与世界密不可分，而世界的变化也开始体现越来越多的"中国因素"。用一位驻京外国记者的话来说，"全世界都渴望听到中国故事"。③

2009年12月16日，《时代》周刊评出了2009年度人物。四名"中国工人"作为唯一上榜的群体人物位居亚军。据列努斯的《谁在〈时代〉封面上》一书统计，在《时代》创办的54年里，关于中国的封面报道，位列美国本土以外国家的第5位，截至2009年3月2日，自1986年以来，《时代》共有20013篇报道提到中国。④

2010年2月25日，《华盛顿邮报》与ABC电视网公布了"美国人对中国的观感"的联合调查。这项调查显示：在经济议题上，有41%的美国

---

① Craig Stephen：《经济规模世界第二　中国怎样影响世界》，华尔街日报网站，2010年8月23日；http://cn.wsj.com/gb/20100823/ecb115015.asp? source = newsletter。
② 国家发改委：《关于2011年国民经济和社会发展计划执行情况与2012年国民经济和社会发展计划草案的报告》，中国广播网，2012年3月16日；http://www.cnr.cn/gundong/201203/t20120316_509297516.shtml。
③ 张研农：《引领时代变革的舆论先声——对胡锦涛总书记在人民日报社发表重要讲话的时代背景的体会》，《新闻战线》2009年第1期。
④ 杨敏：《〈时代〉眼中的中国人》，《中国新闻周刊》2010年第34期。

人相信21世纪是中国人的世纪,有40%的人认为21世纪是美国人的。①

二 转型期的中国文化软实力贸易赤字与中国声音突围

目前,我国文化产业在国内生产总值中所占的比例不足4%,在西方发达国家已经平均达到10%以上,美国则达到25%。美国的文化产业在世界文化市场当中占43%,欧盟占34%,整个亚太地区只占19%,我国所占世界文化产业市场的份额低于3%。我国文化产业集约化程度低、文化出口能力弱,文化贸易逆差严重,以图书出版为例,累计逆差竟达6倍之多。②

古今中外的历史经验一再证明:一个国家的力量,可以说是由这个国家的"软实力"和"硬实力"综合构成的。只有战无不胜的"软实力",才会有战无不胜的"硬实力"。历朝历代的毁灭,不是毁在"硬实力"上,而是毁在"软实力"上。

面向信息时代,中国没有独立自主的汉字信息系统;信息高新科技自主创新不足、基本依赖外国,中国的崛起才刚刚起步,没有"改革开放"这个"软实力",就没有今天的"硬实力"。"软实力"是"硬实力"产生和发挥作用的基本前提条件。"软实力"具有真实性、长久性、稳定性和牢固性,是一个人、一个单位、一个国家生存的根本基础。③

传统的西方强势媒体依然左右着国际舆论的风向,中国有数量巨大的人口,有雄厚的经济实力和技术支持、丰厚的文化资源,但因文化传播能力相对薄弱,影响了民族文化在国际上的可见度和竞争力,从而无法将其转化为强大的国家软实力。因此,提高国家文化传播力是增强国家文化软实力的切实途径。

中国的崛起必然伴随着传统世界格局的根本改变,事实证明,国家形象的崛起也并非水到渠成,需要有以国家为主体的强力推动,需要有建立

---

① 国际在线专稿:《民调:近半美国人认为21世纪是中国人的世纪》,国际在线网站,2010年2月27日。
② 张国祚:《提升我国文化软实力的战略思考》,《红旗文稿》2011年第8期。
③ 孙振坡:《建议,要特别加强中国的"软实力"》,中国新闻网,2011年8月5日;http://bbs.chinanews.com/thread-2249462-1-1.html。

在充分理解不同文明基础上的文化推广战略，尤其需要适应信息网络时代的传播规则。

1. 技术相对落后，缺少具有世界范围影响力的互联网公司

中国互联网用户数已超越美国居世界首位，然而截至2010年，我国宽带上网平均速率位列全球第71位，不及美国、英国、日本等30多个经济合作组织国家平均水平的1/10。但是，平均一兆每秒的接入费用却是发达国家平均水平的3～4倍。收费高、服务差，这种失衡的局面长期存在。

2. 中国互联网网络安全十分脆弱

据CNNIC统计，仅2011年上半年，遇到过病毒或木马攻击的中国网民为2.17亿人，占网民的44.7%。有过账号或密码被盗经历的网民达到1.21亿人，占24.9%，较2010年底增加了3.1个百分点。中国互联网除了有自身的脆弱性，遭受来自境外的各种网络攻击也日益增多，已成为世界上黑客攻击的主要受害国。2010年，中国有450多万台主机遭到来自境外IP地址的木马控制，比2009年增加了1620%。

据不完全统计，目前我国每天新增网站近3 000家，其中大部分是体制外的商业网站，再加之外资大量进入我国互联网企业，都增加了网络监管的难度。

3. 西方垄断全球网络市场和传播话语权

根据最近的联合国人权发展报告，工业化国家只占了15%的世界人口，却占了整个互联网用户的88%。现在全球80%以上的网上信息和95%以上的服务信息由美国提供。在这种背景下，规模有限、赢利模式单一、国际影响力较弱的中国网络媒体难以在国际互联网的大环境下为中国争取更多的话语权。

三 "三网融合"背景下提升国家"软实力"战略方向和路径

无论是电信业界，还是广电业界，学术界、理论界都以1996年美国《电信法》修正案为国际"三网融合"的起始点。在美国"三网融合"的过程中，1996年《电信法》是一份基石性文件，它为"三网融合"扫清了法律障碍。对于电信业和广电业的混业经营，美国政府的态度经历了从禁止到支持的变化。

2010年1月13日，国务院总理温家宝主持召开国务院常务会议，决定加快推进电信网、广播电视网和互联网"三网融合"。在中国政府的积极推动及明确的政策引导下，中国互联网逐步走上全面、持续、快速发展之路。

2010年6月底，国家正式公布"三网融合"12个试点城市名单和试点方案，"三网融合"终于进入实质性推进阶段。2011年12月30日，国务院办公厅公布"三网融合"第二阶段试点城市。

2012年2月发布的《国家"十二五"时期文化改革发展规划纲要》提出："积极推进下一代广播电视网、新一代移动通信网络、宽带光纤接入网络等网络基础设施建设，推进三网融合。"

2012年3月5日，温家宝总理在2012年全国"两会"所做的政府工作报告中指出，发展新一代信息技术，加强网络基础设施建设，推动"三网融合"取得实质性进展。

全球互联网经历了由门户时代到搜索时代，随着SNS网站的异军突起，如今已经步入第三时代——社交网络时代。

约瑟夫·奈在阐释软实力时指出，信息革命改变了社会的组织形式和人们的观念，在信息时代被知识武装了的新一代相比于前人更加难以接受等级分明的、命令式和强制灌输的理念，相反通过合作、共赢、综合利用"软实力"的理念在当今社会越来越被全球青睐。

1. 数量 vs 质量：从数量大国到质量强国的转型

当今世界，思想文化的交流、交融、交锋趋势更加明显，一些西方发达国家更加注重通过文化产业、借助文化产品，输出其价值观念和生活方式。近年来，美国一直控制着世界主要的电视和广播节目制作，每年向国外发行的电视节目总量达3万小时，并占有世界2/3的电影市场总票房。我们要在激烈的国际竞争中赢得主动，扭转文化贸易逆差，维护国家文化安全，就必须加快发展文化产业，增强我国文化的整体实力和国际影响力。[①]

从一定程度上来说，当今中国在政治经济的影响力方面无愧于是

---

① 孙志军：《加快推动文化产业成为国民经济支柱性产业》，《时事报告》2011年第10期。

一个世界大国,然而在以"吸引力"为主要标志的软实力方面只能称得上是一个数量上的大国,还远远不能对全球当代主流意识形态构成深刻影响。

中国互联网软实力和文化影响力的增强不仅需要数量广大的网民和广阔的市场,更需要一批具有世界影响力的科技创新企业和传媒公司的力量。目前,中国网络技术企业尚处在第一阶段的技术萌发和市场开拓阶段,传媒产业和文化产品的开发和扩展也刚刚起步,中国的互联网文化强国之路只有在这样的基础上不断开放,通过培育与网络规模相匹配的网络传媒企业和科技公司,在大体量的基础上做出精品,以一种积极和竞争的姿态面对国际互联网巨头的挑战才能发展壮大。

2. 时间 vs 空间:传统积淀与面向未来创新的共生

一方面,作为具有5000年历史的古老文明大国,中国在其漫长的历史中积累了丰富的影响力基础。和合文化、和谐共生的原则与"强而不欺 威而不霸"思想是植根于中华文化深处的软实力理念,古老的中华文化圈和辐射全球的华人文化为当今中国发展软实力提供了良好的土壤和媒介。如今遍布世界的孔子学院正在成为世界了解中国的窗口以及中国软实力的一个渠道。中国在世界各地开设的孔子学院入学的外国学生从10年前的3.6万人上升到了2010年的24万人。中国新华社和中央电视台、中国国际广播电台以CNN和BBC等作为竞争对手和目标,正在构建国际一流传播体系、适应全球舆论场传播规律、努力发出影响世界的声音。

基于互联网文化的"三网融合"在人类漫长的文明史中是一个新生的事物,同时也建立在传统文明的积淀之下的创新产物,只有建立在自身文明与世界共通的人类价值共识,才能真正打动人、吸引人,得到世界的共鸣,从而发挥出中国文化中时间与空间的优势,在古老文化的积淀中孕育出创新的萌芽。

3. 微观 vs 宏观:以新兴媒体为重点突破口形成国家软实力传播合力

21世纪的第一个10年,中国互联网一直以加速度增长,进入第二个10年,中国网络硬件的发展已经有了很大的飞跃,尤其是文化产业的聚合与体制创新取得了诸多令人欣喜的突破。

中国"三网融合"核心业务网络视频版权费在过去5年增长了1000

倍，2010年中国互联网经济市场规模达到1513亿元，其中全国互联网广告收入突破300亿元。

截至2012年1月，全国电话用户总数达到12.8亿户，中国国际广播电台建有海外记者站32个，建成62个境外整频率电台，使用61种语言对外播出；中央电视台海外记者站达50个，开播英语、西班牙语、法语、俄语、阿拉伯语、汉语6种语言7个国际频道，在141个国家和地区落地，海外用户超过2亿户。据专家统计，中国传媒产业2004年的规模为2100多亿元，而到了2008年，这一数字已经达到4200多亿元，5年增长一倍。2010年年底数据表明，全球最大中文搜索引擎百度覆盖180个国家用户，每天日点击量达到9.9亿次。2010年中国有45家传媒企业在美国纳斯达克市、香港证交所、深沪两市上市，总市值达到5700亿元。

目前，中国网络媒体文化产业呈井喷式增长，中央重点新闻网站每日页面访问总量达到7.2亿次，人民网、新华网、央视网、东方网、华声在线等10家新闻网站已经列入中央重点扶持的首批新媒体上市公司行列。2011年4月27日，人民网正式在国内A股发行上市。

这些突破记录了中国传媒事业的不断发展，但是从这种微观的突破进入宏观层面的质变形势依然十分艰巨。个体企业的发展壮大、民族国家的文化自觉，必须辅以国家层面的战略构架和具有计划性、前瞻性的产业结构设计才能够将一个个新生的突破凝聚成一个国家文化传播的巨大张力，从微观进入宏观、由量变引发质变。

新技术浪潮方兴未艾、全球信息一体化发展不断深入，我们需要将国家"硬实力"与"软实力"巧妙结合，构建出根据环境、时代和需要不断调整的"巧实力"，最终扭转国际网络传播中"西强我弱"的劣势，在传媒日新月异的今天发出属于我们自己的"中国声音"。

美国通过《电信法》适时推出"三网融合"，实现了美国国家安全战略、经济战略及配套战略转型，通过WTO电信谈判和其他一系列谈判，一揽子解决了美国以信息化推进全球化战略问题。透过国际组织和电信改革，有效控制了全球信息基础设施，同时，鼓励美国领先技术和优势产业向全球化扩展，美国计算机网络巨头微软软件、英特尔芯片、思科路由器等经过《电信法》实施和后来电信协议谈判，使其迅速扩张到全球市场。

国家软实力的建设是一个"水到渠成"的过程。经济社会的发展孕育着国家软实力之水的源头活水，我们必须适应信息化条件下网络时代的特点，构建四通八达的现代文化传播体系和畅通渠道，实现经济全球化、信息网络一体化的传播机制。

修建文化软实力传播"渠道"如同现实中的水利工程一样是一项漫长而艰苦的过程。当然它首先需要雄厚的物力财力投入，正如约瑟夫·奈在文章中指出，当美国之音这样的老牌媒体逐步削减对华广播的同时，中国正在世界范围内布局全球24小时英文传播网络，朝着建设国际传媒巨头的目标努力。

通过实施"三网融合"修建四通八达的中华文化软实力渠道，孕育出源头的清澈泉水才是实现社会主义文化软实力文化强国目标"水到渠成"的关键。

"问渠那得清如许，为有源头活水来"。文化如水，柔和而亲切，张开怀抱包容万物，滋润着人们每一天的生活；文化如水，随容器改变着自身的形状，一旦汇聚便浩浩汤汤，有着不可阻挡的力量。

"我国人均国内生产总值已经达到4200美元，居民消费正由生存型、温饱型，向小康型、享受型转变，人民群众精神文化需求呈'井喷'之势[①]，中国网络文化发展迅猛。"

云杉在《文化自觉 文化自信 文化自强》一文强调，当今时代已进入网络化、信息化时代，只要我们顺应网络化信息化时代潮流，抓住难得机遇，把互联网作为传播先进文化、提供公共文化服务、丰富精神文化生活的新阵地、新平台，努力建设中国特色网络文化，就一定能够为我国文化发展注入新动力、开辟新领域。[②]

国家出台一系列中长期发展战略规划，2009年，中央印发《2009~2020年我国重点媒体国际传播力建设总体规划》；2010年，国家相继发布《国家中长期人才发展规划纲要（2010~2020年）》《国家中长期教育改革和发展规划纲要（2010~2020年）》《国家中长期科学和技术发展规划纲要（2006~2020年）》，把建设创新型国家作为面向未来的重大战略选择。

[①] 孙志军，《加快推动文化产业成为国民经济支柱性产业》，《时事报告》2011年第10期。
[②] 云杉：《文化自觉 文化自信 文化自强》，《红旗文稿》2011年第15~17期。

《2006~2020年国家信息化发展战略》提出"建设先进网络文化"的目标。

基于"三网融合"推进中国的文化大发展大繁荣，建立中国文化自觉、文化自信、文化自强，通过展现自身文化的特点和与其他不同文化人民的精神共鸣来塑造国家的魅力和吸引力，客观与真实、诚意和专业、包容与开阔、趣味与共鸣永远是"源头活水"不竭的动力！

提升中国互联网国际传播力
构筑中华民族伟大复兴的软实力

西方发达国家凭其经济强势和先进的科技优势，在经济全球化和信息网络化大潮中，不仅长期垄断传统媒体舆论场，而且凭其信息网络技术的优势地位抢占了网络舆论话语的先导权，在以西方主流意识形态为主导的全球化进程中，西方网络巨头垄断了全球网络舆论话语权。

中国作为一个发展中大国，刚刚完成从贫困到温饱型社会过渡，随着中国经济总量跨越式增长，随着中国人口、中国制造、中国消费总量等大量指标跃居全球第一的同时，中国已成为世界第一网民大国，但还不是一个互联网强国，中国民族网络自主创新、相关产业及综合竞争力尚处于追随、跟踪西方强国的被动局面，全球舆论"西强我弱"的局面由来已久，新时期的中华民族软实力尚处在与世界大国地位极不相称的水平。

党的十七大首次将构建传输快捷、覆盖广泛的文化传播体系写入了党的纲领性文件。胡锦涛总书记在党的十七届三中全会上明确提出：谁的传播手段先进、传播能力强大，谁的思想文化和价值观念就能更广泛地流传，谁就能更有力地影响世界。

2009年，中央印发《2009～2020年我国重点媒体国际传播力建设总体规划》提出：到2020年，在报刊、通讯社、广播电视和互联网等领域建成若干具有国际影响力的传媒集团，形成与我国经济社会发展水平和国际地位相称的媒体国际传播力。

在这样一个日新月异的知识经济新时代，中国互联网已经成为打造国家影响力的重要载体。

在经济全球化、信息网络化时代，急需提升中国互联网国际传播力，构筑一流的国家和民族软实力。

一 西方网络巨头垄断全球网络话语权

(一) 西方媒体占据互联网语境下的全球话语权

据统计,全球讲英语的人口达17亿人,说英语的国家国内生产总值占全球的40%,全世界一半以上的科技书刊和译著都用英语,全球开设国际广播电台的86个国家中,只有8个国家没有英语广播,开设中文广播的只有20个国家,互联网上80%以上的网页是英文的,中文网页只占12%。

西方老牌新闻机构BBC和美联社、路透社、法新社等西方主要通讯社凭借其雄厚的资本优势和先进的技术手段拼争全球首发、首播,以加大突发事件快速反应能力和国际传播能力,从而主导国际舆论。

美国有线电视新闻网CNN早在1998年日均访问人数就达350万次,占到全球网民3.3%。CNN网站既囊括了无所不在的传播渠道,又大胆开拓了网络图文、网络广播、视频等全媒体业务,还不断尝试最新网络应用,与微博Twitter和社交网络门户Facebook合作直播美国总统奥巴马总统大选和就职典礼,同时面向广大草根网民、鼓励吸引网民提供网络新闻。在2006年推出"我报道"(I-Report)频道,开辟邮箱和网站专门频道,鼓励普通观众把自己身边发生的新闻记录下来,在第一时间、第一现场传给CNN播发。CNN还尝试使用"ME ON TV"(我上电视)技术,让手机用户直接上传现场视频新闻,在一系列重大全球突发事件中保持领先传播力和影响力。

全球五大新闻媒体之一、执欧美传媒界之牛耳的BBC在网络时代与时俱进,与微软联合开发新一代的数字广播技术,借助微软的力量将其内容的发布渠道扩展到MSN服务、Windows Media Center平台、Windows Live Messenger应用、Xbox游戏机等通道,同时广泛扩展网络和移动传播渠道终端,在雅虎、YouTube等网站开通了BBC新闻视频频道,面向全球用户提供来自BBC的新闻视频。BBC在全球各地的观众每月高达2.6亿人次,大致相当于eBay或AOL用户数量的1/4,BBC新闻网站是全球访问率第6

位的新闻网站。

2004年6月9日,人民网在主页头条位置推出《人民时评:中国媒体是谁的喉舌?》,在网友中引起强烈反响。人民日报国际部的资深记者丁刚指出,目前我国媒体中某些网站和报刊不负责任的报道在起着"美国媒体传声筒"的作用,成为西方"垃圾新闻"的传播者。

丁刚以《人民日报》为例,"在去年某月作过一次统计……在国内一家著名网站上,这30天内有103条消息都是直接引用《纽约时报》的,101篇引用了《华盛顿邮报》,引用经常散布反华言论的小报《华盛顿时报》的也高达31篇,另外还有不少直接编译美联社和其他一些美国报纸的消息,已无法统计"。

丁刚还到某门户网站的新闻主页发现:"在国际新闻栏目下的10条新闻中,来自美联社的占3条,美国有线新闻网1条,《纽约时报》1条,纽约《每日新闻报》1条,根据美国媒体'综合报道'的1条,新华社和中国国际广播电台发的消息各1条,另外还有一条是根据韩国媒体报道的。列入这家网站新闻主页最前面要闻的4条国际新闻无一是中国媒体报道的。"① 丁刚此文引起网友热评,截至9日16时,跟帖已达374条。网友发表评论称赞此文写得好,指出:"文章所论非常重要,决不能让人民的喉舌成为美国之音。"②

专家统计,目前国际新闻尤其是国际突发事件报道的首发和后续报道,大约90%来自于西方媒体,西方媒体凭借其在综合实力、技术装备、品牌人才等多方面的绝对优势,牢牢掌控了国际突发事件报道的网络话语权,在不了解中国客观国情的前提下,戴着有色眼镜报道中国,颠倒黑白,歪曲事实,欺骗、误导、愚弄全球网络舆论。

(二)国际网络舆论战呈现"西强我弱"不对称局面

网络传播超越国界,在网络信息的流动中,国界观念是模糊的,用户可以轻而易举地登录世界任何一个国家和地区的WEB2.0网站,使得网络

---

① 丁刚:《人民时评:中国媒体是谁的喉舌?》,人民网,2004年6月9日;http://www.people.com.cn/GB/guandian/1033/2555943.html。
② 唐维红:《网友热评人民时评"中国媒体是谁的喉舌?"》,人民网,2004年6月10日;http://www.people.com.cn/GB/guandian/1036/2559077.html。

用户出现了地域上的极端分散性。加之文化传统不一。一国认定有害的信息在他国并不认为有害。互联网没有国界，但是互联网背后的信息交流传播主体有国界，在复杂的国际事务中，互联网成为中西方意识形态交锋的前沿阵地。

9.11之后，美国成立了"全球宣传办公室"，将反恐作为第一要务，凭借自身的实力，特别是利用网络等媒体，对信息进行控制，将"反恐"深入人心，从而许多国家加入到了"反恐"统一战线，获得全球范围内的"制造同意"。美国国会批准可动用5000万美元资助信息办公室，用以"阻止互联网被高压政权干扰和查封"。

以政府禁令为由切断其他国家的即时通信服务的微软"MSN切断门"在业界掀起轩然大波。2009年5月30日，微软官方网站宣布将不能为古巴、朝鲜、叙利亚、苏丹和伊朗等五国用户提供MSN接入服务，原因是这些国家被美国政府列入了禁止提供授权软件服务的被制裁国家。古巴政府在第一时间对微软公司切断古巴的MSN网络服务进行了严厉的批评。

针对微软的这一举措，除古巴外，叙利亚、伊朗等国家都纷纷抗议，也引起了各界的广泛讨论。该消息最早经外媒发布后，开始并未引起国内互联网人士与业界专家的关注。2009年5月24日，中国B2B研究中心研究员曹磊公开发表了题为《微软关闭五国MSN是否也会关闭中国Windows？》深度评论文章，犹如一讨伐檄文，一石激起千层浪，在短时间内吸引了包括新华网、中国新闻网、人民网、《中国青年报》《新京报》以及四大门户网站等近百家媒体的广泛报道后，在互联网"舆论阵地"上掀起了全国网民热议的浪潮。

对于微软关闭五国MSN是否也会关闭中国Windows？这一担忧，有业内专家表示，微软这次行动针对的国家中有两个是社会主义国家，这已经很明显地表明美国想用网络影响政治的意图。中国和美国的关系一向微妙，中国又是社会主义国家的代表，美国一向的对华政策不甚友善。美国近年来也一再宣扬"中国网络威胁论"，把中国网络当成头号假想敌，中美之间的网络战争不可避免，微软关闭五国MSN的事件也绝对不是偶然。未来，谁控制互联网，谁就控制世界。微软现在早已经是一手遮天、垄断全球电脑操作系统，如果哪天中美关系恶化，是很有可能关闭中国Windows 的。

面对如此尴尬，提高互联网公司的平台价值、提高自主创新的能力、加强境内资本在这些最核心公司中的控股权，已成为龙头企业可持续发展的必然要求。

今天的国际舆论和国际传播被美国主导，只要谁不服从美国的领导，谁就会被认为是美国的敌人，谁就会遭到美国控制的全球新闻传播系统和媒介平台的群起而攻之。或者是呼吁实施经济制裁，或者煽动民族/宗教事件，或者是以人权为借口在国际上孤立你。

据统计，在整个互联网的信息输入、输出的流量中，我国目前仅占 0.1% 和 0.05%，美国已有 55% 的杂志推出了网络版，而我国报刊上网率只有 10% 左右。现在全球 80% 以上的网上信息和 95% 以上的服务信息由美国提供。全球具有较大影响的媒体，如 CNN、《纽约时报》《华盛顿邮报》《华尔街日报》《今日美国》等许多新闻网站，不论从访问量到访问人群方面均可称得上"世界最有影响力的新闻网站"。西方大国利用其在互联网上信息传播中的支配地位对别国进行文化渗透，甚至可以称其为"文化侵略"。比如，yahoo.com 的中文网站 1999 年在北约轰炸中国驻南斯拉夫使馆后，在其主页上设计了一个"北约误炸中国使馆"的板块。这个板块标题已经明白无误地显示了这家网站的价值取向、舆论导向。

在信息社会，国际政治和社会政治生活事件被嵌入计算机信息网络之中，信息强国控制信息，左右国际舆论一边倒，使正义蒙冤受屈。

（三）境外资本纷纷入主中国互联网门户企业，民族互联网处于弱势地位

据 2009 年 9 月统计，我国每天新增网站近 3000 家，其中大部分是体制外的商业网站，再加之外资大量进入我国互联网企业，增加了网络监管的难度。

在中国访问量最大的 50 家中文网站中，90% 的网站都被外资实际控制，汽车、健康、房地产、IT 通信、酒店旅游、人才招聘、电子商务、金融证券、婚恋社交和视频网站等领域的龙头企业全部被外资控制（见表 1）。

表 1　中国外资背景互联网企业榜单

被投资公司		外资风投	被投资公司	外资风投
汽车 （10家）	中国汽车网	高盛、GGV	易车网	NVCC、DCM
	爱卡	CNET	汽车之家、che168	澳洲电信
	51汽车	德同	二度车	启明创投
	安美途	IDG、海纳亚洲	车盟网	华登国际、德同资本
	UAA	凯鹏华盈、CCAS	CHE168、AUTOHOME	澳洲电信
医疗健康 （4家）	39健康网	IDG	爱康网	华登国际、ePlanet、中经合
	健康中国	IDG	金思特科技	凯鹏华盈
房地产 （1家）	搜房网	澳洲电信		
IT传媒 （9家）	ZOL（中关村在线）	CNET	PCHOME	CNET
	PCPOP（泡泡网）	澳洲电讯	IT168	澳洲电讯
	天极	日本impress		
	分众传媒	软银、鼎辉投资基金、美国高盛和欧洲3i等	计算机世界	IDG投资
	世通华纳	国泰财富基金、鼎晖创投、华登国际、成为基金、霸菱投资	触动传媒	CDIB、TLC、Mustang
人才招聘 （3家）	智联招聘	SEEK、麦格理	中华英才网	美国Monster
	前程无忧	美国DCM		
旅游机票酒店 （3家）	携程	日本乐天Rakuten	去哪儿	美国Priceline
	E龙	Expedia		
电子商务 （20家）	阿里巴巴	日本软银、美国雅虎	慧聪网	IDG
	万网	SYNNEX	中国网库	富基旋风
	淘宝网	日本软银、美国雅虎	TOM易趣	美国EBAY
	卓越	亚马逊	当当网	华登国际、DCM

续表

被投资公司		外资风投	被投资公司	外资风投
电子商务（20家）	红孩子	北极光、NEA、凯鹏华盈	乐友	永威
	宝宝树	经纬创投	九钻网	美国KPCB、启明创投、RAPAPORT
	珂兰钻石网	美国某上市公司	PPG	TDF、JAFCOAsia、KPCB
	VANCL	启明创投、IDG、软银赛富等	手机之家	PacificNet
	北斗手机网	IDG、高原资本等	京东商城	今日资本、雄牛资本、亚洲著名投资银行家梁伯韬私人公司
	莎啦啦	IDT	饭统网	日本亚洲投资、伊藤忠商事株式会社、CA－JAIC基金
时尚资讯（3家）	55bbs	CNET	Onlady	CNET
	YOKA时尚网	IDG		
博客（2家）	博客网	软银赛富、GGV	女性博客社区	通用电气旗下投资机构Venrock and Peacock Equity、Azure Capital
在线视频（5家）	土豆网	IDG、General Catalyst、GGV、美国洛克菲勒家族	酷讯网	联创策源、SIG
	影风影音	经纬创投、IDG	我乐网	HPE、SIG、ASI、CID集团、红杉资本、Steamboat Venture
	酷6网	德丰杰、德同、百度、软银投资、UMC Capital、和通投资、伊藤忠商社等		
SNS社交（4家）	校内网	日本软银	51.com	巨人（美国上市公司）
	开心网	北极光	占座网	红杉中国
金融证券（2家）	金融界	IDG	中国投资网	美国律商联讯集团全资收购

续表

	被投资公司	外资风投	被投资公司	外资风投
无线互联网与增值（2家）	至德讯通	戈壁创投	58同城网	软银赛富
网络安全（2家）	金山	英特尔、新加坡国有投资公司淡马锡、英特尔投资基金等	安全卫士360	红杉资本、高原资本、红点投资、Matrix Partners、IDG
网络游戏（4家）	完美时空	软银赛福	汉森信息	松禾资本
	盛大	软银亚洲SAIF	久游网	Dragon Groove Inc、美国凯雷集团亚洲风险投资基金、中韩移动投资基金等
婚恋交友（2家）	世纪佳缘	启明创投	珍爱网	美国对冲基金BridgerCapital
在线教育（2家）	东方剑桥	启明创投、美国Ignition Parters	天才宝贝	智基创投、德同资本、CID

资料来源：曹磊：《中国互联网外贸控制调查报告》（2009版），中国电子商务研究中心网站，2009年6月5日。

从四大门户网站到各种细分行业垂直网站，从搜索引擎到电子商务，中国互联网最受风投青睐。中国具代表性的16家上市互联网企业中有14家在纳斯达克上市，2家在香港上市。这意味着中国最优秀、最具赢利能力的互联网企业创造的利润，有相当部分被境外投资者占有，极少与国民分享。

中国B2B研究中心2009年对外发布的《中国互联网外资控制调查报告》（以下简称报告）指出，外资过去10年在促进中国互联网普及的同时，也逐步从资本层面控制了中国互联网产业各个领域。该报告提醒说，如果互联网产业的主流由外资控制，其影响力不亚于一个国家的军队由外国势力操纵，引发的种种潜在后果将十分严重。

国务院研究发展中心发表的一份研究报告指出，在中国已开放的产业中，每个产业排名前5位的企业几乎都由外资控制；在中国28个主要产业中，外资在 21 个产业中拥有多数资产控制权，其中包括新兴的互联网产业。

报告显示，目前中国具代表性的 16 家上市互联网企业有 14 家在美国上市，仅有 2 家在香港上市，外资在国内互联网"上下通吃"，以试图控制整个产业链。以电子商务来讲，无论是 B2B、B2C、C2C 等领域，还是各个分支应用领域，均有外资高强度参与，也形成了实际的全程控制。

从"微软关闭五国 MSN 事件"可以看出外资控制中国互联网的潜在危害，并批判了此前"互联网是没有国界"的认识误区。

二 网络帝国主义抬头，民族矛盾会引发虚拟世界的网络战

（一）网络帝国主义引起各国警惕

日本《朝日新闻》网站 7 月 13 日发表文章，题目为《警惕美国"网络帝国主义"》，曾任政府官员的日本庆应大学媒体技术研究学院教授岸博幸呼吁人们警惕"美国网络帝国主义"。

谷歌、雅虎、亚马逊、推特等美国网络服务公司在各自领域里建立起全球垄断或主导地位，使得全世界网民对他们提供的服务形成了严重依赖。这些美国公司由此建立起全球化的系统，对全世界网络市场进行统治。

"云计算"正在引起日本国内越来越多的关注。日本一些中央及地方政府机构和大型企业已经开始使用美国公司提供的"云计算"服务。某些国家允许人们通过此类服务器获得机密信息。这方面一个很好的例子就是美国，2001 年《美国爱国者法》授权当局可以自行获取服务器数据。美国联邦政府立法规定，为联邦政府提供"云计算"服务的公司必须将服务器设置于美国本土大陆，即使夏威夷都无法避免风险。

美国网络公司自身并不创造内容，但通过向市场免费提供别人的内容产品获得快速增长。这些公司通过掌握庞大的用户群吸引了越来越多的网络广告投放，从中获得巨额利润。目前在英国，一般企业在互联网的广告开支已经超出电视广告的总量。

传统的文化和媒体等内容产业的经营，需要投入高额成本，广告收入

原本是其重要的收入来源。当用户习惯了免费的网络服务时，就不再愿意为内容付费。这种运营模式为全球内容制造商及传统媒体带来重大打击。在21世纪的"网络帝国主义"中，形成了新的剥削者和被剥削者。

全球互联网市场整个体系和规则有利于美国网络服务公司，美国知识产权保护法规定了要"合理使用"内容产品，美国法律也规定网络商必须通过设置于本土的服务器提供服务。谷歌公司在未事先获得授权、未支付相关费用的情况下，大量拷贝链接全世界报纸杂志的内容，吸引了大量用户。在互联网上非法下载和内容共享司空见惯，而在真实世界里，这就是偷窃。

欧洲已经在此方面采取了一些值得关注的措施。比如说，德国政府拟立法阻止网络服务公司无偿使用国内媒体内容。法国和英国拟立法打击非法下载，以整顿国内网络市场环境。

（二）"制网权"之争引发网络战争

随着人类利益空间向虚拟世界的拓展，各国争夺的领域已经拓展到网络空间，各国敌对双方运用计算机网络为武器，围绕夺取和保持战场制网权展开了激烈竞争，最后升级为网络战争。

自互联网诞生以来，网络域名与地址的监管便由美国掌控，美国掌握着互联网的主动脉。

于1998年9月成立的互联网域名与地址管理机构（ICANN）是由美国商务部授权的互联网域名及相关技术的国际管理机构，美国商务部有权随时否决ICANN的管理权。美国网络主干线控制各个国家和地区的通信支干线，美国掌握全球互联网13台域名根服务器中的10台，只要在根服务器上屏蔽国家域名，就可以让一个国家在网络上瞬间"消失"。

早在2005年，美国公布的《国防战略报告》中明确将网络空间和陆、海、空、太空定义为同等重要的领域，是需要美国维持决定性优势的五大空间。英国首相布朗说："正如19世纪必须保卫海洋，20世纪必须保卫天空那样，21世纪我们必须要保卫网络空间。"

（三）网络冲突演变成虚拟战争

在1991年海湾战争中，美军对伊拉克实施了网络战术。1999年科索沃战争中，南联盟与北约展开网络攻防战，被时任美国国防部副部长哈默称其为全球的"第一次网络战争"。

进入21世纪后，网络战更加频繁。2003年3月14日，美国在伊拉克战争中，美国曾于利用网络"黑客"，秘密攻击巴格达的电脑网络并使之瘫痪，造成伊拉克国家电视台一度无法正常工作，给伊拉克军民的士气造成沉重打击。

有人比喻，"每一次敲击键盘，就等于击发一颗子弹；每一块CPU，就是一架战略轰炸机"。俄罗斯和格鲁吉亚网络战中，每台电脑仅耗费4美分就可以实施进攻，整场战争的花费只是换一条坦克履带的钱。

2008年8月8日，俄罗斯和格鲁吉亚发生冲突，俄罗斯在军事行动前控制了格鲁吉亚的网络系统，使格鲁吉亚的交通、通信、媒体和金融互联网服务瘫痪，为俄军顺利展开军事行动打开了通道。格鲁吉亚几乎无法与外界沟通，格鲁吉亚外交部只好把新闻发布在Google下的公共博客上。

（四）美国等组建网络战司令部引发全球网络霸权争夺战

2009年7月1日，美国《纽约时报》报道：美国的经济、能源供应、军事国防、交通运输皆基于巨大而脆弱的互联网，来自外国政府、犯罪组织、个人黑客和形形色色的恐怖分子随时对美国互联网构成威胁，美国总统奥巴马为此将数字化基础设施建设作为保障国家安全的优先考虑战略。

美国国防部长盖茨2009年6月23日正式下令组建网络司令部，网络战司令部成为与空军作战司令部、太空司令部平级的单位，由一名四星上将领导。据专家估计，目前美军共有3000万~5000名信息战专家，5万~7万名士兵涉足网络战。如果加上原有的电子战人员，美军的网战部队人数应该在88700人左右。英国、日本、俄罗斯、法国、德国、印度、朝鲜等国家闻风而动，都已建立成编制的网络战部队，韩国也准备成立网络战司令部。

美国在网络战方面拥有绝对优势。因为绝大多数的计算机CPU芯片、操作系统都源自美国，甚至绝大多数的技术协议由美国掌控。同时，由于许多顶级服务器都在美国境内，美国可以通过关闭这些服务器打击敌国。

2009年5月30日，微软公司就声称为遵守美国政府制裁这些国家的禁令，切断了古巴、朝鲜、叙利亚、伊朗和苏丹等5个国家的MSN服务。

美军每年投入网络战的费用超100亿美元。美军大力开发计算机网络战武器，美军已经研制出2000多种计算机病毒武器，只要美国需要，随时可发起信息网络攻击，侵入别国网络，进行破坏、瘫痪甚至控制。①

2009年10月5日，国际电信联盟秘书长哈马德·图雷（Hamadoun Touré）说："下一次世界大战可能爆发于互联网上，而这种非传统战争也很难通过传统的外交途径解决，因为在网络上没有所谓的超级大国，任何一位公民都相当于超级大国。""到今年年底，我们将与全世界每个国家达成全球性协议，保护网民利益，不要成为网络上的恐怖分子，不要发动网络战争。"②

（五）互联网成为捍卫民族尊严的主战场

2008年"3·14"事件发生后，面对西方媒体对中国西藏政策的一片指责之声，让中国官方没有想到的是，有一群中国网民自发地向西方媒体发起了挑战。YouTube上一个名为"西藏过去、现在和将来都属于中国一部分"的网络视频在3天之内点击量接近120万次，各种语言的评论72000多条，并引发了中西方关于西藏问题的大辩论。

CNN在3月初就开始了对中国的舆论轰炸，3月7日，CNN无中生有报道中国"黑客军团"攻击美国五角大楼。在随后西藏发生打、砸、抢事件后又以随意剪辑画面的方式歪曲报道。对之新闻乌龙行为，中国网民嘲弄为："做人不能太CNN。"（见图1）

2009年4月，美国有线电视新闻网（CNN）在转播北京奥运火炬在旧金山传递时，主持人卡弗蒂发表攻击中国的言论，妄称"中国产品是垃圾"，"在过去50年里中国人基本上一直是一帮暴民和匪徒"。

---

① 李大光：《网络空间争霸战》，《时事报告》2009年第9期。
② 友亚：《ITU秘书长：第三次世界大战或爆发于互联网》，赛迪网，2009年10月6日；http://news.ccidnet.com/art/1032/20091006/1902523_1.html。

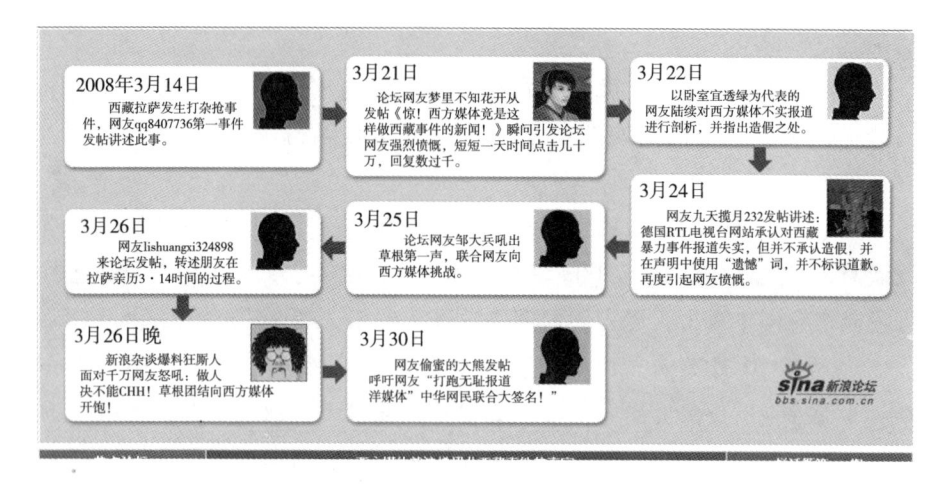

图 1　中国网民针对西方媒体造假新闻歪曲西藏事件的回应

资料来源：新浪论坛·锐话题：《中国网民向 CNN 等西方媒体开炮!》，http://bbs.sina.com.cn/zt/w/08/attackcnn/index.shtml。

一家主流的电视台，成天将客观、公允当成招牌，却肆意对中国人民进行肆意侮辱，以最无耻的嘴脸来诋毁中国！激起了亿万爱国志士强烈声讨，新浪论坛相关 CNN 所有帖子累计点击过亿次，数十万名网友关注并参与到揭批 CNN 的行动中，在各种网络公共平台上，中国网民和"亲中国"的外国网民与诋毁中国的网民展开了一场世界舆论"人民战争"。

"有一个事实是，西方某些偏执、偏见的媒体，在这次事件中，彻底摧毁了中国人对西方媒体的客观、公正、中立的媒体形象！"3 月 14 日之后建立的一个揭露西方媒体偏见的中国网站 anti–CNN.com 网站的评论版如此评论道。

互联网为普通公民监督媒体本身提供了广泛的渠道和可能。2004 年，美国总统大选期间，博客们就披露出 CBS 电视台攻击布什的报道源自捏造的信息，这一丑闻导致美国最负盛名的记者之一丹·拉瑟（Dan Rather）职业生涯的结束。

通过互联网监督西方媒体 CNN 的 Anti–CNN.com 多次被主流西方媒体和涉及中国的主要博客引用。《华盛顿邮报》还采访了该网站的建立者 24 岁的饶谨。

饶谨创办的反 CNN 网站宗旨开宗明义："本网站是网民自发建立的揭

露西方媒体不客观报道的非商业非政府网站。我们并不反对媒体本身，我们只反对媒体的不客观报道。我们并不反对西方人民，但是我们反对偏见。"该网站信息已经由于这些西方媒体的报道，数以10万计的人们了解了这个网站。[①]

2008年3月15日，中国外交部表示，中方对CNN主持人卡弗蒂发表恶毒攻击中国人民的言论表示震惊和强烈谴责，同时严正要求CNN和卡弗蒂本人收回其恶劣言论，向全体中国人民道歉。

美国有线电视新闻网（CNN）于2008年4月16日发表声明，就时事评论员卡弗蒂在节目中称"中国人是暴民和匪徒"致歉。

三 全面提升中国互联网国际传播力 构筑民族伟大复兴的软实力

1. 各国全力扶持民族互联网，反对信息殖民垄断

互联网虽然没有国界，却是一国综合国力、国家软实力的核心竞争力要素。

法国以政府名义向互联网入侵者宣战，强调民族互联网工业是本国优先发展重点。2005年8月底，法国总统希拉克高调宣布，为了应对全球网络巨擘google和雅虎等美国网络新势力的垄断，法国政府加快步伐资助包括本国公司在内的欧洲高科技公司，创建属于法国自己的互联网搜索引擎。法国当局为了支持这项产业革新，不惜投入20亿欧元（约合24亿美元）的巨额资金，参与者包括法国本土家电巨头汤姆逊和德国电信在内的多家欧洲知名企业。

各国已经将互联网产业作为民族工业扶持保护的重点。各国政府都意识到政府的传播控制要为数字经济的繁荣打下基础。控制本身不是目的，控制的指向不是对控制主体权利的维护，而是对社会整体利益的保障，互联网要使各国人们获得知识的途径日益多样化和保证互联网成为创新平台。在英国，网络开辟了娱乐新空间，繁荣了网络文化产业，数据显示，

---

① 包立德：《〈包立德专栏〉"反CNN"与"反反CNN"》，路透社网站，2008年4月18日；http：//cn.reuters.com/article/columnistNews/idCNChina - 1007920080418？pageNumber = 2&virtualBrandChannel = 0&sp = true。

在英国44%的宽带用户会从网上下载电影和音像节目，35%经常上网打游戏，2006年英国合法音乐下载量是2005年的3倍。

2007年3月，美国众议院一致通过了加强国家对外国投资监督的法案，严格对外国投资商的立法限制。美国政府下属的外资并购审查机构——美国外国投资委员会出台的一项新举措规定：一旦外资收购交易被裁定危及美国国家安全，就将对相关外国企业处以高达数千万美元的罚款。当中国的IT设备厂商华为公司与美国投资公司贝恩资本共同斥资22亿美元收购美国3Com公司时，就遭到美国海外投资委员会的反对，而其理由竟是出于"国家安全方面的顾虑"。

俄罗斯政府起草了新的限制外国人投资法律草案。该草案已从限制外国人投资战略性产业，扩展到了渔业、电台、电视台和互联网运营商等领域。应该说，俄罗斯政府的这项决定也是来自于近20年发展的经验和教训。普京总统上台后，便收紧了对外开放的口子，加强了与国计民生相关产业的控制，将国家认定的战略性产业和新兴重要产业牢牢地控制在了政府的手中。

2. 发展中国家网络传媒异军突起，勇敢挑战西方媒体国际话语霸权

位于中东小国卡塔尔首都多哈的阿拉伯电视媒体半岛电视台，从1996年创办伊始就瞄准CNN、BBC，设法进行错位竞争。短短13年，半岛电视台不仅专业频道迅速扩张，节目越办越丰富，而且从阿拉伯语拓展为全球通用语言——英语。2006年3月开播的半岛电视台24小时英语国际广播，如今办得红红火火，在中东地区大有直逼CNN、超过BBC之势。目前，半岛电视台在全球开设了将近30个分部，展开24小时连线报道。

半岛电视台利用其独特的语言、地域、文化和所谓"中立"等优势，在中东地区重大突发事件报道尤其在阿富汗战争的新闻报道中独领风骚。人们都把半岛电视台称作是"海湾的CNN"。

除半岛电视台，日本NHK新开办的24小时英语电视国际广播也在跃跃欲试。

20世纪70年代，发展中国家要求建立国际政治经济新秩序的呼声很高，欧盟国家也对美国这个网络霸权国家有所顾虑。不结盟运动首次倡议"世界信息与传播新秩序"（New World Information and Communication Order）。广大发展中国家强烈呼吁"全球信息共享"、反对"网络霸权主义"、维护国家网络主权。

中国要推动全球化时代网络安全的国际体制的建立和实施，通过有关信息安全的国际规范和国际制度的制定来限制全球信息超级大国对自己的可能伤害。联合欧盟以及广大发展中国家，提出自己对国际传播秩序的设想，一定要发出自己的声音，为最终可以构建平等公正互利的国际传播秩序而努力。

中国网络媒体已经清醒意识到中国在国际网络舆论场的话语权建设。一旦发生重大突发事件，要在第一时间发稿、第一时间传播、第一时间落地，与西方媒体争时效、抢阵地、争主动。针对2008年拉萨"3·14"打砸抢烧暴力事件西方媒体的歪曲报道，全球华人特别是"80后""90后"的新一代，挺身而出，直接面向西方媒体和西方社会发出了自己的声音。年仅23岁的IT从业者饶谨开创了Anti-CNN网站，专门收集批评西方媒体对华报道的不实之词，引起全球网民和世界传媒的高度关注，为我们争夺国际话语权提供了有力的支持。

3. 中华民族和平崛起迫切需要良好国际网络舆论环境

新中国成立60年以来，从之初的满目疮痍、一穷二白、百废待兴，跃进为生机盎然、实现小康、走向富强的世界第三大经济体。2009年，在国际金融危机袭击下，世界经济总量出现第二次世界大战以来的首次收缩，但中国经济仍能实现8.7%的增长。1978~2008年，年均经济增速达9.8%，比日本和亚洲四小龙经济起飞阶段持续的时间长、增速高，被世人公认是"中国的奇迹"。

经济学家指出，在全球经济危机的催化下，中国有可能在2010年取代日本成为世界第二大经济体，这比专家先前预测的提早了5年。根据其他衡量标准，中国经济早就超过了日本，并将在2020年超过美国。[①]

2009年11月11日，美国新闻周刊网站发表评论，到2010年，中国的国民生产总值将超过日本成为第二大经济体，中国的崛起成为世界最重大事件。

---

① 《环球时报》《中国有望超日本成世界第二大经济体》，环球网财经，2009年10月5日；http://finance.huanqiu.com/roll/2009-10/595376.html。

改革开放让中国与世界的关系发生了根本变化，中国在全球化进程中日益被世界关注，全世界都渴望听到中国的故事。截至2009年1月，共有来自54个国家及国际机构的378家新闻机构约700名记者在华常驻。这个数字与2002年相比，驻华外国新闻机构增加了100多家，记者人数翻了一番多。

中国来到世界舞台中央，中国社会迈向中等发达国家，中国的分量和中国所处的历史地位都发生了根本变化。中国新闻舆论环境发生了历史性的变化，中国文化角色备受全球关注，建设与中国大国地位相称的一流传播能力的国际传媒、提升国家软实力成为当务之急。

时代呼唤中国诞生国际一流媒体，国际一流媒体要求具备：信息传播在国际空间具有强大国际影响力，包括品牌影响力、话语权、舆论引导力；跨国经营，具有强大的运营能力，收入及效益等经济财务指标进入国际媒体的第一阵容；基础规模强大，信息制播平台的基础性指标，包括媒体的整体规模水平、国际覆盖能力、采编制作播出能力国际领先。

近期多家中央级媒体不约而同地加快了改革的步伐：中央电视台新闻频道改革，《人民日报》对现有部门设置进行调整和扩版增容，原驻国内国际的72个记者站将升格为分社。从2009年7月1日起，《人民日报》从每天出版16版扩大到20版。

开办被外界誉为"中国版CNN"的新华社电视、人民日报社《环球时报》推出英文版、央视开办阿拉伯语和俄语频道等动作，被外界视为中国为加强主流舆论力量，让中国更好地在国际舞台"发声"的创新举措。

在全球化传媒经济格局中，媒介、电信、IT形成全球化竞争，网络、手机、3G、移动媒体新技术新媒体风起云涌，带来媒介融合的大传媒时代，网络、手机、电视、广播、视频、游戏、彩信等各种形态充分融合，通过在线、有线、无线、光纤和卫星数字直播等多频道蔓延传播。以技术、经济、市场为诱因催生传媒企业发展成为跨国传媒企业。每一种新的发明创造，都有其发展规律。按照经济发展规律，当网民普及率超过10%，就会迎来一个快速增长期。中国的网民普及率在2007年年中达到12.3%，已进入快速跑道。中国网民以每年

20%～30%的增长率，已经将美国不足10%的年增长率甩在了后面。中国互联网的发展速度可以说是世界上同等GDP国家中最快的。此外，中国巨大的发展空间也吸引着世界资本的目光，而且吸引力正在增大。当前世界互联网最发达国家的冰岛网民普及率已经达到86%，按此比例，美国还有10几个百分点的增长余地，而中国还有70多个百分点的巨大增长空间。

中国社会与市场变迁加剧，2009年全国城市化率达45%，追赶发达国家80%～90%还有40多个百分点的空间；国民收入进入人均3258美元，中产阶层涌现，消费结构、教育、社会分配与社会保障变化给中国传媒业带来巨大的发展空间！

如果政策得当，未来30年中国传媒产业将迎来更大的发展空间，将远远超过其他各行各业，包括房地产行业在内。不但如此，中国传媒产业的发展速度还将超过全世界任何一个国家和地区。

国家力量在国际一流媒体的形成过程中是重要的基础条件。具有国际影响力的媒体，一定产生在力量强大、具有国际影响力的国家；重大新闻事件是国际媒体崛起的重要契机；媒体自身的准确定位和不懈努力是成为国际媒体的关键；对新传播技术的追求是国际媒体发展的推进器。

中国未来的跨国媒体巨无霸，一定是国家媒体背景。当前世界的传播格局，是由通讯社、报刊、广播、电视和互联网所构成，而其中电视和网络是最为国际化的媒体。新华社和中央电视台，最有可能成为中国的跨国媒体巨无霸。央视学习CNN，建立一个24小时不间断播报英文新闻的央视新闻国际频道，以中国人的视角，对全球时事发表观点。

2009年7月1日，中国的国家通讯社——新华社开始在欧洲的一些超市和中国大使馆播放英语电视新闻节目。在这之前，由新华社音视频部打造的"新华社电视"在6月16日已经以"机构用户"的名义登录了SNS公司开心网的首页，目前新华社已经拥有开心网30万粉丝，这次入驻开心网的"新华社电视"除了即时发布最新的电视新闻外，还模仿美国CNN与Facebook的合作模式，在开心网上建立自己的"粉丝"群，借助社交网站点人气、交互和评论功能来提升还处于起步阶段的"新华社电视"的影响力。9月17日新华社副社长兼新华网总裁周锡生与百度副总裁任旭阳联合签署战略合作协议，10月1日零时至22时30分，新华社手机电视台与中国移动共同推出国庆60周年大型电视直播报道《国庆》，中国移动适配手机用户可登录新华社手机电视台免费收看新华社国庆直播报道。2010年4月底，新华社欧洲总分社多媒体中心试运行，该中心的成立和运行，使得在最前沿的海外新闻机构直接面对外国受众，通过多媒体手段传播中国的声音。

4. 中国网络媒体已具备面向全球传播的影响力

英国有人研究，1700年的时候，中国GDP占全球22%；1820年为32.9%；1949年的时候，占全球5%；2008年达到8%~9%，2009年中国吸收外资达到900亿美元，位居世界第2位；今年上半年，中国新批准设立外商投资企业1.2万家，实际使用外资514亿美元，同比分别增长19%和21%；中国境内投资者共对全球111个国家和地区进行了直接投资，实现非金融类对外直接投资178亿美元，同比增长44%。中国被联合国贸发会议和外国投资者公认为是全球最具吸引力的投资东道国。

2006年，国家"十一五"时期文化发展规划纲要明确提出，"要加快建设一批综合实力强、在国内外有广泛影响的新闻网站，形成若干个与我国地位相称的、具有较强国际竞争力和影响力的综合型网络媒体集团，争取其中一到两家重点新闻网站进入世界前列"。

截至2010年6月，中国网民规模达到4.2亿，较2009年底增加3600万人；互联网普及率攀升至31.8%，较2009年年底提高2.9个百分点。伴随中国网络用户的飞速增长，中国网络媒体已经成为人们了解世界、关注时政的重要窗口，网络使每一个受众都成了影响舆论走向的重要支点。

自2001年以来，中央重点新闻网站的访问量以平均每月递增12%的速度上升。一些地方重点新闻网站如千龙网、东方网、南方网、红网等访问量平均增长了9倍。截至2009年9月，中国百度名列全球网站10强行列，腾讯、新浪进入全球网站20强行列，超过CNN、BBC等西方传媒巨头的名次。搜狐、网易、淘宝、优酷、开心网等进入全球网站100强。新华网、人民网、央视网等多家重点新闻网站进入了全球新闻网站的500强行列（见表2）。

表 2 中国位居全球排名前列的网站及部分外国网站分布一览

网站	全球排名	中国排名	特色简介	网民访问情况
百度	9	1	基于中文搜索引擎,率先提供用于PC、手机WAP和PDA移动搜索的包括MP3音乐、视频在内的中文多媒体内容搜索服务	占据全球中文搜索70%的份额,每天服务响应138个国家网民10亿次搜索请求,每天全球有5.6%的网民访问百度
腾讯	15	2	中国最大的门户网站,提供即时通信、新闻资讯、网络游戏以及在线拍卖业务	每天全球有2.44%的网民访问腾讯
新浪	23	3	包括即日的国内外不同类型的新闻与评论,人物专题,图库	每天有全球2.1%的网民访问新浪
谷歌中国	24	4	网页、图片、新闻搜索,支持个性化搜索及本地搜索,提供论坛、邮箱、日历服务和桌面搜索工具	在美国排名1085位,每天全球2.23%的网民访问谷歌中国
淘宝	37	5	包括电脑通信、数码、服装、化妆品、书籍音像、运动用品、游戏装备等各种商品的买卖,还有相关的社区交流,同时提供支付宝网上交易安全保证系统	每天全球有1.29%的网民访问淘宝
网易	41	6	提供以@yeah.net等为后缀的免费邮箱,容量为3G。	每天全球有1.35%的网民访问网易
谷歌	1	7	全球最大的搜索引擎,提供网页、资讯、网址、图像搜索、网页搜索结果排名、翻译等多项服务	全球有34.51%网民访问谷歌
优酷	54	8	中国第一视频网站,网立足为全球华人提供最快速的视频播放、视频发布和视频搜索服务	每天全球有1.56%网民访问优酷
土豆	57	9	每个人都是生活的导演	每天全球有1.34%网民访问土豆
搜狐	59	10	资源导航为主要业务的门户网站,经营综合性业务,社区、无线等增值服务	每天全球有0.91%网民访问搜狐
开心网	99	12	在职人士休闲网站,提供SNS的社区	

续表

网站	全球排名	中国排名	特色简介	网民访问情况
雅虎	2	13	个性化内容和搜索、聊天室、免费邮箱、俱乐部和网页服务门户	在中国台湾和香港排名第1位，在美国等8个国家排名第2位，每天全球有24.81%网民访问雅虎
新华网	191	25	中国主要重点新闻网站，依托新华社遍布全球的采编网络，记者遍布世界100多个国家和地区；地方频道分布全国31个省份，每天24小时同时使用6种语言滚动发稿，权威、准确、及时播发国内外重要新闻和重大突发事件。受众覆盖200多个国家和地区。发展论坛是全球知名的中文论坛	每天全球有0.53%网民访问新华网
人民网	204	28	包括新闻报道和可检索的目录，新闻评论和专题栏目	每天全球有0.284%网民访问人民网
北青网	285	38	都市白领可信赖的网站，全方位均衡报道热点事件，提供综合资讯服务	每天全球有0.242%网民访问北青网
CNN	58	98	提供美国、国际新闻、天气、视频和节目时间表等服务	在美国排名第18位，每天全球有1.56%网民访问CNN
Myspace	11	102	新闻集团收购的社交网络	在美国排名第5位，每天全球有3.85%网民访问Myspace
Twitter	13	193	基于PC网络和移动手机即时通信平台的社交网络和微博客网站	在美国排名12位，每天全球4.28%网民访问
BBC	45	453	全天更新最新新闻、体育、旅游、财经、天气的跨平台播报系统	在英国排名第7位，美国排名第59位，每天全球有1.73%的网民访问BBC（其中英国用户占40.5%，美国用户占17.6%）
纽约时报	108	482	纽约时报	在美国排名第25位，每天全球有0.902%的网民访问纽约时报网

资料来源：ALEXA网站统计，2009年10月5日。

截至 2008 年，全国具有从事互联网新闻信息服务业务资质的网站达到 196 家，中央新闻网站影响力日益扩大，地方重点新闻网站积极做大做强，成为网络新闻传播的重要力量。以人民网、新华网、央视网、中国广播网等 13 家中央新闻网站为龙头，千龙网、东方网 26 家地方重点新闻网站为主力，一批知名商业网站发挥优势、积极参与，中央、地方新闻网站和商业网站形成中国网络舆论传播主阵地、主渠道。

2007 年，我国重点新闻网站建设取得重大进展。截至年底，中央重点新闻网站互联网接入总带宽 7801 兆，发布服务器 1487 台，提供新闻频道 930 个，新闻专题 13817 个，有 7 家网站运用内容推送技术向海外主动推送内容。

2007 年"两会"期间，中央重点新闻网站页面浏览总量为 50.2 亿人次，访问总人数 6.8 亿人次，网民留言、跟帖 1300 万条。2007 年 12 月，中央 9 家重点新闻网站日均页面访问量合计达 39106 万页，比 2006 年同期增加 15142 万页，增长 64%；比 2005 年同期增加 22622 万页，增长 137%。网络人气的不断聚集，标志主流网站网上舆论宣传阵地的形成。

2008 年，中央重点新闻网站整体实力明显提升，在引领网上舆论中发挥了主阵地、主渠道作用，中央和地方重点新闻网站提供了 85% 以上的网上时政类新闻信息，中央重点新闻网站日均页面访问量达到 3.8 亿页，比 2007 年增长 63%。在北京奥运会、抗震救灾等重大主题宣传中，中央重点新闻网站吸引了 85% 以上的网民。

2008 年，随着包括奥运会在内的我国一系列重大新闻事件的报道和美国大选等国际重大新闻的报道，互联网在新闻传播领域中的影响越来越大，已经成为最具发展潜力的主流媒体，在向世界宣传中国，树立中国的国际形象，营造良好的国际舆论环境等方面都发挥了重要作用，并成为世界了解中国的重要窗口。

到 2007 年年底，腾讯、百度、阿里巴巴市值先后超过 100 亿美元。中国互联网企业跻身全球最大互联网企业之列。中央重点新闻网站有超过 30% 的访问量来自海外 180 多个国家和地区，其中《中国日报》网站的海外访问量达到 72%。目前，国际在线上网的文版已达 45 种，网上广播的语种已达 50 种，中国网的上网文版有 10 种，人民网的上网文版有 7 种，新华网的上网文版有 6 种，覆盖世界大部分国家和地区。网络媒体已成为对外说明中国，展示中国形象的重要窗口。

调查显示，在北京奥运会召开期间，中央重点新闻网站总浏览量为158亿人次，日均浏览量9.9亿人次，是日常浏览量的3倍多，创下了历史新高。互联网已成网民选择最多的奥运信息渠道，选择通过互联网了解奥运信息的网民占到网民总数的79.8%。

据统计，奥运会期间，中央媒体网站海外页面浏览量25.6亿人次，日均浏览量达1.6亿人次，是平常访问量的4倍。国际在线奥运报道吸引了65个国家和地区的70多万名网民访问。《中国日报》网站奥运报道540多篇稿件被CNN、合众社、《纽约时报》《卫报》等海外媒体转载。

中国市场监测与网络测评的第三方机构中国互联网数据中心（Data Center of China Internet，简称DCCI）2009年4月30日发布的第一季度中国互联网市场数据显示，综合门户、搜索引擎等是互联网用户获取信息的主要来源，近七成中国互联网用户表示综合门户为日常消费信息的主要网络媒介来源。53.6%的用户依赖搜索引擎获取信息，而电子邮箱获取信息来源的用户比例也高达40.9%，值得注意的是，有36.5%的用户将C2C电子商务网站作为首选获取信息的来源。这些网站日益成为中国互联网受众消费信息的重要获取网络媒介。

四 一个走向民族伟大复兴的中华民族互联网应发出影响世界的强音

面向未来，中国互联网传播体系要为一个经济总量跃居全球前列的大国和平崛起做好准备。

1. 积极营造与中国崛起相称的国际一流网络媒体舆论

中华民族在过去2000年的时间，曾有1800多年处于世界文明的巅峰，自鸦片战争以来，中华民族从半殖民地半封建落后社会迈向民族独立、解放、建设、改革、开放的复兴之路，用短短100多年的时间和平崛起，走过发达资本主义国家300年的发展历程，创造了举世瞩目的奇迹。

美国投资专家罗杰斯预言，中国有可能在2025年前超越美国，成为世界第一大经济体。美国高盛公司首席经济师奥尼尔则称，中国有可能在2027年前挑战美国的老大地位。

中国互联网产业对 GDP 的贡献率达到了 7%，未来 3 年很有可能达到 15%。在一些经济比较发达的地区，信息产业已经从新兴工业变成了第一支柱产业，我们正走在从互联网大国向互联网强国迈进的道路上。

2009 年 5 月 14 日，百度董事长兼首席执行官李彦宏在海南三亚举行的第四届百度联盟峰会上表示，互联网将成为全球经济下一个驱动力，而中国由于其庞大的网民数量和上网需求，有望成为全球互联网的中心。

目前，决定着美国人能看到和听到周围世界发生了什么事的大权，掌握在 ABC、CBS、NBC、FOX 和 CNN 这五大广播网的手里。西方极少数传媒巨头凭借他们雄厚的财力，向世界各地派驻记者，四处采集他们"喜欢"的和"想要"的国际新闻，西方传媒巨头不仅垄断了所在国内新闻市场，而且垄断了全球国际新闻市场，使全球绝大多数媒体成为其传声筒、扩音器。目前，美联社、路透社、法新社三大通讯社占据全球国际新闻发稿量的 4/5；传播于世界各地的国际新闻有 90% 以上由西方媒体提供，其中又有 70% 由西方传媒巨头所垄断。世界的注意力就这样被西方传媒巨头引向了他们希望的地方。于是，少数西方强势媒体的声音成了国际舆论的基调，而广大发展中国家媒体的声音则被湮没、被压制、被忽略。[①]

随着中华民族的伟大复兴进程，与之相适应的有利于中华民族和平崛起的话语体系和舆论环境建设变得尤其重要。中国崛起需要一种健康的民族心态为奠基，在全球网络舆论传播体系中，中华民族互联网要发出与中国和平崛起相一致的和谐强音。

2. 用全球化视角建树全球公认的标准语话体系

在融入现代国际社会过程中，公众对于透明的理解已经上升到基本权利的高度。在全球通和全球互联网基础上的电子网络地球村，需要我们用全球化视角建树全球公认的标准话语体系。中国的互联网新闻传播必须与国际接轨，同时又要致力于成为全球思维创造者，用西方听得懂的语言去阐释自己的东西，以此与西方交流对话，打造自己的软实力。

中国的网络传播要熟悉全球化进程必然充满对抗和矛盾，要善于正视矛盾、化解危机、解决矛盾。2008 年西方抗议奥运会，其实只是抗议全球

[①] 郭纪：《新闻自由与媒体责任——当今国际新闻传播秩序透视》，《求是》2009 年第 16 期。

化的一种表现，很多抗议北京奥运的人只是抗议全球化，而并非反对中国，只能说抗议全球化的内容中有了中国。中国批评西方戴着有色眼镜看中国，中国同样要防止戴着有色眼镜看西方。对于西方的抗议，中国要科学分析，要把它作为一个自然的过程，尤其是在全球化的网络语境中，要熟悉全球网络语语，针对各国网络语言有理有节、有的放矢，及时回应各种批评的声音，做出更好的制度设计和政策调整，以适应全球化、多元化带来的冲击。

3. 一个世界、多种声音：创建独具中国特色的中华民族互联网传播体系

以互联网、移动手机、数字媒体、流动媒体等为代表的网络新媒体是人人皆可参与传播的全民媒体。网络媒体的全球化效应是一把双刃剑，必须善加利用，兴利抑弊。以互联网为核心技术平台的新媒体将传播视野带入全球，参与新媒体传播就必须有全球视野、参与全球对话，进入全球信息互动反馈体系。虚拟网络新媒体社会与现实社会一样，真实地彰显民意、反映民声、体现民心，要用全方位的全知视角关注新媒体所反映的各种声音，倾听新媒体所表达的各种意见，重视各种新媒体潮流，关心各种新媒体新萌芽，关注新媒体发展的各种端倪。

目前全球互联网上最常用的10种语言，分别为英文（29.4%），中文（18.9%），西班牙文（8.5%），日文（6.4%），法文（4.7%），德文（4.2%），阿拉伯文（4.1%），葡萄牙文（4.0%），朝鲜文（2.4%），意大利文（2.4%）。其中使英文的网民占使用全世界使用英文人口的21.1%，这一比例自2000年年底至今增加203.5%；使用中文的网民这一比例为20.2%，比2000年底增长了755.1%，网上最流行10个语言中增长速度第2位，低于阿拉伯文（2063.7%），但高于位于第3位的葡萄牙文（668%）。不过，使用阿拉伯文的网民占全世界使用阿拉伯文人口的16.8%。

现代中国需要一种能容纳全球化，容纳全球人类文明价值体系的民族主义，这是一个大国软实力的文化基础。

英国《卫报》这样评价，中国的互联网在真实信息的传播和舆论的动员方面，起到的作用远远超出了世界上所有的国家。网络是当代中国传媒环境改善的最重要的推动力。由于互联网的存在，中国公众对新闻的认知和对舆论的参与是前所未有的主动。

据美国《外交政策》杂志 2009 年 8 月 18 日报道，中国互联网发展势头异常迅猛，中国网民数量已经超过 3 亿人，7 亿人使用移动电话，博客写手超过 8000 万人。网络的发展正影响着中国政府的各项政策。互联网改变着中国，也改变了中国民众与政府之间的关系。网络促使公众踊跃发表意见，它改变了沉默的大多数，影响了中国的国家政策。博客写手和非官方网络媒体的影响力大增，比如公民记者，他们帮助中央政府曝光地方政府的腐败问题。作为积极回应，中国政府正逐渐加大其反腐力度。然而，网络传播的各种信息和病毒，也对中国政府形成了挑战。国家最高领导人走向网络、亲近网络，表达对网民的善意和支持。互联网在中国的飞速发展，中国政治正在技术革命中不断进化。①

一个人民网网友这样比较中西方网络论坛，西方世界往往用双重标准考量中国的民主政治，在西方也有论坛，但是各种论坛的言论自由度远远不及中国，更不及人民网的强国论坛，因为在西方绝大多数论坛的主办方对网民言论是要根据论坛的立场进行选择，在强国论坛只要不违反"强国社区管理条例"，所有言论都将受到保护，因此强国论坛具有相当高的包容性，在强国论坛所谓的"左右之争"正是这种包容的真实反映，因此强国论坛言论的自由度远远高于西方一些网络媒体论坛。"强国论坛"以其管理严格、审放帖文把握适度、讨论比较理性、舆论导向正确，而备受瞩目。②

互联网似乎全知全能，只要输入关键词，答案立即揭晓，不但能提供完整的答案细节，而且提供"舆论领袖"的思想和"专家意见"，由此左右人们的理性认识。

数以亿计的网民全天候生产内容的维基网络模式改变了传统知识积累模式，全球最大的中文搜索巨头百度和中国亿万网民共同构建超级百科全书——百度百科，在短短的三年零四个月的时间，百度百科的高质量词条和内容相当于 16 个辞海，并继续以几何速度在成长。不断增长的网民参与建设的信息社会飞速发展，人类以知识（智力）资源的占有、配置、生产

---

① 杨柳：《美媒：网络不会改变中国 但却影响中国政府政策》，中国国际广播电台网站（国际在线），2009 年 8 月 19 日。
② 老夫：《"网络媒体，人人都是发言人"——写在强国论坛十周年》，人民网—强国社区，2009 年 4 月 20 日；http://people.com.cn/GB/32306/33232/9158070.html。

和使用（消费）为最重要的经济基础，世界发达国家一半以上的经济构筑在知识信息基础上。

海量信息聚合、互动论坛、搜索引擎、博客、微博、社交网络、3G移动互联网、下一代互联网等层出不穷的网络应用已将中国网络传播的触角延伸到社会生活的方方面面，正深刻地影响和改变中国人民认识世界的方式。

4. 充分适应网络巨变时代，提高中华民族网络核心竞争力

未来，下一代网络将对社会经济、政治、科技、教育、国防等起到决定性影响。

（1）主导新一轮信息浪潮。目前互联网已成为国家主要经济支柱之一，由于其连接的是虚拟信息空间，因此只关系到人与人之间的信息互联。

手机网连接人际世界，互联网连接虚拟世界，传感网连接物理世界——一张靠无数微小的传感器节点协同感知、自治组网的大网正在全球范围悄然铺开，人类有了遥感万物的IT手段。传感网因其更大的产业空间将会成为国家的经济命脉，由于其连接的是现实物理世界，其规模将会比互联网更大。

2009年8月7日，温家宝总理考察中科院无锡高新微纳传感网工程技术研发中心后，指示"尽快建立中国的传感信息中心，或者叫'感知中国'中心"。

继自主知识产权的3G标准之后，我国又在传感网领域取得重要国际话语权，开始同步实施国际、国内标准化战略。工业和信息化部副部长奚国华于2009年9月11日宣布，中国传感网标准工作组正式成立，传感网标准工作组将聚集国内传感网主要技术力量，制定国家标准，积极参与国际标准提案工作，通过标准为产业发展奠定坚实基础，提升中国在传感网领域的国际竞争力。[①]

2009年8月17日，谷歌全球副总裁素有互联网之父美誉的温顿·瑟夫在中国互联网协会和谷歌联合主办的互联网论坛上表示："过去40年过程当中，美国一直在努力探索太阳系，这是我们利用Google Mabs找到的

---

① 徐瑞哲：《"神经末梢网"助人类遥感万物》，《解放日报》2009年9月11日。

图片，它的分辨率非常高，这是从 2004 年以来一直在做的工作。"①

谷歌和美国国家宇航局合作在太阳系放了机器人，希望经过不断试验在 2011 年的时候可以达到三个星际之间的协议，到 2019 年之前在所有国家都能够标准化，可以在天空飞船之间进行沟通。

一个在线与无线——基于物流、信息流和三网融合的信息共享社会形成了人类赖以生存的全新生态系统，实现了网络一体化、全天候一体化、虚拟与现实同步化、实时互动全球化。

专家预测 10 年内传感网可能大规模普及，作为智慧型基础设施全面展示，能够随时、即时采集物体动态，让感知信息无处不在的存在于无线网络覆盖各个地方，利用云计算等技术及时对海量信息进行处理，真正达到了人与人的沟通和物与物的沟通。

随着各国"泛在网络社会"计划的推出，特别是美国"智慧地球"等概念的提出，传感网将成为各国综合国力竞争的重要因素，成为衡量一个国家科技发展水平的标志，并引发国际信息产业重新洗牌。到 2020 年，物物互联业务与现有人人互联业务之比将达到 30∶1，下一个万亿元级的信息产业将是物物互联。

（2）抢占下一代 IPv6 网络制高点。2009 年 7 月，互联网调查公司 Forrester Research 公布报告称，2013 年全球网民数量将达到 22 亿，中国、美国、印度、日本和巴西网民数量将位于全球前 5 位，其中亚洲网民数量将占到 43%，而中国网民将占到全球的 17%，互联网规模稳居世界第 1 位。

目前 IPv4 网络承载了全球 80% 的信息流，互联网面临着可扩展性、安全性、高性能、实时性和移动性的挑战，随着网民的增多，互联网的扩展性缺陷显露出来。按照目前 IP 地址的分配速度，到 2012 年国际上将没有新 IP 地址可申请，网络将出现拥堵。

中国的 IPv4 地址数为 1.58 亿，年均增长 33.7%，目前占全世界的 5.9%。预计在 20~30 年后，互联网将被新网络取代。

国际互联网标准化组织 IETF 预测 IANA 将于 2010 年 6 月用完所有未分配的 IPv4 地址号码池，早在 1995 年提出地址协议第六版 IPv6，这一协

---

① 温顿·瑟夫在"互联网—高峰"（2009 年）论坛的讲演，泡泡网；http://www.pcpop.com/doc/0/430/430620_4.shtml。

议将使得 IP 地址容量达到 3.4×10^{38}，很多人形象地说，地球上每一粒沙子都能获得一个地址。

下一代互联网正成为新的战略制高点，美国、加拿大、欧盟、日本等发达国家相继启动了下一代互联网研究计划，在新一轮产业技术和国家竞争中赢得主动，以谋求更大的经济利益和战略意义。2008 年 5 月，美国突然加大了 IPv6 地址申请量，从 4 月的 374 块地址达到 14729 块地址；IPv6 地址量从 4 月位居世界 11 位一跃成为世界第 1 位。此前，美国国防部就决定到 2008 年，整个通信网络过渡到 IPv6 网络；美国政府要求政府机构网络必须在 2009 年 6 月前切换到支持 IPv6。

欧盟对未来 IPv6 互联网的探索和研究几乎与美国同步，2008 年 5 月，欧盟委员会向成员国进行通告，明确计划到 2010 年，要有 25% 的用户能够连接到 IPv6，欧洲运营商积极推动企业、政府机构和家庭用户转换到 IPv6 互联网地址协议。

目前全球新一代互联网 IPv6 的流量带宽只有 10Gbps，中国拥有全球约 50% 的 IPv6 流量，第 2 位是日本。中国和日本加起来大约有 90% 的全球 IPv6 流量。日本政府通过 e‐Japan 计划推动 IPv6 网络环境的实现，并获得了广泛的应用。在 2008 年，韩国也建设 6 个 IPv6 下一代互联网交换中心，并为 10 个互联网服务提供商提供了互联互通。

被誉为"互联网之父"的谷歌公司副总裁、首席互联网专家温顿·瑟夫日前在接受美国硅谷《圣何塞信使报》采访时展望说，未来人们上网速度将普遍加快，每秒 100 兆比特至每秒 1000 兆比特的网速可能会比较平常；工作场所、汽车里甚至人们随身携带的装置，越来越多地将具有上网功能，未来可上网的装置总数有望达到数十亿之多；上网界面未来可能也将更多样化，比如说更多装置采用与苹果 iPhone 手机类似的多点触控技术，语音识别技术可能也会更成熟。

可以预见的是，未来人们上网速度会更快，会有更多装置具有上网功能，上网界面也会多样化。

（3）在泛网络时代把握主动权。美国的 Twitter 通过广播式的即时信息流掀起微博客革命，截至 2009 年 9 月 19 日，它在全球排名跃居第 14 位，它在美国排名为第 12 名，下列其他国家排名分别为：南非第 8 位，巴基斯坦第 12 位，澳大利亚第 13 位，德国第 14 位，菲律宾第 16 位，荷兰第 17

位、奥地利第 20 位、瑞典第 30 位、韩国第 39 位、土耳其第 41 位、泰国第 48 位、日本第 49 位、西班牙第 56 位、意大利第 66 位、墨西哥第 84 位、俄罗斯第 90 位、法国第 90 位、中国第 215 位。Twitter 拥有用户占全球互联网用户的 4.29%，人均 PV6.93 页，由此可见，它已经成为名副其实的全球大众媒体。

联合国前秘书长安南在 2005 年有一份报告指出，世界正进入人类历史上第二个"迁徙时代"，全球共有 19.1 亿名移民，表面上的人口迁徙加剧了人类劳务、技术、经济乃至文化、思想的迁徙，与此同时发生的是，人类信息传播方式的迁徙，全球互联网偕经济全球化将人类带入一个新传播时代。

无线城市、3G 技术的使用，和最早的蒸汽机、互联网的发明是一样的，是通过每次技术的应用，生产力的变革，带来了生产关系的变革，那么生产关系又会带来经济基础上层建筑的意识形态的变化，技术的每次革命，都会给各个方面带来新的解构和重组。

随着数字化的发展，记者开始成为多媒体、全媒体移动记者，出去采访能摄影、写文章、拍视频，发到网站上，放到电子阅读器上，编发到报纸、手机上。技术革命带来了传播的时空变化，原来我们是日报，我们现在是秒报、秒台，互动多元传播，对传统传播的时空全面解构。同时，移动全媒体业务带来采编流程变化，记者随时随地可以提供图、文、音、视频内容，在移动状态进行现场直播，带来移动互联网传播文化宽带化、视频化，滋生很多创意体验文化产业项目。

随着数字网络化传媒机构的融合，包括合作、联盟、合并成为一股世界潮流，大力推动文化传播内容形式、体制机制、传播手段创新，媒体正在把自身一个个独立分散的管理系统，诸如内容生产、广告发行、行政管理、决策分析、客户管理等形成数字软件，整合到一个数字平台上进行综合处理，形成分众化、专业化、人性化的信息发布传播新秩序。

对此，我们必须积极应对、未雨绸缪，从源头、渠道、终端做好充分准备。

中华民族迈向伟大复兴的和平崛起已经是一个沛然莫之能御的国际政治事实，随之而来的则是世界对中国越来越热切地关注。中国社会的发展动向，中国政府的重大决策，都因为中国综合国力的壮大而更对世界有举足轻重的影响。

遵从公平、准确、公正，以及新闻公开和报道自由的基本原则，让世界更了解中国已经不仅是增进中外理解的良好意愿，更是一个崛起的中国应有的国际责任之一。建设世界一流的互联网媒体，通过新媒体促进政府和民间的意见交流，让社会情绪得到疏导，也可以对腐败现象起到有效的监督作用，大大加快中国民主政治建设进程。如何建设通过全球互联网将一个真实、准确、全面、客观的中国形象展现给世人，可谓任重而道远。

2009年10月29日，美国加利福尼亚大学洛杉矶分校计算机系教授莱昂纳德·克莱因罗克在庆祝互联网诞生40周年时展望互联网未来走向时说："互联网下一步将走向实体世界……它将无所不在。当我走进一个房间时，它就知道我来了，和我对话。"

日新月异的科学技术推动传播手段的不断革命，创新的目的是形成各种资源优势的科学集中，而这一切都完全取决于科技创新的支撑，谁掌握了核心技术引擎谁就掌握了敲开未来之门的金钥匙。以无所不包的网络包容最好的技术，用最好的技术来武装新媒体联盟会形成全能载体的绝对优势。

谷歌CEO施密特预计，在未来10～15年中，全球将从个人计算时代向云计算时代转变。谷歌管理全球信息所要花费的时间预计要300年。施密特说，伴随着互联网迅速不断地发展，网络新闻在人类生活中的地位越来越重要，而中国也因为人口众多和互联网技术的发展一跃成为全球互联网人数最多的国家。

尽管应用需求迅猛增长，但互联网仍表现出极强的适应能力。但愿中华民族能善用互联网，促进人类经济、社会、政治发展。我们有理由相信，中华民族互联网在未来世界网络舆论体系构建中占据重要一极！

中国互联网软实力赤字及对策

美国学者约瑟夫·奈率先提出"Soft Power"的概念，国内目前通称"软实力"，其实应译为"软权力"。它是指一国所倡导或奉行的价值理念、政策战略、制度安排的正当性或合法性获得他国的自愿认同而在国际事务中无须通过命令或强制等方式赢得他国支持与合作的能力，构成一国软实力的权力资源包括本国的文化和意识形态的吸引力、多国公司的数量和实力、自身主导的国际机制的规则和制度等资源。

中国在实现民族伟大复兴进程中和平崛起成为世界第二大经济体。2008年7月26日，美国《纽约时报》记者戴维·巴博萨发表文章指出：中国网民数量达到2.53亿，超过美国成为世界最大的互联网市场。2012年1月17日，美国学者、"软实力理论之父"约瑟夫·奈在《纽约时报》发表题为《中国的软实力为何脆弱》（Why China is Weak on Soft Power）一文指出，和平崛起的中国近年来十分重视打造"软实力"和文化魅力，并且为此投入了大量的资金，但是总体来看，中国总体软实力依然很弱小。[1]

中国完成了大国崛起的硬件储备之后，在软实力建设方面还存在巨大的赤字。提升中华文化软实力分别写进中共十七大到十八大的报告中。但是，中华文化在世界文化市场中于相当长一段时期面临巨大赤字，如何应对全球信息化的挑战，如何抓住经济全球化、世界信息革命的机遇，全面提升中华民族文化软实力，真正实现中华民族的伟大复兴，值得深思。

一 全球进入大发展、大变革、大调整时期

从20世纪末到21世纪以来，世情、国情发生深刻变化，世界进入一

---

[1] JOSEPH S. NYE JR., *Why China is Weak on Soft Power*, http://www.nytimes.com/2012/01/18/opinion/why-china-is-weak-on-soft-power.html.

个重要历史时期，全球进入大发展、大变革、大调整时期，经济全球化、世界多极化加速发展。

1. 政治、经济和技术三股力量推动世界多极化发展

在20世纪90年代短短的10年时间里，政治、经济和技术三个方面均发生了根本性变化，在人类历史上是十分罕见的。时间集中，意味着这些变化同步进行。在同一时间里，政治、经济和技术的变化相互作用、相互激荡、相互促进，加速度推动了世界政治、经济和科学技术的发展。20世纪90年代成为世界经济飞速发展的10年。

1985年3月4日，中国改革的总设计师邓小平同志指出：现在世界上真正大的问题，带全球性的战略问题，一个是和平问题，一个是经济问题或者说发展问题。和平问题是东西问题，发展问题是南北问题。

20世纪80~90年代，中国从"以阶级斗争为纲"转向"以经济建设为中心"、隔断东西德的柏林墙倒塌、长期坚持经济意识形态化的苏联解体，世界从东西两大阵营冷战状态进入全球化时代。

一些国家在传统零和博弈思维中仍然停留在战争与革命时代的思维，要求更多地看到与对方利益对立和政治军事对抗，把经济问题政治化和意识形态化，抵制经济全球化致力于单方面获利。

全球已经从冷战时期的零和博弈进入了和平发展时期的正和博弈阶段，要将战争与革命的思维转变为和平与发展的思维，要求各国从全球市场、全球公司和全球产业的思路看待本国企业和产业的发展，促进经济全球化致力于合作共赢。

2. 科技革命驱动经济全球化深入发展

人类文明发展到现在，共有五次科技革命。第一次科技革命大概在16世纪和17世纪，以哥白尼天文学和伽利略、牛顿力学等为代表的近代科学诞生。第二次科技革命在18世纪中后期，标志是蒸汽机与机械革命。第三次科技革命是在19世纪中后期，标志是内燃机与电力革命，出现了内燃机、电机、电信技术。第四次科技革命是在19世纪中后期至20世纪中叶，以进化论、相对论、量子论等为代表。第五次科技革命是在20世纪中后期，以电子计算机的发明、信息网络为标志，表现为电子技术、计算机、半导体、自动化乃至信息网络的产生。

在古代中国就曾经有与西方通商贸易的活动，18世纪的德国学者因此将这条道路取名为丝路，后来奥斯曼帝国崛起，通商贸易受阻，为了能够不假于土耳其人之手，西欧国家纷纷进行海上探险寻找新丝路，史称地理大发现，开始早期全球化。

第一、第二次科技革命引发第一次工业革命，英国发明蒸汽机等新工具，迅速崛起为日不落帝国。

美国率先开启电气原子时代，抢占第二次工业革命的先机，取代英国成为世界第一大经济体，20世纪后半期进入后工业化时代，掀起信息革命。自20世纪90年代以来，以信息技术革命为中心的高新技术迅猛发展，从美国向全球发展，不仅冲破了国界，而且缩小了各国和各地的距离，使世界经济越来越融为整体，信息、商品、服务、劳动、资本，特别是以金融资本在全球流动为主要内容的经济全球化和区域化（超国家与次国家经济群体）并行发展，相互促进。

3. 科技与文化深度融合，各国创意文化产业欣欣向荣

按国际经验，人均GDP超过1000美元，第三产业应该占到GDP总量的40%以上，文化消费类支出开始大大上升。

如果人均GDP达到3500美元，恩格尔系数将下降到30%以下，文化消费将占到个人生活总消费的20%以上。

美国电影、英国创意产业、韩流等文化产业呈几何级数增长，美国文化产业占GDP的1/5，音像制品出口超过航空航天业，是全美第一大出口贸易产品，占据全球音像市场40%。美国控制世界75%的电视节目、60%以上的广播节目、电影票房收入市场的2/3。有效的知识产权保护政策、尖端技术、雄厚资本、全球化市场造就了美国文化产业，美国文化产业既是国民经济的支柱产业和经济增长的主要动力，又是美国价值观向全球传播的有效载体。

英国是第一个政策性推动创意产业的国家，创意产业产值占GDP的9%，创意文化产业年产值达600亿英镑。

韩国在经济起飞的基础上于1998年正式提出"文化立国"方针，随后颁布了一系列扶持和振兴文化产业的法律法规。2005年政府决定，以民间为主导推进"韩流"，政府为其开展活动创造便利条件。文化产业实现海外出口100亿美元，达到世界市场份额的5%，跻身世界文化产业五强。

以知识经济为代表的新经济成为世界发展新引擎，世界银行在《1999/2000年世界发展报告》中指出，当今世界国家间经济发展水平的差距,实际上是知识的差距。经济的科技文化含量越来越重,科技文化的经济功能越来越强,世界经合组织主要成员的国内生产总值的 50% 以上以知识为基础获得的。

4. 信息化、数字化、网络化、智能化引发人类信息传播革命

信息科学技术日新月异的发展对人类信息传播、文化交流带来深刻影响。世界先进科技加速从科技军用向科学应用、商业应用转化,全球知识信息、思想文化的载体、渠道、终端进入比特时代。

网络化成为近十年来信息技术发展的最大推动力,而且在未来相当长的一段时期内,发展基于网络、惠及大众的信息技术仍将是各国信息技术领域的主线。随着各种信息网络(包括互联网、电信网、移动网、传感网等)加速了和计算机系统、各种关键行业嵌入式处理器和控制器的融合,不仅信息世界和物理世界相融合而形成了物联网,而且信息技术和人与人之间社会网络也开始交叉融合,一种人—机—物三元和谐共生的新型网络计算环境正在形成。

全球网络加速从个人电脑向移动手机覆盖,传统的通信网络加速完成数字化转型,从传统语音业务转型为增值数据业务。所有的传播媒介加速信息化,告别和铅与火,实现通过光纤以光速在全球互联网上实时互动传播。人类信息纳入 1 和 0 两进制数字化标准实现碎片化,实现了所有人面向所有人随时随地传播。人类的信息传播和接收终端通过自媒体、博客、播客、微博、社交网络实现图片、文字、音视频全功能的分享传播,一次采集可实现图文音视频全媒体终端发布。

二 转型期中国经济大国地位与文化软实力弱国赤字现状的矛盾

(一) 中国软实力赤字的历史原因

从漫长的历史角度看,21 世纪中国的崛起是一种回归——在过去的 2000 年中有大部分时间中国是东亚的经济和军事巨头,是亚洲儒家文化圈科技和精英文化的指路明灯。中国曾经是最大的经济体,作坊和纺织厂最多可以占到全球制造业的 1/3。不过,到 19 世纪时,由于统治者拒绝效仿日本引入西方技术，中国走向急剧的下坡路。20 世纪 30 年代前，中国的制造业产量只占全球的百分之几。[1]

"从一六六二年到一七九五年是史称的'康乾盛世'。在这个时期，中国的经济水平在世界上是领先的。乾隆末年，中国经济总量居世界第一位，人口占世界三分之一，对外贸易长期出超。"也正是在这一时期，西方发生了工业革命，科学技术和生产力快速发展。清朝统治者闭关自守，"拒绝学习先进的科学技术，最后，在短短一百多年的时间里，就大大落后于西方国家"[2]。

中国错失前四次科技革命，以人均国内生产总值为指标，中国在 1700 年排在第 18 位，1820 年第 48 位，1900 年排在第 71 位，1950 年排在第 99 位。以上数据充分说明，由于我们错失了前四次科技革命的机遇，人均国内生产总值的指标急剧下降。到了 20 世纪后半叶，我们抓住了第五次科技革命的机遇，升级为工业化和经济增长较快的国家，中国于 2001 年正式加入世界贸易组织，中国经济融入世界经济全球化浪潮和平崛起，2010 年 8 月，中国经济规模超过日本，成为世界第二大经济体（见表 1）。2011 年中国国内生产总值 471564 亿元，比上年增长 9.2%，超过预期目标 1.2 个百分点。[3]随着经济的高速发展，中国从世界舞台的边缘逐渐走向中央，中国的发展已经与世界密不可分，而世界的变化也开始体现出越来越多的"中国因素"。用一位驻京外国记者的话来说，"全世界都渴望听到中国故事"。

表 1　1978~2010 年历年中国主要指标居世界的位次

指　　标	1978 年	2008 年	2010 年
国内生产总值居世界位次	10	3	2
人均国民总收入居世界位次		127	120
进出口贸易额居世界位次	29	3	2
主要工业产品产量	1 种产品列全球第 1 位	8 种产品列全球第 1 位	—

资料来源：国家统计局网站。

---

[1] 美联社：《中国能否超越美国成世界第一经济体？》，《华尔街日报》网站，2010 年 8 月 2 日：http://cn.wsj.com/gb/20100802/chw092134.asp?source=article。
[2] 《江泽民文选》第三卷，人民出版社，2006，第 48 页。
[3] 国家发改委：《关于 2011 年国民经济和社会发展计划执行情况与 2012 年国民经济和社会发展计划草案的报告》，新华网，2012 年 3 月 16 日；http://www.cnr.cn/gundong/201203/t20120316_509297516.shtml。

经过30多年的改革开放，刚刚完成解决温饱问题、全面建设小康社会的中国已经具备雄厚的物质基础，开放型经济达到新水平，进出口总额跃居世界第2位。

世界银行早在2010年6月预测说，中国的总产出最早可在2020年达到与美国相当的水平。但它说，到时人均收入只有美国的1/4，与马来西亚或拉丁美洲相当。世界银行等机构警告说，如果不培养出一支有文化、有创造力的劳动力队伍，并打造支持创新的法律体系，那么中国和墨西哥等发展中国家很容易在达到中等收入时停滞不前。[1]

中国和美国现在日益成为全球舆论关注的焦点和中心。谷歌搜索显示，有关中国的词条有62.5亿条，有关美国的为37亿条，此外没有一个国家超过这个数字，世界有100亿人次关心中美两个大国。中美两国已经成为利益攸关的命运共同体，两国你中有我，我中有你，密不可分。两国国内生产总值加在一起，差不多是世界的1/3。

目前，中美两国软实力的基础设施及信息化对比悬殊（见表2、表3），中国软实力基础设施建设还有很长的路要走。

表2　美国、中国软实力发展主要数据比较（2010年数据）

项　目	美　国	中　国
人口（亿）	3	13.5
博物馆	17500	2500
图书馆	16600	2850
出版社	37000	580
报纸	10023	1937
杂志	11000	9837
电视台、电台	11200（电台10000、电视台1200）	2638（电台227、电视台247、教育电视台44、广播电视台2120）

资料来源：周宏仁：《信息化论》，人民出版社，2008。

---

[1] 美联社：《中国能否超越美国成世界第一经济体？》，《华尔日报》网站，2010年8月2日；http://cn.wsj.com/gb/20100802/chw092134.asp?source=article。

表3 中美信息化主要指标的对比

序号	指标名称	美国2005年（每百人）	中国 2005年（每百人）	中国 2005年 总量（万）	中国 2020年总量（万）	备注
1	计算机（PC）	66.00	2.80	3640	85800	
2	互联网主机	37.29	0.68	884	48477	以2002年数据为基数
3	固定电话	62.38	20.90	27170	81094	
4	移动电话	54.58	21.48	27924	70954	
5	电视机	84.40	29.10	37830	109720	
6	互联网用户	55.60	6.30	8190	72280	

资料来源：周宏仁：《信息化论》，人民出版社，2008。

（二）中国互联网软实力赤字的现实原因

为建设与中国国际地位和国际影响力相匹配的中国互联网软实力，必须变"防御型国际传播模式"为"主动型国际传播模式"，探究导致中国互联网的国际传播力现状不佳局面的主体原因显得至为重要。

1. 中国软实力赤字源自体制、技术和市场落后

由于互联网技术发展日新月异，全球互联网市场无国界渗透，对传统管理体制提出严峻挑战，相关顶层设计、立法修法滞后技术、市场发展，成为制约我国互联网软实力的重要因素之一。

在美国的互联网接入平均速度基本上是中国的5倍，美国的网络接入基本上都是用宽带接入。2011年，美国互联网的普及率达到77.3%，中国互联网普及率仅为31.6%。

比较中美两国互联网，中国互联网普遍跟随美国模式，缺乏自主创新的技术服务、经营体制和资本运作模式，缺少与一流跨国媒体的合作与沟通，客观上不利于整合资本人才优势、真正形成具有国际影响力的传媒集团；内部机制有待创新，国家重点网络媒体有待形成一个主业突出、结构优化、职能明确、协调有序的运行机制，建立一个鼓励创新、激发活力、有利于优秀人才脱颖而出的选人用人机制。完善全天候、多语种、全媒体覆盖的信息传播网络，在瞬息万变的网络空间占据先机。

2. 中国软实力赤字源自全球覆盖不足、公信力不足

2004 年郭可教授调查发现，来华外国受众真正相信我国外文媒体的仅有 25%，完全不相信的有 15%。8 年过去了，相关数据表明，我国国际传播网络媒体的公信力不足的局面还是没有改变。

最新的联合国人权发展报告显示，工业化国家只占了 15% 的世界人口，却占了整个互联网用户的 88%。现在全球 80% 以上的网上信息和 95% 以上的服务信息由美国提供。中国的重点媒体国际传播能力不足、尚未形成具有国际竞争力的传媒集团、中国对外传播的信息产品海外覆盖率和落地水平不高。

全球知名的第三方测评机构 ALEXA 公布的全球十大互联网公司名单中，中国仅有百度、腾讯两家入围，分别列第 5 位与第 9 位，其余均被美国垄断，且中国的两家公司业务以搜索和即时通信为主，信息服务对象主要在国内。

谷歌广告系统发布的全球 20 强网络公司排名分别为，第 1 名为美国社交网站脸谱（Facebook），以唯一身份访问者用户为 8.8 亿户，全球网络覆盖面为 51.5%，浏览量达 1 万亿；第 2 名为美国谷歌在线视频网站（YouTube），以唯一身份访问者用户 8 亿户，全球网络覆盖面为 46.9%，浏览量为 1000 亿；第 3 名为美国网络门户雅虎，以唯一身份访问者用户 5.9 亿户，全球网络覆盖面为 34.5%，浏览量 770 亿。第 4 名为美国微软搜索引擎 LIVE，以唯一身份访问者用户 4.9 亿户，全球网络覆盖面为 28.8%，浏览量 840 亿。第 5 名为美国微软网络门户 MSN，以唯一身份访问者 4.4 亿户，全球网络覆盖面为 26.9%，浏览量 200 亿。第 6 名为美国字典与百科全书维基百科，以唯一身份访问者用户 4.1 亿户，全球网络覆盖面为 23.8%，浏览量 60 亿。第 7 名为美国谷歌博客服务 Blogspot，以唯一身份访问者用户 3.4 亿户，全球网络覆盖面为 19.6%，浏览量 49 亿。第 8 名为中国搜索引擎百度，以唯一身份访问者用户 3 亿，全球网络覆盖面为 17.6%，浏览量 1100 亿。第 9 名为美国微软软件 Microsoft，以唯一身份访问者用户 2.5 亿户，全球网络覆盖面为 14.6%，浏览量 25 亿。第 10 名为中国腾讯 QQ，以唯一身份访问者用户 2.5 亿户，全球网络覆盖面为 14.8%，浏览量 390 亿。

造成这一不利局面的原因主要有两个，一是体制内网络媒体受国际传播政策方面的限制比较多，对外信息发布以正面报道为主，报喜不报忧等老问题依然存在。"刻板印象"使国内受众转向境外媒体寻求多元化信息，而国外受众往往给中国打上"共产主义"的标签，对所有来自中国内部的

声音采取一种怀疑与不信任的态度。二是商业网站由于利益驱动以及从业人员业务水平的限制,内容传播中虚假新闻、"标题党"甚至色情内容泛滥,降低了在受众心中的公信力,一些以讹传讹的内容被境外媒体引用并迅速传播,给中国的国家形象和国家战略造成了一定程度的危害。

3. 中国软实力赤字源自国际传播的受众研究不充分、缺乏有针对性的效果评估体系

目前传播于世界各地的新闻,有90%以上被西方国家垄断,其中又有70%被跨国大型公司垄断。四大西方主流通讯社,占据世界新闻发稿量的4/5。中国媒体还比较缺乏对国际新闻资讯第一时间的掌握能力,报道缺乏原创性,往往转载或编辑几大主流通讯社的报道,成为西方媒体的"二传手",处于世界新闻传播格局的边缘。

在全球软实力新兴传播载体方面,以苹果、谷歌、脸谱、推特、微软、亚马逊为代表的美国跨国公司在全球市场占据垄断地位。

表4 亚马逊 ALEXA 全球十大网络排名一览

1	Google
	google. com
	Enables users to search the world's information including webpages images and videos Offers... More
	★★★★☆ Search Analytics ▶ Audience ▶
2	Facebook
	facebook. com
	A social utilty that connects people to keep up with friends upload photos share links and... More
	★★★★ Search Analytics ▶ Audience ▶
3	YouTube
	youTube. com
	YouTube is a way to get your videos to the people who matter to you Upload tag and share your... More
	★★★☆☆ Search Analytics ▶ Audience ▶
4	Yahoo!
	yahoo. com
	A major internet portal and service provider offering search results customizable content cha... More
	★★★★☆ Search Analytics ▶ Audience ▶
5	Baidu. com
	baidu. com
	The leading Chinese language search engine provides "simple and reliable" search exp... More
	★★★☆☆ Search Analytics ▶ Audience ▶

续表

6	Wikipedia
	wikipedia. com
	A free encyclopedia collaboratively using wiki software（Creative Commons Attribution – Sh... More）
	★★★★☆ Search Analytics ▶ Audience ▶

7	Windows Live
	live. com
	Search engine form Microsoft
	★★★★☆ Search Analytics ▶ Audience ▶

8	Twitter
	twitter. com
	Social networking and microblogging service utilising instant messaging SMS or a web interface
	★★★★☆ Search Analytics ▶ Audience ▶

9	QQ. COM
	qq. com
	China's largest and most used internet service portal owned by Tencent Inc founded in Nov... More
	★★★★☆ Search Analytics ▶ Audience ▶

10	Amazon. com
	amazon. com
	Amazon. com seeks to be Earth's most customer – centric company where customers can find and disc... More
	★★★★☆ Search Analytics ▶ Audience ▶

通过亚马逊 ALEXA 排名全球十大网络排行表比较，美国公司占据绝对优势，共有 8 家美国公司上榜，中国 2 家公司上榜。美国 8 家公司：第 1 名是全球最大搜索引擎谷歌（Google），第 2 名是全球最大的社交网络脸谱（Facebook），第 3 名是全球最大的在线视频分享网站谷歌旗下的优兔（YouTube），第 4 名是全球最早的门户网站雅虎（Yahoo），第 6 名是全球最大的在线百科全书维基百科（Wikipedia），第 7 名是全球最大的软件公司微软即时通信（Windows Live），第 8 名是全球微博始祖推特（Twitter），第 10 名是全球最大的电子商务网站亚马逊（Amazon）；中国 2 家公司，第 5 名是全球最大中文搜索引擎百度（Baidu），第 9 名是全球最大的中文即时通讯腾信 QQ。

传播效果的好坏几乎取决于受众的认可程度，目前我国网络媒体对国际传播的受众特点研究不足，主要存在主观与客观两方面的原因，主观原因在于相关部门缺乏调查研究的主观能动性，此外资金不足也限制了对外传播效果的评估；客观原因主要是鉴于国际受众的复杂性、多变性，调查难度比较大，我国还没有针对国际传播效果的专业调查机构、专业的调查人员、精湛的调查评估理论及大量的调查评估资金，这些都导致我国国际传播效果调查评估发展严重不足的现状。

（三）在全球软实力创新激烈竞争浪潮中，中国软实力赤字面临进一步扩大的危险

进入信息时代以来，尤其是过去的20多年，技术变革层出不穷，各种应用精彩迭现。今天，我们正在迎来新一轮信息化浪潮的到来。移动网络高速普及，数字化内容巨量增长，世界各地的人们尽情分享信息、自在沟通——天涯的距离正在变成咫尺，技术的沟壑正在被弥平。在这新一轮的网络和技术变革下，人们于弹指间操控百万量级的丰富业务。无数应用，以碎片化的形式填满用户的24小时，连接起永远Online的数字生活。几千年的历史，人类从未停止对速度的追求：从遥远的大漠驼铃，到今天的超音速飞机。而在电信领域，人类以短短的20年时间，就将网络接入技术从拨号上网，发展到今天的光纤到户，其间带宽足足提升了1000倍。

具有400年历史的报纸传媒进入全行业衰退期，受到互联网冲击，150年历史的《洛基山新闻》关闭；百年老报《西雅图邮报》《基督教科学箴言报》停止纸质版，改出网络版，大批传统媒体纷纷关闭、破产转型；2009年8月，有着87年历史的美国《读者文摘》被迫破产；有着80年历史的美国《商业周刊》被迫出售给彭博社。

通过世界第一软实力强国美国的传统媒体变迁可以得出启示，美国印刷媒体报纸广告从1950～2010年经历了从盛到衰的历史（见图1），与此同时，据普华永道和英国广告局的调查，2008年英国网络广告首次超过电视广告。2009年，中国正望咨询公司发布调查报告指出，中国受众上网时间首次超过看电视时间。

世界软实力的竞争从传统媒体转移到新兴媒体平台。传统媒体逐步实现数字化，同时用户生产内容的自媒体时代到来，实现内容可搜索、可重组、可链接、可双向交互。1994年全球媒体有8%实现数字化，到2007年有一半传统媒体实现数字化，2008年全球数字化信息达到4870

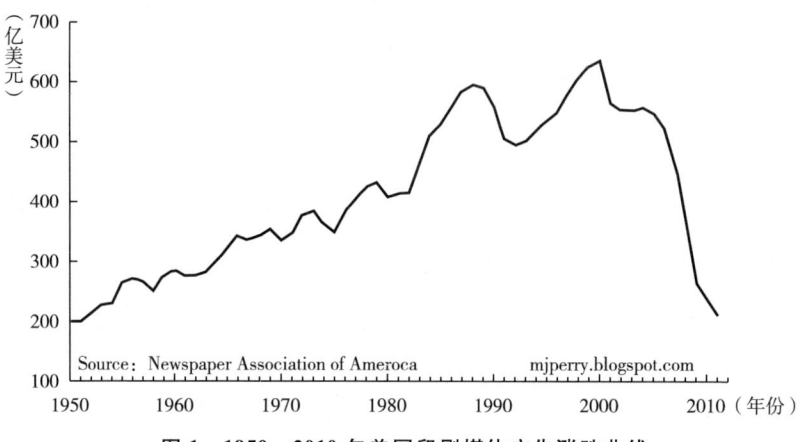

图 1　1950～2010 年美国印刷媒体广告涨跌曲线

亿 GB，人均 81.1GB，预计到 2020 年全球传统媒体有 80% 要实现数字化。

固定互联网用户量达到 20 亿户，用了 20 年。而移动互联网达到 10 亿户量级，仅用了 5 年，发展速度是固定互联网的 2 倍。移动互联网的快速发展，源自移动网络让人们摆脱了"线"的制约，智能手机的普及将赋予人类分享最大的信息自由。[①] 目前，网民上网时间已超过看电视时间（见图 2）。

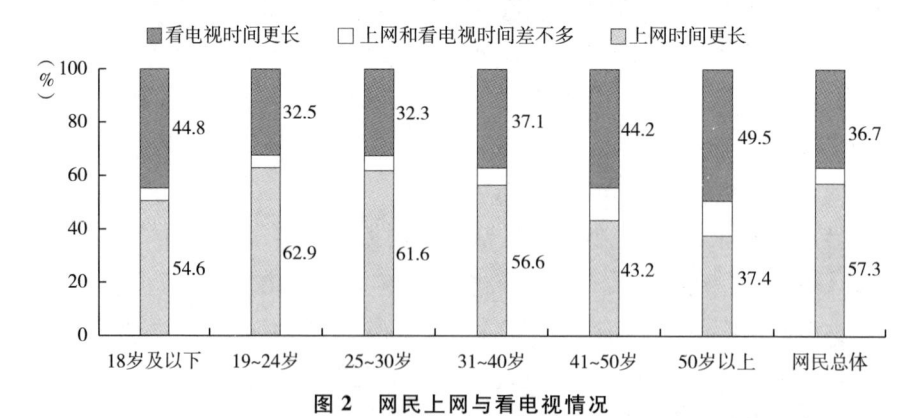

图 2　网民上网与看电视情况

资料来源：北京正望资讯：《2009 年互联网报告》，载于李伟：《助力广电塑造三网融合竞争力》，道客巴巴网站；http://www.doc88.com/p-042804507409.html。

---

① 华为：《"用户体验至上"引领更加繁荣的信息时代》，发布 2012 年行业趋势展望，2011 年 12 月 30 日。

以互联网为代表的信息化浪潮推动着全球化进程不断深入，在信息时代，掌握互联网传播的主动权意味着拥有了信息的主动权，也就意味着拥有了全球范围内的影响力。正如微软创始人盖茨预测："未来所有的媒体渠道，都将转移到互联网上。"互联网传播力已经成为国家软实力不可或缺的重要组成部分。

2012年7月，中国互联网络信息中心（CNNIC）在京发布《第30次中国互联网络发展状况统计报告》显示，中国网民规模达到5.38亿，连续4年成为世界第一网络用户大国。中国已成为全球新媒体用户第一大国，中国网民从2000年的2250万人[1]增长近23倍。中国手机用户2010年突破8亿户，2011年3月底达到8.9亿户，是美国3.03亿户手机用户的近3倍。

2012年6月23日，美国市场研究公司comScore发布了5月美国互联网发展报告。按独立用户访问量（Unique Visitors，简称UV）排名，谷歌、雅虎和微软居前三位。2013年5月，谷歌网站的UV为1.89亿次，位居全美网站首位（见表5）。雅虎网站和微软网站分居第2、第3位。Facebook以1.58亿次的UV居第4位。互联网广告方面，谷歌广告网络（Google Ad Network）覆盖了92.5%的美国网民，高居榜首，以下依次是Rubicon Project REVV Platform（90.6%）、AOL广告平台（84.1%）、谷歌（82.3%）和AT&T AdWorks（81.7%）。

表5 全球十大网络公司构建全球最大的舆论场拥有最大的受众用户

公司 （城名）	创办时间 及上市时间	业务类型	员工数及 用户数	年收入 （亿美元）	全球ALEXA 系统排名	市值 （亿美元）
谷歌 （Google.com） （优兔被谷歌以 16.5亿美元收购）	1998年9月 4日成立， 2004年8月 19日上市	互联网、 电脑软件	53546名员 工，1.89亿 月度用户	379.05	1（2012年 12月）	2490.0（全 球市值第五 大上市公司， 2012年9月）
脸谱 （Facebook.com）	2004年2月 4日成立， 2012年5月 17日上市	社会网 络服务	1300名员 工，10亿 用户（2012 年10月）	37.1 （2011）	1（2012年 9月）	1040.0（IPO 日市值）

---

[1] 尹韵公：《中国新媒体发展报告（2011）》，社会科学文献出版社，2011。

续表

公司（城名）	创办时间及上市时间	业务类型	员工数及用户数	年收入（亿美元）	全球ALEXA系统排名	市值（亿美元）
苹果（Apple.com）	1976年4月1日创立	软件硬件电子产品	72800名员工	1082.5（2011年）	35	6309.5（全球市值第一上市公司2012年9月）
雅虎（Yahoo.com）	1994年4月成立，1995年4月12日上市	门户网站	12000名员工（2012年5月），1.8亿月度用户	49.8（2011年）	4	800.0（历史最高市值）
百度（Baidu.com）	2000年1月1日成立，2005年5月8日上市	搜索引擎	16082名员工（2011年），每天响应138个国家60亿次搜索	145.0（2011年）	5	400.0
维基百科（wikipedia.org）	2001年1月15日成立	百科全书	285名员工，3500万用户	公益性捐助基金	6	
微软（Live.com）	2005年10月1日成立	软件服务	3.3亿用户	无商业模式	7	2567.8
腾讯（qq.com）	1998年11月成立，2008年6月10日上市	即时通信（中英法日文）	2万名员工，7.21亿用户（2011年）同时在线用户峰值为176375723人（2012年11月20日）	45.2（284.961亿元）	8	517.5（在港股峰值达4703.55亿港元，2012年9月14日）
推特（twitter.com）	2006年3月21日创立	社交网络微博	900名员工，5亿用户（2012年8月）	1.4（2010年）	9	70.0（2012年3月22日）
亚马逊（Amazon.com）	1995年7月16日创立	互联网在线零售、电子商务	69100名员工，6.15亿访问用户	480.1	10	1112.6

脸谱（Facebook）形成一种全球流行社交网络文化，在全球拥有 10 亿用户，上至总统下至草根百姓，奥巴马 2012 年 11 月 7 日连任总统后与夫人照片在脸谱上的粉丝达 320 万人。最大岁数的网络用户英国 102 岁的 Ivy Bean 于 2008 年在脸谱上注册账号，2010 年 7 月逝世时，她的朋友数达到 4962 人，同时在推特上有 56000 个粉丝。以色列和巴勒斯坦同时在脸谱上开设账号，宣传各自的立场。

Facebook 短短几年实现国际化，有 70% 的用户来自美国以外的地区，网站提供超过 70 种不同的语言。在丹麦的 500 多万人口中，有一半的人使用 Facebook。Facebook 的流量在 2010 年 3 月已经超过 Google 的流量，成为全球流量最大的网站。脸谱从 2008 年 8 月 26 日的 1 亿用户发展到 2012 年 10 月 4 日的 10 亿用户。

2011 年 4 月 20 日，奥巴马总统在 Facebook 的总部第一次亮相，他通过 Facebook 现场直播与广大网友就诸多话题进行了讨论，主要与网民讨论医疗信息技术。

所有的用户每个月花费 83 个小时在 FaceBook 上。平均每个 Facebook 用户有 130 个朋友。Facebook 活跃的应用程序超过 55 万个，并且不断增加。Facebook 大概有 1 万台服务器，这些服务器大概需要 1 亿美元维持。在美国，55 岁以上的女性 Facebook 用户数量增加最快。Facebook 会保存用户的资料，哪怕你的账号已经停用。事实上，Facebook 用户的资料（如照片）也可以保存在其他用户的个人主页上。由于 Facebook 如此受欢迎，心理学家发明了一种新的精神病面谱上瘾症。

在澳大利亚，Facebook 还被用于法院系统。法院的通知可以通过 Facebook 传达，并且 Facebook 的传票是合法有效的。

2010 年 1 月，据摩根大通公司统计，雅虎保持全球最大的在线展示广告第一大份额，占美国市场 17%，其次是微软（11%）及美国在线（7%）。

数量庞大且增长迅猛的互联网用户使得中国当之无愧已成为互联网大国，然而仅靠数量的优势中国还远非真正意义上的互联网强国。

规模有限、赢利模式单一、国际影响力较弱的中国网络媒体难以在国际互联网的大环境下为中国争取更多的话语权。传统的西方强势媒体依然左右着国际舆论的风向，中国虽然有数量巨大的人口，有雄厚的经济实力和技术支持、丰厚的文化资源，但因文化传播能力相对薄弱，影响了民族文化在国际上的可见度和竞争力，从而无法将其转化为强大的国家软实力。

四 实现中国互联网软实力产业贸易从逆差到顺差的若干对策

（一）提高中国互联网承载中华文化软实力价值观的传播力，将其纳入我国文化强国和国家文化安全战略，从国家战略的高度进行统筹规划和协调实施，塑造良好的国家形象，提升中国软实力在国际社会的影响力

自 20 世纪 90 年代以来，为发展软实力，美国在全球范围内推广其民主和价值观，成为维护美国价值观安全和使美国变得更安全的路径。有数据表明，目前美欧占据世界文化市场总额的 76.5%，在亚洲、南太平洋国家的 19% 份额中，日本和韩国分别占 10% 和 3.5%。美国文化产业创造的价值早已超过了重工业和轻工业生产的总值。

法国在许多国家建立了"法语联盟"等传播法语和法国文化的机构。目前有 1040 个法语联盟遍布世界五大洲的 136 个国家，拥有学生 46 万名。

德国政府将对外文化交流作为本国对外政策的三大支柱之一，"德语之声"尽量以客观、中立、平衡的新闻报道和评论来吸引国外听众。德国的大学和基金会在吸引留学生和访问学者、开展国际学术交流方面积极主动，有效地扩大了德国思想文化在海外的影响力。

日本在塑造国家形象、加强文化软实力建设方面形成了政府主导，学界、媒体、产业界和民间力量积极参与、举国共建的格局。日本学术界、产业界与官方合作，共同开展发展日本软实力的政策研究，为日本软实力建设献计献策。日本政府重点之一是打造爱好和平的形象；重点之二是突出流行文化，把美食、地方品牌和服装向世界推广；重点之三是输出"酷文化"使日本文化的美学价值为世界所接受和认同；重点之四是重视文化外交和文化交流。

20 世纪 60 年代和 70 年代，欧洲大陆、美国、加拿大、英国以及澳大利亚开始实行多元文化教育政策。多元文化教育是指在多民族多种文化并

存的国家中，政府制定和实施的允许和保障各民族文化共同平等发展的文化教育政策。多元文化主义及其所寻求的"多样性中的一致性"与文化公民权概念的落实有着密切的关系。元文化教育与公民教育在许多国家是相辅相成的。在实行多元文化教育的同时，很多国家都很重视在中小学开展公民教育，增强中小学生对本国核心价值观或传统价值观的理解和认同，提高学生的公民意识和国家认同。如英国高等教育事务官员比尔·拉德尔在2006年5月就曾指出，英国所有学龄青少年都应该接受"英国传统价值观"教育，使他们接受言论自由、宽容、公正、尊重法治等核心价值观，培养他们的公民意识和多元文化意识。英国教育大臣阿兰·约翰逊于2007年公布了对青少年进行"英国核心价值观"教育的计划，并将上述内容列入义务教育阶段的必修课程。将多元文化教育与公民教育相结合，同时培养公民的多元文化意识和公民意识，对创造社会和谐发挥了重要作用，其做法值得借鉴。

党的十八大报告指出，全面建成小康社会，实现中华民族伟大复兴，必须推动社会主义文化大发展、大繁荣，兴起社会主义文化建设新高潮，提高国家文化软实力，建设中国特色社会主义文化强国。

提升中华民族文化软实力，就必须倡导富强、民主、文明、和谐，倡导自由、平等、公正、法治，倡导爱国、敬业、诚信、友善，通过全球互联网弘扬中国特色社会主义核心价值观的凝聚力、全球公信力和世界影响力。保障公民文化互联网信息权，强化多元、多样、多变中的一致性，增强国家凝聚力。

（二）强化宏观顶层设计，建设中国互联网创新体系，推动中国互联网软实力成为国家核心支柱产业竞争力，增强我国网络文化产业的国际竞争力和国际影响力，实现从数量大国向质量强国转型，建设中国互联网软实力强国

美国建国历史仅200多年，但现在却已成为世界文化超级大国。2000年美国的版权产业产值达到4572亿美元，占GDP的10%。2002年美国网上交易总额占全球3330亿美元的64%，美国音乐制品占全球音乐市场份额的1/3强，美国2002年游戏产出超过全球的40%。

日本在发展文化产业方面后来居上，建立了完备的文化市场体系和网

络，包括拥有发达的广告业和成熟的经纪公司，积极参与国际或地区文化市场的竞争，引进外资和国外先进技术，开展形式多样的文化交流活动，推动本国文化产业发展，从而提高了文化软实力。

1996年，美国通过《电信法》适时推出"三网融合"，实现了美国国家安全战略、经济战略及配套战略转型，一揽子解决了美国以信息化推进全球化战略问题。透过国际组织和电信改革，有效控制了全球信息基础设施，同时，美国鼓励领先技术和优势产业向全球化扩展，计算机网络巨头如微软、英特尔、思科等经过《电信法》的实施和后来电信协议谈判，使其迅速扩张到全球市场。

中国于1994年正式接入国际互联网。中国政府始终把互联网作为促进经济社会发展、加快改革开放进程的重要力量，中国已经成为全球网络用户最多的国家。截至2012年6月，中国网民人数已达5.38亿，互联网普及率接近40%，超过世界平均水平。目前，在纽约交易所、纳斯达克、香港和国内证券市场上市的中国互联网企业已超过40家，总市值达到2100多亿美元（见表6）。

表6 中国互联网上市公司营业收入与市值统计

单位：亿美元，%

排名	企业名称	交易所	2011年营业收入	增速	市值（2012年6月26日）
1	腾讯	港交所	45.2	45.0	517.5
2	百度	纳斯达克	23.0	83.1	387.8
3	网易	纳斯达克	12.0	32.0	74.0
4	搜狐	纳斯达克	8.5	39.1	15.3
5	盛大游戏	纳斯达克	7.7	17.3	11.3
6	携程	纳斯达克	5.9	21.5	23.7
7	当当网	纽交所	5.2	58.6	4.9
8	新浪	纳斯达克	4.8	19.9	34.6
9	畅游	纳斯达克	4.8	48.1	10.8
10	完美时空	纳斯达克	4.3	25.2	3.7
11	搜房	纽交所	3.4	53.2	13.0

续表

排名	企业名称	交易所	2011年营业收入	增速	市值（2012年6月26日）
12	巨人网络	纽交所	2.6	34.5	10.6
13	前程无忧	纳斯达克	2.2	25.9	11.8
14	麦考林	纳斯达克	2.2	-5.3	0.6
15	奇虎360	纽交所	1.7	191.1	20.4
16	世纪互联	纳斯达克	1.6	94.4	6.3
17	空中网	纳斯达克	1.6	7.0	2.2
18	金山软件	港交所	1.5	5.5	5.3
19	优酷	纽交所	1.4	131.9	24.0
20	凤凰新媒体	纽交所	1.4	79.8	3.8
21	人人网	纽交所	1.2	54.1	17.9
22	网龙	港交所	1.1	43.1	4.4
23	斯凯	纳斯达克	1.1	11.1	0.7
24	易车	纽交所	1.0	46.2	1.7
25	乐视	深交所	1.0	151.2	15.7
26	艺龙	纳斯达克	0.9	22.1	3.8
27	太平洋	港交所	0.9	25.9	3.9
28	人民网	上交所	0.8	—	18.4
29	土豆	纳斯达克	0.7	78.9	9.2
30	慧聪网	港交所	0.7	26.9	1.5
31	A8音乐	港交所	0.7	-29.1	0.5
32	掌上灵通	纳斯达克	0.6	0.8	0.6
33	淘米网	纽交所	0.5	26.2	1.6
34	世纪佳缘	纳斯达克	0.5	97.7	1.5
35	金融界	纳斯达克	0.5	-11.2	0.3
36	网秦	纽交所	0.4	129.8	1.0
37	东方财富	深交所	0.4	52.7	6.0
38	酷6传媒	纳斯达克	0.2	16.1	0.7
39	第九城市	纳斯达克	0.2	3.6	1.8

注：市值以当地时间2012年6月26日收盘价计算；人民币与美元汇率、港元与美元汇率以中国外汇交易中心当日公布的中间价计算。

资料来源：艾瑞咨询：《互联网上市公司营收与市值统计》，艾瑞咨询网站，2012年6月27日；http://www.iresearch.com.cn/View/175398.html。

中国互联网在 2000～2010 年之间增长速度高达 1767%。中国自 2001 年"十五"计划第一次明确提出"三网融合",到 2010 年进入国务院推动试点实施阶段,中国"三网融合"核心业务网络视频版权费增长了 1000 倍。

中国互联网软实力和文化影响力的增强不仅需要数量广大的网民和广阔的市场,更需要一批具有世界影响力的科技创新企业和传媒公司的力量。目前,中国网络媒体文化产业呈井喷式增长,中央重点新闻网站每日页面访问总量达到 7.2 亿人次。据专家统计,中国传媒产业 2004 年的规模为 2100 多亿元,而到了 2008 年,这一数字已经达到 4200 多亿元,五年增长一倍。2010 年底数据表明,全球最大中文搜索引擎百度覆盖 180 个国家用户,每天日点击量达到 9.9 亿次。2012 年 4 月 27 日,人民网正式在国内 A 股发行上市,上市当天涨幅高达 73.6%,市值达到了 15 亿美元,超越了《纽约时报》9.32 亿美元的市值,为新一轮的网络媒体资本化运作提供了一个值得借鉴的范例。

2012 年 9 月 14 日,腾讯控股(00700,HK)在港交所跳空高开 5%,开盘价 260.60 港元,创出历史新高,收盘报收 255.60 港元,涨幅 2.73%。至此,腾讯控股总市值达 4703.55 亿港元,折合成人民币约 3832.12 亿元,而 A 股创业板当日的流通市值也只有约 3316 亿元。

大洋彼岸,刚刚发布了新一代产品线的美国苹果公司的股价同样创出新高。在全球经济萎靡的背景下,两只科技股为何一飞冲天?

目前,中国经济正在转型,股市亦在转型,今年以来,传统产业正在被投资者抛弃,而类似腾讯、苹果的科技股却风生水起,各种新兴概念、题材不断被发掘。

在传统与新兴产业此消彼长的过程中,从最简单的指标看,中小新兴企业云集的深交所成交额超过上证所已成为常态。

"微信在去年年初推出,仅仅用了 14 个月,就在今年 3 月份(拥有了)超过 1 亿的注册用户。在这个月,我相信可以再翻倍,翻到 2 亿。"在 2012 年互联网大会上,马化腾一席讲话震惊四座。

腾讯控股自 2004 年上市以来,除了 2008 年下跌 15.64%、2011 年下跌 7.31% 外,其余 7 年股价均呈上涨,其中 2005 年上涨 171%、2006 年上涨 330%、2007 年上涨 124%、2009 年上涨 247%,上市以来股价上涨了

60余倍。

Facebook的上市，曾吸引了全球的目光。但最新的数据显示，Facebook的总市值为407亿美元，远低于腾讯控股的600多亿美元。

比照国内在A股市场，腾讯控股目前总市值仅低于7家上市公司，这些公司几乎清一色是央企。中国平安、交通银行、贵州茅台、招商银行的市值已经落后于腾讯控股。《每日经济新闻》记者粗略计算发现，以市值比较，一个腾讯相当于4个万科A，10个伊利股份，30个一汽轿车。

回顾历史，腾讯快速成长的这几年，不论是中国还是世界，其经济都在各种危机中艰难前行，腾讯控股却在如此背景下成了一只超级大牛股。与此同时，在大洋彼岸，苹果股价同样创出历史新高。两只超级牛股的背后有什么秘密？瑞信发表研究报告指出，腾讯股价再创上市以来新高，公司仍然维持对内地游戏业务正面看法，尤其是在国际线上游戏方面已取得突破，并有望在现有市场进一步争取更高的市场占有率，维持其"优于大市"的投资评级及目标价282港元。报告指出："除游戏业务外，腾讯的微信服务安装用户估计亦已达2亿户之数，较6个月前增长一倍，并预计其QQ社区用户将会继续转移到微信……腾讯正逐渐成为最大的广告公司之一。"①

2002年，美国经济占世界经济总量的32%，有196家500强企业；而占世界经济总量4.2%的中国只有11家。10年后，情况改变了，美国经济占世界经济总量将降为23%，世界500强企业减到140家；占世界经济总量9.8%的中国增加了46家500强企业，达到57家。

专家预测，如果中国企业共同努力，发挥经济年增长8%的潜力，到2030年的时候，美国经济占世界经济总量降为12.5%，500强企业会减到80家左右；那时中国经济占世界经济总量将达到25%，会有130家以上的世界500强企业，中国企业就会是"满天星"。②

在一定程度上说，当今中国在政治经济的影响力方面无愧于是一个世界大国，然而在以"吸引力"为主要标志的软实力方面只能称得上是一个数量上的大国，还远远不能对全球当代主流意识形态构成深刻影响。我国

---

① 朱秀伟：《腾讯市值飞上历史新高达3832亿元》，《每日经济新闻》2012年9月17日；http：//it.sohu.com/20120917/n353286466.shtml。
② 张玉玲：《林毅夫三句话诗意解说当前经济》，《光明日报》2012年9月1日。

互联网行业必须建立面向全球独家信息内容版权体系，参与创建全球网络媒体传播行业标准。

目前，中国网络技术企业尚处在第一阶段的技术萌发和市场开拓阶段，传媒产业和文化产品的开发和扩展也刚刚起步，中国的互联网文化强国之路只有在这样的基础上不断开放、不断根据中国的实际深化体制变革，通过培育与网络规模相匹配的网络传媒企业和科技公司，才能在大体量的基础上做出精品，以一种积极和竞争的姿态面对国际互联网巨头的挑战。

美国虽然在互联网科技及其服务技术领域远远超出中国，但中国的互联网用户群的基数很大，是美国的 1.76 倍，并且这种状况在将来一段时间内会维持下去。中国的互联网领域发展空间很大，毕竟以后上网的人越来越多，对于网络的开发前景相当可观。

虽然这些量变记录了中国传媒事业的不断发展，但是要达到这种由微观现象进入宏观层面的质变依然十分艰巨。个体企业的发展壮大、民族国家的文化自觉，必须辅以国家层面的战略构架和具有计划性、前瞻性的统筹协调、资金投入、人才建设和技术支持才能够将一个个新生的突破凝聚成一个国家文化传播的巨大张力，从微观进入宏观、由量变引发质变。

（三）用最短的时间赢得最大的空间，承传历史的传统文明与面向未来的新兴科技融合文化软实力创新，发挥政府、市场和社会力量作用，以互联网软实力建设为突破口，全面提升中华文化软实力

作为具有 5000 年持续未中断历史的古老文明大国，中国在其漫长的历史中积累了丰富的影响力基础。和合文化、和谐共生的原则与"强而不欺，威而不霸"思想是植根于中华文化深处的软实力理念，古老的中华文化圈和辐射全球的华人文化为当今中国发展软实力提供了良好的土壤和媒介。中国的互联网国际传播，不仅为中国声音走向世界打通渠道，更为世界关注中国的改革、发展提供一个真实的窗口。

为什么中国没有乔布斯，没有苹果？国家知识产权局局长田力普分析指出，中国缺的是积累。知识产权保护制度在中国才有 20 多年，社会和国内还不太熟悉。从 1983 年第一部商标法颁布到现在也才有 29 年，而英国

美国已经有两三百年的历史了。另外还有文化问题。中国历史上是产生发明创造最多的国家，但沉睡了好几百年，工业化、信息化都落后了，知识产权制度从来没有在中国经历培育期。现在需要文化转型，这需要时间，我们已经有一代人的积累了，不会再用上几百年的时间。①

1996 年联合国世界文化与发展委员会发表了《我们创造性的多样性》的报告，将治理概念引入文化发展的讨论中。1997 年发表的《从边缘到中心》的欧洲报告强调，如果忽视文化，就不能实现可持续发展，提出文化治理概念的目的在于将文化政策从治理的边缘引入中心。

美国用三大片（薯片、芯片、影片）策略就征服了世界。从 1996 年开始，美国的文化产业已经超过航空、重工业等传统领域，成为美国最大的出口产业。美国的文化产业已经占美国 GDP 的 25% 左右。

利用现代高新技术手段实现文化产品的内容创新和文化生产的方式创新，培育新的文化业态、提高和扩大文化信息的传播速度和覆盖范围，是提升我国文化竞争力的发展重点。不仅要在以数字化、网络化为主的新的文化业态中实现创新，在传统文化产业部门也要依靠现代科技改造和提升传统文化，推动传统文化市场转型升级，实现内容、形式、管理、营销等多方面的创新。

互联网技术的发展为不同文化间的交流提供了理想的平台，特别是"人人拥有麦克风"的 web2.0 时代，不同文化、地域和国家的互联网用户之间都可以自由、双向、开放地进行信息交流与传播。发展国际互联网传播的目的就在于能够通过网络技术的渠道使中华文化跨越语言、观念、意识形态的障碍，与世界一流的媒体和主流舆论实现"无缝对接"，形成覆盖世界的新媒体传播网络，以我为主，全面客观地传播信息，在国际舆论的竞争中掌握主动权。

日新月异的互联网传播在人类漫长的文明史中是一个新生的事物，同时也是建立在传统文明的积淀之下的创新产物，只有建立在自身文明与世界共通的人类价值共识，才能真正打动人、吸引人，得到世界的共鸣，从而发挥出中国文化中时间与空间的优势，在古老文化的积淀中孕育出创新

---

① 王浩：《经济之声提问：为什么中国没有乔布斯，没有苹果》，中国广播网，2012 年 11 月 11 日；http://www.cnr.cn/2012zt/zgdl/twdb/201211/t20121111_511331184.shtml。

的萌芽。

"问渠那得清如许,为有源头活水来。"中国网络软实力的建设是一个"水到渠成"的过程。经济社会的发展孕育着国家软实力之水的源头活水,我们必须适应信息化条件下网络时代的特点、构建四通八达的网络传播体系和畅通渠道,实现经济全球化、信息网络一体化的传播机制,将国家"硬实力"与"软实力"巧妙结合,形成根据环境、时代和需要不断调整的"巧实力",最终扭转国际网络传播中西强我弱的劣势,建立中国文化自觉、文化自信,在传媒日新月异的今天发出属于我们自己的"中国声音",用客观与真实、诚意和专业、包容与开阔、趣味与共鸣创造"源头活水"的不竭动力!

"中国声音"如何突围

2011年11月3日，中国的神舟八号飞船在太空中成功地与稍早发射的天宫一号飞船完成了无人自动交会对接。这一消息不仅通过国内媒体的大幅报道为国人所熟知，也为全世界的媒体和人民所关注，因为，这次富有创举的太空实验不仅在人类的航天史上具有重要意义，也让世界另一端的人们能够暂时放下偏见，看到一个富有进取心和创新欲望的大国如长征火箭般吞吐出炫目的火焰冉冉升起。这个场景不由得让人联想到20世纪60年代的美国阿波罗探月计划、全美国人、全世界的人都在昼夜不息地关注着新闻报道中人类奇迹的实现——美国得以傲视苏联成为人类文明的先锋、美国人则满怀自豪地团结在一起，把这次壮举视为一代人的光荣与梦想。

时过境迁，当半个世纪以后，另一个新兴的大国同样以航天为标志崛起的时候，舆论的环境却不像当年那样满含希望和憧憬——一向在网络舆论中对中国充满偏见和歧视的日韩网民表现出对中国取得成就的钦佩和羡慕，美国的雅虎论坛上更是有很多网民表示对中国成就的祝福和对中国被国际航天计划排斥之后自力更生最终取得今天成就的赞叹。而与此相反的是，在中国的很多大型门户网站的网友留言里，中国网民对于中国取得的成就却是嗤之以鼻的，一些人认为发展航天是劳民伤财之举、更多的人在评论中牵扯出了其他社会问题和体制问题。

早在2008年，中国网民数量就已达到2.53亿，超过美国成为世界最大的互联网市场，而到了2011年已经达到了4.85亿，伴随着网民数量增长的是中国不断增加的网络普及率，可以说，与手机相类似，网络在中国已经从"高端技术"变成了寻常的公共信息工具，在这个时代，任何最新的技术在中国都能够得到最迅速的传播和普及，中国人正在以前所未有的巨大热情追求"最新"的东西，即使在一开始的时候并不明白它们的真正意义。不仅是网络，由于中国巨大的人口基数和不断提高的国民文化水平，网络以外其他媒体的受众指标，如电视的收视人数、报纸杂志的发行量、新媒体的覆盖范围等都是世界上任何单一国家无法比拟的。

巨大的人口基数带来的是巨大的市场、消费潜力和源源不断地制造能力与创新后劲，这种人口红利在中国改革开放初期为经济的起步做出了巨大的贡献，时至今日仍然为中国的经济提供强大的动力。然而，在经济取得瞩目成就、在国际市场逐渐取得了发言权和主导权的同时，中国的文化力量在国际上依然显得十分弱势，代表传统大国影响力的西方传媒语境下的中国似乎和冷战时期并没有发生多大的改变，中国的国家形象在普通外国人的眼中始终显得和世界主流文化格格不入——残忍、内乱、麻木、狡诈、独裁、没有信仰……充满了"原罪"的意味，这种强势的"定性"不仅影响着世界上最广大的受众，同时也影响着中国人自己，尤其是在网络嘈杂环境和社会信仰缺失中成长起来的年轻一代。巨大的人口并没有汇聚成强大的声音，在全球一体化的进程中，中国人总是用民族一贯的宽容和坚忍期待着世界的理解和接纳，很少用强势而坚定的语气告诉世界——中国是一个什么样的国家？

2008年是灾难和希望并存的特殊年份，一方面一场灾难性的地震磨砺和考验了民族的坚强和团结；另一方面中国的奥运圣火在世界范围内传递时遭遇到的种种阻挠，显示了在当今世界，中国依然没有得到"理解"和"宽容"，种种误解和隔阂在官方和民间依然广泛存在。当CNN发布了辱华言论的时候，华人组织在媒体门前抗议示威，最终主播以个人的名义道歉，当"达赖集团分裂势力"分子抢夺火炬的时候，留学生组织起来在传递火炬过程中始终高举国旗、阻拦破坏分子的嚣张气焰，在整个事件中，留学生和海外华人的爱国热情和民族自觉让人钦佩，但是，这些民间组织甚至个人的不懈努力也许只能勉强维持活动的延续和尊严底线不被侵犯，却不足以改变整个西方社会对中国的偏见，崛起中的青年一代对于祖国强大而正面的形象有着不输于前辈的渴望，但是在这样的重大事件中国家的声音依然软弱，传统的西方强势媒体依然左右着国际舆论的风向。我们虽然有数量巨大的人口、雄厚的经济实力和技术支持，但是却没有把述事件转化为代表中国舆论立场的声音，为国家的崛起制造正面的舆论，使良好的国家形象深入人心，从而获得世界上其他国家普通民众的理解和祝福。

正如郑贞铭教授所说的那样："经济发展会使人羡慕，但是只有文化的发展才会使人尊敬。"21世纪的前30年是中华民族百年复兴之路的转折时期，不可避免地面临一系列尖锐的冲突和矛盾，同时在世界范围内，中国的崛起必然伴随着传统世界格局的根本改变。诚然，经济发展是国家崛起的动力，事实证明，国家形象的崛起也并非水到渠成，需要有以国家为主体的强力推动，需要有建立在充分理解不同文明基础上的文化推广战略，更需要媒体特别是以网络为代表的新兴媒体的行动。

没有人会愿意被强制灌输一种理念，但是没有人会拒绝以喜闻乐见的方式接受新事物；没有人会愿意屈服于自己的敌人，但没有人会拒绝多交一个朋友；没有人会愿意被人指手画脚地批判，但没有人会拒绝主动发现和改变自己的偏见。

一 "国家精神"与"形象碎片"

一个国家的形象映射出这个国家的精神，一个国家的精神孕育于这个国家的历史。换言之，只有拥有完整的哲学与信仰渊源、独立发展奋斗的历史和具有普遍价值的民族精神的国家才有可能崛起而成为真正的大国。以美国为例，当我阅读波兹曼的著作《娱乐至死》的前半部分时，深深地为作者回忆中的创立初期的美国景象所吸引，在那个物质贫乏、美洲大陆被先进的欧洲视为"穷乡僻壤"的荒蛮之地的时代，北美殖民地居民以极大的热情阅读各类书籍、小册子，乐此不疲地听6~8个小时的政治演讲，拥有其他族群望尘莫及的文化普及率和基于献身精神的基督教信仰，而那些在乱世中建立起国家的国父们，不仅可以跻身那个时代最杰出的启蒙思想家之列，而且很多都是白手起家、个人奋斗的典范。这种以"独立、自由、个人奋斗"为标志的"美国精神"从那时起就得到了确立，并且被其后200多年来的继承者们诠释、发扬，最终铸就了当今世界的强势文化和普世价值。正如理查德·霍夫斯塔特所说："美国是一个由知识分子建立的国家，这在现代历史上是罕见的……这样的人建立起来的社会是不会朝别的方向发展的。"一旦这样一种国家精神（民族性）被大众接受，那么它就成为以后人们用来解释与该国有关的大多数现象和事件的"母题"，国家的形象也就在此基础上得以确立。

然而，对于普通的受众，特别是外国民众来说，他们不可能每一个人都对别国的历史和哲学有系统性的了解，在普通大众眼中的国家形象，实质上是一个个代表着"国家精神"的碎片，是一条历史纵贯线上一个个坐标，是一个球体的任意剖面。譬如美国，一脉相传的自由精神实质上是通过"五月花号""废奴宣言""移民国家""自由女神""民权运动"这些抽象和含糊的元素来代表的，而谈到"美国精神""美国梦"人们则会想到本杰明·富兰克林、爱迪生、卡内基直到如今被人们津津乐道的"苹果教主"乔布斯。虽然这些人所处的时代大不相同、赖以成名的工具也是与时俱进，但无一例外都贯穿着"创新""叛逆""白手起家"的个人特质，并且他们都是自己那个时代全球瞩目的先驱和偶像人物。我们知道，历史的真相往往比看起来的要复杂，无论是国家的崛起还是个人的成功，实质上并不是简单一种精神就能够成就的，但有一种无形而巧妙的力量将错综复杂的历史、充满辩证的哲学、风云诡谲的政治和不断变迁的社会简化为一个个简单易懂的标签，大量复制、一一张贴，就像是黑夜里勾勒出高楼形状的霓虹灯管，高大雄伟的楼房撑起了霓虹灯的华丽，而人们看到的只是一个色彩斑斓的轮廓，而非夜色笼罩下的大楼本身。

在这个时代代表中国的标签是什么呢？龙？很不幸由于翻译得差劲儿，这种中国的神物在西方是邪恶的象征。饺子？炒饭？北京烤鸭？中国美食固然诱人，但代表一个大国的绝不应该是街头餐馆里的厨师。功夫？他们脑海里的不是衣袂飘飘、仗剑天涯的侠客，而是裸着上身、发出尖利吼叫的李小龙。共产主义？普通老百姓很难准确解释，脑海里闪现的首先是冷战时期大量的宣传品，而且中国当今是社会主义制度而非共产主义。当我们浏览各个国家受众关于中国问题的讨论，我们不难发现，支撑起他们解读中国的是一个个零碎而扭曲的"形象碎片"，且不论这些碎片中原本就不含有中国的核心价值和民族精神，这些元素本身就是西方媒体基于对中国的误解而进行"二次加工"的产物——是一个个扭曲的标签。而中国的媒体和文化部门却常年在弱势心态的影响下"迁就"着这些标签，花心思在这上面做文章，希望通过宣传和放大这些被外国人熟知的"中国元素"来改善外国人对中国的印象，结果往往是收效甚微甚至适得其反。

当然，转型期的中国也有着属于自己的困惑：中国的"国家精神"是什么？我们用什么来支持起"中国梦"？相信此时此刻依然有很多青年人正在面对着这个问题而困惑、迷茫。然而这是一个类似于"鸡生蛋、蛋生鸡"的问题，诚然一个没有"国家精神"的民族无法崛起而成为真正的大国，然而一个在百年屈辱中坚忍挣扎、永不放弃、最终在绝境中杀出一条血路而走向复兴的民族是绝不可能没有自己的"精神"的。这种精神表现在两个方面，一方面来自中国传统的哲学和文明，另一方面是在百年的奋斗抗争中形成的新面貌，将这两者贯穿在一起的是中国人特有的坚忍、包容和自尊。

可以说，"精神"是无形的，它散布在这个民族的方方面面，但是如果要在国际上塑造出中国的形象，或者说，让这种精神为更多的普通人，包括我们的国人、我们的青年所熟知，就需要有人去提炼出"标签"，用一种主体的姿态去推出真正的"中国元素"。"国家精神"和"形象碎片"就如同一棵大树的树干和树枝，没有强壮的树干则无法生长出繁茂的枝条，而没有枝条的大树只是一个原木，而不是一棵生机勃勃的生命。经济的发展、国力的强大让我们有能力去打造一个坚固而美观的酒瓶——发达的技术和普及的媒介，但是我们如何学会酿出美酒，并且把它一滴不漏地装进酒瓶——生产出为人们所喜爱、所接受的内容，还有很长的路要走。

二 "典型"的正效应与负效应

当今的中国是一个排斥"典型"的时代，年轻的一代叛逆而张扬，在他们的视野中，以往的时代所塑造的一个个典型如雷锋、董存瑞、焦裕禄等被打上了"政治宣传"和"假象"的标签，从而被嗤之以鼻和反感。但是正如前面所说，我们认识世界的方式在大多数情况下是呈碎片状的而非一个逻辑的过程，没有一个国家能够拒绝"典型"的巨大魔力，也没有一个人能够逃脱"典型"给他们带来的影响。"典型"的人物、"典型"的事件塑造大众对世界的看法，一个个典型就像是柏拉图书中洞穴石壁上木偶的影子，用一种似真似幻的方式为人们塑造出一个他们认为是真相的世界。然而，是谁操纵着木偶的线、让木偶去表演出真相呢？

如果没有那段载入史册的视频，"小悦悦事件"可能不过是一条普通的民生新闻，而正是那18个见死不救的路人让这起交通事故上了美国时代广场的屏幕。一条地方新闻以惊人的速度迅速占领了全中国各种媒体的显要位置，并且迅速在全世界范围内传播，引起了全球受众的讨论，不得不让人感到震惊甚至是一丝惶恐。究其原因，便是那18个路人让"小悦悦事件"成为一个"典型"，而贴在这个典型身上的标签便是——见死不救的中国人。

中国有14亿人，而见死不救的是18个人（现在网络上有很多网民通过技术分析的方法对这段视频的真假产生了怀疑），然而这18个人的行为足以引起14亿人对于民族道德的自我拷问和反思，这18个人也足以在一定时间范围内定型外国人对中国的印象——事实上现在很多关于中国的帖子外国人都已经习惯于把"小悦悦"当成一个例子来支撑自己的观点。我们总是厌恶自己"被代表"，但在这次的事件中我们默默地接受了"被代表"，而别人也理所当然地认可了这种"代表"，各种因素夹杂交织，在极端的时间内完成了国家形象的一次反面塑造。也许这就是"典型"的力量。

在跨文化交流中，"典型"的力量是一把双刃剑，而典型的塑造正是通过媒体，通过一条条发生在我们身边引人注目的事件完成的。从"布什撑伞""拜登吃面"到骆家辉骑自行车，看似无意识的行为背后时刻透露着无处不在的国家形象策划。或者说这些公众人物本身就是那些洞穴里的提线木偶，完成动作需要两个条件：提线完成动作的人和在他们背后强烈的光辉。而围绕着这些典型事件的舆论形成，不仅需要事件本身的发生，还需要媒体特别是接受方媒体的密集报道以及相应的解读和渲染。正是媒介的把关选择决定了有关国家的正面典型或是负面典型事件进入公众的视野，从而在普通民众中产生的是正效应或是负效应，而这种典型产生的巨大力量是会不断累积的，最终产生国家形象质的变化。

因此，在当今的时代，我们没有理由拒绝"典型"、排斥"典型"，而是应该在正视"典型"的同时尊重真相，用合适的方式发挥"典型"的正效应。

三 "媒体即立场"

"没有调查研究，就没有发言权"，然而在网络上批评和不屑于 CCTV 新闻的网民大多数几乎从来不会在每天晚上 7 点的时候打开电视收看新闻联播。人们对于国家媒体的不信任与其说是认为它们的内容不真实，不如说把它当成了一种体制的化身，把一种对于体制的不信任转嫁到了媒体身上，进而从立场上否定媒体的传播内容。正如宣明栋老师演示的 CCTV 新闻频道改革前后的数据所显示的，虽然央视在内容的变革上仿照 CNN 的模式进行了大刀阔斧的改变，但是在收视率上影响到的依然是原本就对新闻频道有收视习惯的老一辈人，对于年轻人的影响微乎其微甚至是不断减弱。在这个时代，人们选择媒体与其说是接受媒体所提供的信息，不如说是选择媒体本身；人们不仅在消费内容，也在消费立场。

传播学者麦克卢汉提出的著名论断"媒介即讯息"指出，影响人类发展进程的与其说是媒介传递的信息不如说是媒介工具本身，因为不同媒介自身的特点决定了人们的使用方式，而人们对于媒介的使用决定了人们的思维方式和思维逻辑，从而决定了一个时代的特质。这里我们不妨借用这样一种逻辑："媒体即立场"，影响人们选择媒体的与其说是媒体提供的内容的质量不如说是媒体在人们的观念中所代表的立场，不同立场的人会遵循接近性的原则来选择使用或者是接受媒体传递的信息。有的时候，在人们观念中媒体的立场甚至决定了受众心目中新闻的真实性。

例如在报道中国内部的群体性事件时，中国媒体由于能够掌握更多的信息，因而较好地还原了事件的真相，而某个西方媒体使用了网络上其他国家骚乱的照片进行报道，由于西方受众先入为主的观念认为"共产主义"的媒体处在专制的压迫之下被迫隐瞒了真相，所以选择相信了西方媒体提供的具有很大漏洞的虚假报道。这样的事例在诸如"石首事件""茉莉花革命"等事件中都有体现。再比如西方公共媒体如 BBC、秉持新闻专业主义的私营媒体如《华尔街日报》《纽约时报》等在中国人的印象中是客观、中立、公正的，所以他们对于很多国际时事的报道，特别是第三世界新闻的报道常常被中国网民作为获取真相的重要参考，然而他们的本国青年往往像中国人对待 CCTV 一样对这些蜚声国际的著名媒体的言论嗤之以鼻；日本的 NHK 在中国人看来一贯持有客观的立场，它的一系列纪录片在中国有很高的声誉。然而在右翼思想泛滥的日本青年人群体中则被指责为"观点偏左"和"赤化"而被拒绝接受。这些都是由于对于媒体立场的预设造成了传播中接受的隔阂。

由此可见，在对外传播塑造国家形象的时候，制造符合文化习惯、易于为世界人民所接受的内容之前首先应该塑造的是媒体的形象。中国的媒体产业正处在一个蓬勃发展的时期，著名门户网站的影响力已经超越了国界，但是很多媒体在国际传播的过程中都被动地被贴上了"标签"，虽然用户使用率在不断提升，但是在媒体立场上依然是负面。早些时候，新华社的广告登上了纽约时代广场的广告墙，以一种强势的姿态宣告中国媒体正在努力开拓自己的国际影响力，然而美国媒体对于这一事件的解读却是"共产主义来了"，由此可见，塑造一个国家媒体形象我们还有很长的路要走。

不可否认，处在转型期的中国，她的声音依然比较弱小，并且处在传统强势媒体的包围之下，走向文化强国之路荆棘丛生，但越是面临这样的困境，我们越没有理由感到悲观。正如"逐利"和"抄袭"两个标签，现今几乎是攻击中国的标准用语，然而，半个世纪前这两个词语属于日本，一个世纪之前这两个词语属于美国。日本在"二战"后通过仿制并以低廉的价格出售美国制造的新兴电子产品而迅速崛起，正是在充满争议的转型时期日本的电影、动漫产业开始起飞，并且在世界范围内迅速刮起一阵旋风，这些文化的标签在当今的世界塑造了日本是发达国家形象。而 20 世纪初的美国在欧洲人的非议和不屑中创造了标志中产阶级崛起的福特汽车，在混乱的西部热和淘金风潮中诞生了牛仔和牛仔裤，这些无疑都成为后来美国精神的象征，经久不衰地引领着世界的潮流。如果说我们的民族有什么值得我们自豪，那么也许不是我们在历史上曾经创造的辉煌成就，而是中国人那种一次次在失败中坚持、在绝境中崛起的凤凰涅槃般的生命力，正是这种文化的韧性使一个民族几千年绵延不绝，也必将见证着新时代的到来。

提升中国互联网国际传播力
呼唤一流全媒体人才

2010年,中国GDP达到397983亿万元,同比增长10.3%,超越日本成为世界第二大经济体。由此,中国来到世界舞台中央,中国社会迈向中等发达国家,中国的分量和中国所处的历史方位发生了根本变化!中国新闻舆论环境发生了历史性的变化,中国文化角色倍受全球关注,建设与中国大国地位相称的一流传播能力的国际传媒、提升国家软实力成为当务之急!

相关数据显示,中国互联网产业对GDP的贡献率已达到了7%,未来3年很有可能达到15%。在一些经济比较发达的地区,信息产业已经从新兴工业变成了第一支柱产业,我们正在从互联网大国向互联网强国迈进。

时代呼唤中国诞生国际一流媒体,国际一流媒体要求具备:信息传播在国际空间具有强大国际影响力,包括品牌影响力、话语权、舆论引导力;跨国经营,具有强大的运营能力,收入及效益等经济财务指标进入国际媒体的第一阵容;基础规模强大,媒体的整体规模水平、国际覆盖能力、采编制作播出能力等信息制播平台的基础性指标国际领先。

在全球化传媒经济格局中,媒介、电信、IT形成全球化竞争,网络、手机、3G、移动媒体等新技术新媒体风起云涌,迎来媒介融合的大传媒时代,网络、手机、电视、广播、视频、游戏、彩信等充分融合,通过在线、有线、无线、光纤和卫星数字直播等多频道蔓延传播。以技术、经济、市场为诱因催生传媒企业发展成为跨国传媒集团。对于每一种新的发明创造,都有其发展规律。按照经济发展规律,当普及率超过10%,就会迎来一个快速增长期。中国的网民普及率在2007年已进入快速跑道,每年20%~30%的增长率,已经将美国不足10%的年增长率甩在了后面。中国互联网的发展速度可以说是世界上同等GDP国家中最快的。此外,中国巨大的发展空间也吸引着世界资本的目光,而且吸引力正在加大。当前,世界互联网最发达国家的冰岛网民普及率已经达到86%,按此比例,美国还有10几个百分点的增长余地,而中国还有30多个百分点的巨大增长空间。

中国社会与市场变迁加剧,2008年中国城市化达45.7%,国民收入人均3258美元,中产阶层涌现,消费结构、教育、社会分配与社会保障变化给中国传媒业带来巨大的发展空间!

专家预测,如果政策得当,未来30年中国传媒产业将迎来更大的发展空间,它将远远超过其他各行各业。不但如此,中国传媒产业的发展速度还将超过全世界任何一个国家和地区。

国家力量在国际一流媒体的形成过程中是重要的基础条件。具有国际影响力的媒体,一定产生在力量强大、具有国际影响力的国家;重大新闻事件是国际媒体崛起的重要契机;媒体自身的准确定位和不懈努力是成为国际媒体的关键;对新传播技术的追求是国际媒体的发展的推进器。

2006年国家"十一五"时期文化发展规划纲要明确提出:"要加快建设一批综合实力强、在国内外有广泛影响的新闻网站,形成若干个与我国地位相称的、具有较强国际竞争力和影响力的综合型网络媒体集团,争取其中一到两家重点新闻网站进入世界前列。"[1]

2010年,我国网民规模继续稳步增长,网民总数达到4.57亿,互联

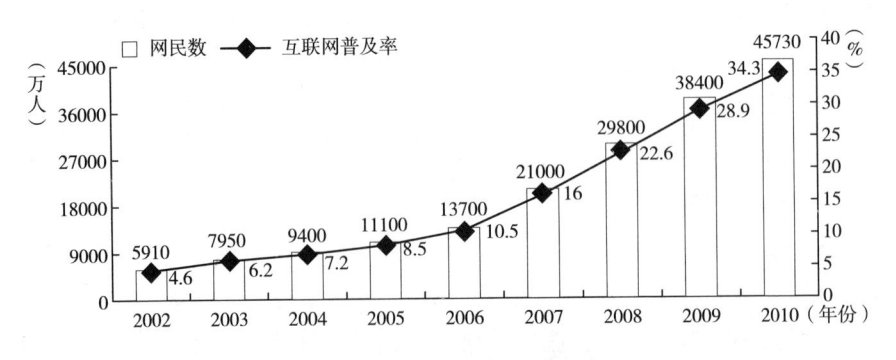

图1 中国网民规模与普及率

资料来源:CNNIC:《中国互联网发展统计报告(2010)》。

---

[1] 蔡名照:《重点新闻网站发挥主力军作用》,人民网·传媒频道,2009年6月19日;http://meida.people.com.cn/GB/40606/950952html。

网普及率攀升至 34.3%，较 2009 年提高 5.4 个百分点。全年新增网民 7330 万，年增幅为 19.1%。我国网民规模已占全球网民总数的 23.2%，亚洲网民总数的 55.4%。

宏观经济形势持续向好，网络基础建设务实推进，移动互联网加快发展，网络安全保障体系更加完善，农村信息化使用深度增强等，共同推动了 2010 年我国网民规模和普及率的稳步提升。

伴随中国网络用户的飞速增长，中国网络媒体已经成为人们了解世界、关注时政的重要窗口，网络使每一个受众都成了影响舆论走向的重要支点。

一　时代呼唤全媒体型人才

随着数字技术，尤其是 3G 时代的到来，信息定制、手机报、手机上网、手机电视等无线业务在报业方兴未艾，无线接收终端逐步拓展到 MP4、掌上电脑、笔记本电脑、车载电脑和户外无线屏幕等领域。互联网和移动通信改变了人民的生活，也改变了传媒生态。

所谓"全媒体型的新闻人"，就是指能够掌握文字、摄影、录像及网络等多种媒介技能的人。在中国新闻界，媒体人员的职责分工过去一直非常明确。搞文字的就是搞文字，搞摄影的就是搞摄影，搞录像的就是搞录像，搞网络的就是搞网络；编辑是编辑，记者是记者，可谓泾渭分明。由于这样的分工，传统媒体里新闻人的工作都是单一的：有的搞文字报道，有的搞摄影报道，有的搞电视录像，有的后来专门搞网络报道；或者当编辑，或者当记者。因此，每个媒体人都拥有从事新闻工作的某个方面的专长。而全媒体时代强调的是一个新闻工作者要一专多能，这就要求我们媒体人在侧重掌握一种媒介技能的基础上，兼顾学习掌握其他方面的技能。

全媒体型新闻人才的需求，是随着媒体融合的进程不断加快而出现的。媒体融合，使各类传媒因介质差异而产生的鸿沟逐渐被填平。传统媒体如报社、电台、电视台、通讯社等，都将不再仅仅生产一种形态的新闻产品，也不再仅仅依靠某一种终端载体为受众提供新闻信息。新闻媒体的这种转型，必然对新闻从业人员提出新的工作任务和专业要求，如一些走在改革前沿的报社已经成立了"全媒体新闻中心"，将辖下所有媒体的记者聚集在同一个新闻采集平台上。他们不仅要为报纸做文字报道和图片摄影，还要同时为报社的网站、手机报、电子显示屏等提供多种媒体形态的新闻。新华社提出"全媒体业态"的目标后，也要求各分社记者同时采集文字、图片和音视频新闻。[①]

总之，新闻工作者从"单媒体型"转向"全媒体型"是媒体融合发展的客观需要。全媒体型新闻人才的最大特点，就是掌握了多媒体采制和传播的技能，能够同时承担文字、图片、音频、视频等报道任务，为多种不同媒体提供新闻作品。

全媒体型的新闻人才在西方发达国家的一些媒体中，出现得比我国早。美国的一些媒体在20世纪末便已经开始媒体融合的各种尝试，记者的转型自然也开始得更早。21世纪初，在新闻媒体和新闻院校中就频繁听到"超级记者"（Super reporter）、"背包记者"（backpack journalist）这类称谓。

二 重大战略决策：传播力源自人才

中国的国际传播能力和话语权面临严重不足和缺失的局面。为提升中国互联网的国际传播力，中国果断做出了加强国际传播能力建设的重大战略决策。《人民日报》、新华社、中央电视台、中国国际广播电台、《中国日报》和中新社等媒体迅速行动起来，全力加强在海外建站布点，致力于打造具有全球影响力的国际一流媒体。

中共中央政治局常委李长春来到中国传媒大学，就加强国际传播后备人才培养工作进行调研。他强调，要适应信息化条件下国际舆论传播的新特点、新形势，加快国际传播后备人才培养步伐，努力造就一支政治立场坚定、新闻业务精通、深入了解国情、熟练运用外语、熟悉国际规则的外向型复合型国际传播人才队伍，为提高国际传播能力，营造有利于改革开放和社会主义现代化建设的良好国际舆论环境提供坚实人才支撑。

---

① 朱金平：《时代呼唤全媒体型人才——中国人民大学新闻学院副院长蔡雯访谈录》，《军事记者》2010年第3期。

同时，李长春对培养造就更多优秀的国际传播后备人才提出了具体要求。

第一，要把思想政治教育摆在首位，坚持不懈地用中国特色社会主义理论体系武装学生头脑，引导同学们坚定理想信念，始终坚持正确的政治方向。

第二，要加强国情和形势政策教育，加强社会实践，帮助同学们深入了解国情、了解基层、了解人民群众的期盼、了解经济社会发展实际，进一步开阔视野、增长见识，提高分析问题和解决问题的能力。

第三，要加强专业技能培养，注重外语学习，引导同学们深入钻研信息化时代国际传播的特点和规律，打牢国际传播业务根底。

第四，要坚持改革创新，积极探索因材施教和个性化培养的新方式、新途径，不断提高国际传播后备人才培养的针对性和实效性。

第五，要加强新闻职业精神和职业道德教育，引导同学们树立高尚的道德情操、良好的职业素养、优良的工作作风。[①]

为加强国际传播人才队伍建设，从2009年开始，中宣部、教育部等部门在清华大学、中国传媒大学等高校开展试点，招收国际新闻传播硕士研究生，为中央重点新闻媒体培养国际传播后备人才。经过有关部门和试点高校的努力，目前这项工作取得积极进展，已先后招收两批共300余名学生。

三　全媒体环境下对人才的要求

中国人民大学新闻学院副院长蔡雯教授提到，在全媒体大背景下，媒体对自己从业人员的业务培训非常重要，但更重要的还是先要让他们充分了解和理解媒体面临的严峻形势和转型任务，对自己的责任和义务有清醒的认识。此外，在管理制度、分配制度的改革上也需要配套，因为媒体融合带来了更大的工作压力，对管理者也提出了更高的要求。媒体融合后，对员工的加倍付出应该有合理的回报，这样才能充分获得大家的理解支

---

① 杨维汉：《李长春在中国传媒大学调研：加强国际传播后备人才培养》，新华网·高层动态，2010年12月17日。

持,充分调动全体员工的积极性。

她指出,所谓"全媒体型"只是从掌握技术的角度对新闻人才培养的一种考虑和要求。事实上,新闻工作者仅仅懂得各种传播技术是远远不够的。对新闻人才的培养模式改革除了应考虑媒介融合带来的对"全媒体"技能的需要之外,还应该在培养"专家型"的新闻人才方面有所探索。随着新媒体的兴盛和传统媒体数字化转型,新闻媒体的核心竞争力已经不只是在于采集与发布新闻信息,它还需要通过对各种内容产品的整合,提升其品质和价值,使新闻与信息传播进一步延伸到知识与服务领域,并不断通过裂变与聚合,形成新的内容产品,从而促成媒介集团中产品链和价值链的生成。从这个意义上说,记者编辑的知识水平与专业技能已经面临前所未有的挑战,策划型与专家型新闻人才将更为媒体所需要。[①]

1. 创新敏感性是首要因素

对新闻人来讲,最重要的是要有一种新闻敏感性,而创新敏感性是首要因素。创新是一个民族的灵魂,也是时代发展的车轮和引擎,作为全媒体时代的新闻传播者,要时时刻刻知道我们现在面对的是一个人人皆有麦克风、人人都可以成为记者的时代,你要高人一等,就必须要有创新的集成能力、协同能力。作为新闻主流媒体,有信息高端的通道优势,就可以在这方面发挥权威的先导优势。要引导、主导网上的主流声音,在这一点上必须要有过硬的素质,比如说代表国家的利益,代表广大受众的意志,为他们服务,为他们做好服务以后才能赢得权威性、影响力和品牌的忠诚度。[②]

2. 发扬一种锲而不舍精神

任何一门学问和技能的掌握,都有一个过程,不可能一蹴而就。而要做一个全媒体型的新闻人,需要学习和掌握的新知识与新技能很多,既不能有畏难情绪,又不能觉得轻而易举,关键是要发扬一种持之以恒、锲而不舍的精神。如此,经过几年、十几年甚至更长时间的努力,就会破茧重生,实现争做一个全媒体型新闻人的梦想,至少会向全媒体人的目标更靠近一步。

[①] 《时代呼唤全媒体型人才——中国人民大学新闻学院副院长蔡雯访谈录》,《军事记者》2010年第5期。

[②] 伍刚:《数字化、信息化、网络化、全媒体化战略思考》新华网·传媒频道,2010年5月14日;http://news.xinhuanet.com/newmedia/2010-05/14/c_12103292_5.htm。

四 创新培养模式：政府＋媒体＋学校

正如中国人民大学新闻学院副院长蔡雯教授所提到的那样，我国媒体对全媒体型新闻人才的关注和需求正在不断增强，这从越来越多的传统媒体纷纷改制并和新媒体"联姻"，以及为记者改换技术装备、增添新的"武器"如摄像机、3G 手机等就可以得到证明。但从总体上看，我国目前的新闻从业人员在向全媒体型转变的过程中还会面临很多的困难和巨大的挑战。一是观念跟不上，不少人对于这种转型的必要性认识不深，对转型带来的工作压力和困难心存惧怕甚至有所抵触；二是不少新闻从业人员的专业素质和技术能力跟不上，对于新媒体、新技术不熟悉，这一方面，年纪大的人比年轻人更突出。[①]

在政府主管部门的统一领导与部署下，清华大学、人民大学、中国传媒大学、北京外国语大学和复旦大学进行试点，创设国际新闻传播硕士专业，采用既有别于我国现行新闻教育体制，又不同于西方新闻院校人才培养方法的新型办学模式。在政府主管部门的指导下，5 所学校从媒体实际人才需要、从与西方媒体竞争需要、从面向未来媒体发展趋势出发，创立了一种全新的政府主管部门、媒体和高校联手办学的人才培养模式。这种模式，以政府主管部门为主导，便于有效地调动各方资源投入国家急需人才的培养。《人民日报》、新华社等 6 家媒体直接参与培养方案的制定和实施，单刀直入地解决了长期困扰我国新闻教育的一个老问题——教育与媒体实际工作相脱节。5 所学校则根据自身特点和资源优势，创造性地制定并实施具体的培养计划。这种模式，具有鲜明的中国特色，在资源快速配置上的效率和优越性是西方大学的新闻人才培养模式所难以比拟的。

参考文献

蔡名照：《重点新闻网站发挥主力军作用》，人民网·传媒频道，2009 年 6 月 19 日：http://media.people.com.cn/GB/40606/9505952.html。

[①] 朱金平《时代呼唤全媒体型人才——中国人民大学新闻学院副院长蔡雯访谈录》，《军事记者》2010 年第 3 期。

朱金平：《时代呼唤全媒体型人才——中国人民大学新闻学院副院长蔡雯访谈录》，《军事记者》2010年第3期。

伍刚：《数字化、信息化、网络化、全媒体化战略思考》，新华网·传媒频道，2010年5月14日；http：//news. xinhuanet. com/newmedia/2010 – 05/14/c_ 12103292_ 5. htm。

杨维汉：《李长春在中国传媒大学调研：加强国际传播后备人才培养》新华网·高层动态，2010年12月17日。

李景中：《准备好，做一名全媒体记者》，《青年记者》2010年第20期。

朱金平：《怎样成为一个全媒体型的新闻人》，《军事记者》2010年第8期。

黄健源：《全媒体时代媒介与人的关系探讨》，《东南传播》2010年第4期。

传媒科技领域复合人才培养的探讨

一 引言

自20世纪90年代以来,我国传媒业的功能已经不再是传统意义上的舆论工具,正逐步过渡到新的朝阳产业。据有关方面的不完全统计,传媒产业的产值已经占GDP总量的2%以上。为社会创造了丰厚的红利,并带动了造纸、印刷、半导体、信息产品的相关发展。与此同时,为满足迅速发展并逐步与国际接轨的传媒行业需求,专业人才培养就显得愈发迫切,对人才的需求呈现出多层次、多样化、高水平、复合型的特征。培养复合型传媒人才是迎接知识经济挑战,应对国际传媒挑战以及传媒事业本身改革发展的需要。所谓复合型人才,是指通晓两门或两门以上传媒专业知识,精通两种或两种以上专业技能,并能在两种知识、两种技能的交叉、重叠中取得创造性成果、获得突破性进展的人才。传媒从业者既是专家又是杂家的毕业生,才是行业所需要的人才。因此,高校传媒人才的培养必须做出调整,需要建立一个厚基础、宽口径、高效率的现代教学体系,进行复合型人才的培养,以满足社会对人才的多元化需求。

二 当前传媒人才培养及存在的问题

1. 专业固化严重,亟须模式创新

新中国成立之后,国家对传媒类专业做了系统的分类的规划,在相当长的时间里,指导各级学校培养了大量的广播电视行业人才,经过几十年的发展,我国的广电专业作为一个小类专业,逐渐形成了其独特的人才培养模式,突出表现在面向就业的窄口径,即为各级电台、电视台培养各类文编、导演、播音以及技术工程类人才的针对性相当强。可是时过境迁,

当前文化传媒行业已经被列为国家的支柱行业，当前市场对各类传媒人才的需要迅猛增长，这种培养目标就日益显露出不足，专业性强，适应面窄，人才去向单一，难以适应现代大众传媒多层次、多方位的需求。按类似模式培养出的人才结构已经严重滞后于社会需求结构的变化。不能提供现代传媒业所需要的有思想、有深度、有广度的专业人才，与社会需求的新变化之间形成了突出的矛盾。

2. 实践环节缺乏，亟须提高技能

高校培养人才的最终导向应该是行业内的真正需求，理论固然重要，实际操作能力却显得更为棘手。当前现有的高校培养计划中课程设置涵盖范围广，理论氛围浓，大量的理论课程在学习中占的比重很大，在教学方法和手段上以模仿式教学为主，大量时间都消耗在向学生灌输各种书本上的知识，而在考核环节上依旧注重教材上的内容，忽视实际应用。上机课时不足、前沿设备接触少成为现在传媒复合型人才培养中的严重制约。

三 传媒科技领域复合人才的培养

1. 确立以内涵式为主的发展思路

随着现代传媒技术的发展，需要我们不断拓展传媒教育的思路，将传媒人才培养放眼到国际政治、经济、科技的大背景之下，放眼到传媒事业、文化创意产业大发展的环境中去定位，全方位地推进传媒人才培养以内涵式为主、外延式为辅的改革，即通过挖掘现有资源的潜力，优化教育结构，提高内部效率和质量来推动传媒人才培养质量的模式。传媒科技人才不仅仅要注重工程技术的培养，更要注意自然科学技术与人文社会科学之间彼此渗透、移植、结合的一体化发展，这也是现代科学技术发展的又一突出特点。与此同时，新世纪的传媒人必须注重感性认识与理性思维的有机结合，注重传播实践与理论创新的多维整合，形成卓越的艺术表现能力；需要掌握高超的信息传播技艺，以面对多种媒体日趋融合化、共存兼容的局面；传媒人必须了解和挖掘各种媒介的技术和艺术优势，熟练运用和调动各种表现方法和技巧；顺应传播情境、把握传播时机，设计出恰当的信息传达方式。这也就要求我们在教育当中也要注重技术与艺术的结合培养。

2. 整合学科资源，构建新的教学体系

复合型人才培养并不等同于宽口径人才培养，核心点在于"复合型"人才培养不能牺牲专业本身的"专业水准"，必须在保证专业精深度的基础上进行"复合"。坚持从这样的要求出发，复合型人才培养的模式主要可以分为两种：一种是本科教育的横向水平复合，另一种是研究生教育的垂直水平复合。前者主要是通过本科教育的主辅修制、双专业双学位制来实施。

在遵循学科专业发展规律和人才培养规律的基础上，整合不同学科专业的教学内容，构建教学新体系，设计合理的专业课程结构实现复合创新型传媒人才培养的目标。适当推行个性化教学模式，改革教学方法，让学生生动、活泼、主动地学习；改革考试制度和评分标准，实行考试方法多样化，评价标准多元化；重视综合实践训练，培养学生的动手能力；把科学研究引入教学过程，积极推行探究式教学；重视第二课堂活动。让学生各展所长，充分发展学生的非智力因素；建立平等、和谐的师生关系，提倡师生共同研讨问题。这些都是构建新的教学体系的具体方法。

3. 多手段实现教学与实践的一体化

改变传统的填鸭式教学，最重要的一环就是增加多样化的实践课程，这里的实践环节方式很多。

（1）教学实验。高等院校中的实验一般分为两类，一类是对理论教学的一个理论验证，通过实验可以让学生对其所学理论有一种不同于讲堂的更加感性的认识，并借此强化学习效果，举一反三。另一类实验是一种开放式实验，即由指导教师设定题目，也可以根据学生自己的兴趣自定题目，通过小组分工、各司其职、团队协作、共同作业、完成项目、汇总报告等环节，使学生在学习和实践专业技能的同时，锻炼其创意能力、管理能力、协作能力、沟通能力、表达能力、项目运作能力，与此同时培育学生的思维能力和创新能力。这种模式需要教师花费更大的精力，将理论巧妙地融入实验教学过程里，突显和实现对传媒类学生的专业技能及素质的初步结合与培育。两种实验互为补充，缺一不可，只有经过反复的理论与实验的融合与磨合，才能让学生的专业素质、综合素质和能力得到更好的培育和养成。

（2）创造条件，提供学生培训机会。提供适量的业内技能培训对提高

学生的实践能力会有很大帮助,高校应该不断创造条件,把业内的知名公司、知名专家请到学校,利用学校优良的教学资源,对学生没有掌握的基本专业技能加以课外培训,来校的公司、专家也可以提高知名度,建立行业从业者的认同感,筛选优秀的毕业生,这本身就是一种双赢的做法。以中国传媒大学为例,学校广泛的联系了大量业内公司,诸如广电行业中广为使用的各类非线编辑软件公司、图片编辑与绘制软件公司、演播室演播车供应商等。通过现场讲解,现场实操,帮助学生熟悉设备和软件功能、技术操作流程。

(3) 积极组织各类竞技比赛,促进学生内部经验交流。学生的理解能力参差不齐,对少数理解能力好的同学要创造条件,让其在更高的平台上得到发展,这个平台就是各类的竞技比赛。通过竞赛,能够让学生对所学知识活以致用,充分展示其创新能力,锻炼其实践能力,通过竞赛,还可以为其提供一个广为交流学习的平台,促进共同进步提高。竞赛的内容是丰富的,形式也应该是多样的,诸如电子设计大赛、机械创新大赛、主持人大赛、广告设计大赛、DV 大赛等等。每一届大赛的完成都是一个庞大的系统工程,从策划、宣传,到聘请专家、现场拍摄,再到会务、报道等完全由学生完成。在筹办过程中,锻炼其策划能力、协作能力、公关能力、沟通能力、运作能力、应变能力,同时增强学生创新能力和意志力。

当前,国际传媒正朝着速度、深度、角度和力度全方位拓展的方向发展,传统的新闻科技人才已经不能满足新媒体发展的需要,培养既懂新闻、精技术又强管理、善策划的复合型传媒人才迫在眉睫。只有通过自身的不断改革创新,才能占领行业制高点,取得出色的成绩,也为提高我国的国际新闻传播影响力贡献出自己的力量。

参考文献

李丹林:《论我国传媒法教育及相关复合型人才的培养》,《现代传播》2013 年第 2 期。

曹坤:《用跨界思维打造传媒人才的实践创新能力——以中国传媒大学为例》,《现代传播》2012 年第 3 期。

李竹荣等:《高素质复合型传媒人才的培养对策》,《新闻战线》2009 年第 10 期。

徐雁龙：《传媒人才高校培养的若干问题》，2004年第四届亚大地区媒体与科技和社会发展研讨会，2004年11月。

王端：《实验教学与应用创新型传媒人才培养》，《新闻界》2010年第3期。

吴蓉：《地市广电传媒复合型人才培养刍议》，《中国广播电视学刊》2011年第11期。

张亚丽：《新媒体艺术学科人才培养模式探究》，《装饰》2009年第7期。

罗幸：《新传媒时代传媒人才培养模式分析——以传播主持专业为例》，《社会科学家》2011年第9期。

建设世界一流互联网传播强国

关于建设世界一流互联网传播强国的若干思考

——中美互联网国际传播力对比研究

中国是世界网络人口最多的互联网大国，美国是世界网络技术最发达的互联网强国。中国互联网亟待由大变强，正努力从一个网民大国发展为有全球影响力的网络传播强国；美国互联网一直谋求构建与美国在全球利益一致的全球网络舆论场。本文试图比较中美两国互联网发展的现状、规律、特点，从中得出一些启示性的结论。

一 井喷增长与渐进渗透：中美互联网信息化发展轨迹

美国于20世纪60年代发明阿帕网（ARPANET），中国20世纪90年代全面接入全球互联网，中国几乎与美国同步开展互联网商业运用。

截至2005年，根据美国eMarketer公司发布的最新报告，全球互联网用户总数超过10亿户，美国网民最多，达1.75亿户。同年12月31日，中国上网用户总数为1.11亿户，其中宽带上网人数达到6430万人，中国网民数和宽带上网人数均位居世界第2位。同年发布《2005年中国互联网络信息资源数量调查报告》显示，中文网页总数猛增，cn域名注册量升至全球第六位。

三年后，2008年7月26日，美国《纽约时报》记者戴维·巴博萨发表文章指出：中国网民数量达到2.53亿户，超过美国成为世界最大的互联网市场。

2008年中国网民2.53亿户占中国总人口的19%，同时，据尼尔森公司的数字表明，数量为2.2亿户的美国网民占其总人口70%。

艾瑞对比2009年中美两国数据发现，美国互联网网民普及率远高于中国水平。CNNIC 最新发布数据显示，2009 年中国的互联网网民普及率为 28.9%；其中，网民普及率排名首位的为北京市，达到 65.1%，与美国的 68.9% 尚有一定差距。

eMarketer 发布的 2008～2014 年美国互联网用户规模数据发现，2008 年用户规模为 2.03 亿户，到 2009 年则上升至 2.11 亿户，普及率达到 68.9%，预计到 2014 年美国互联网用户规模将达到 2.51 亿户，普及率将达到 77.8%（见图 1）。

艾瑞分析认为，随着美国互联网的不断发展，用户增长趋向平稳，说明美国互联网用户的发展已趋于成熟。

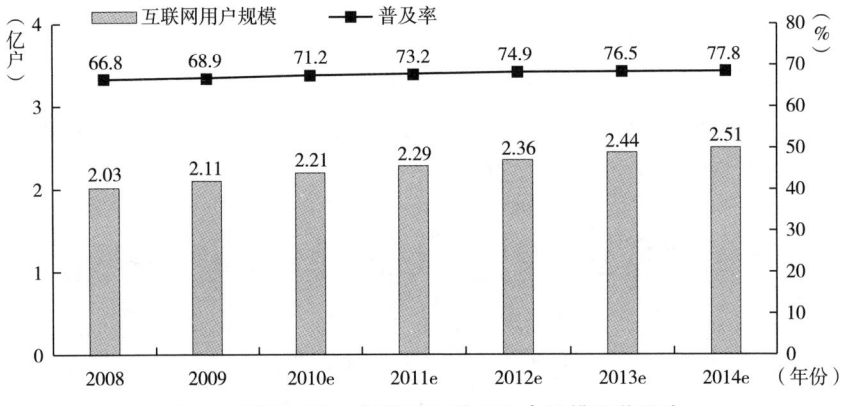

图 1 2008～2014 年美国互联网用户规模和普及率

注：互联网用户是指每月至少使用一次互联网的所有年龄段的用户。
资料来源：艾瑞咨询，http://www.iresearch.com.cn/View/120719.html。

2011 年 7 月 12 日，中国社会科学院发布 2011 "新媒体蓝皮书"指出，中国已成为全球新媒体用户第一大国，中国网民从 2000 年的 2250 万人增长近 20 倍。中国手机用户 2010 年突破 8 亿，2011 年 3 月底达到 8.9 亿，是美国 3.03 亿手机用户的近 3 倍。

根据互联网世界数据中心 2010 年 6 月的统计，中文语种网民自 2000～2010 年增长率达到 1277%，目前仅少于美英等英语国家网民（5.37 亿户），中文作为互联网第二大语种，在互联网上的话语权大有增强。

据瑞银 2010 年《解读谷歌的全球网站 1000 强榜》报告，中国网站在全球范围内的比重日益提高，在这份 1000 强榜单里中国有 191 个网站入围，在总数中占19%。

2011年7月19日，中国互联网络信息中心（CNNIC）发布报告显示，截至2011年6月，中国网民规模达到4.85亿户（见图2），最引人注目的是，在大部分娱乐类应用使用率有所下滑，商务类应用呈平缓上升的同时，微博用户数量以高达208.9%的增幅，从2010年年底的6311万户爆发增长到1.95亿户，成为用户增长最快的互联网应用模式。

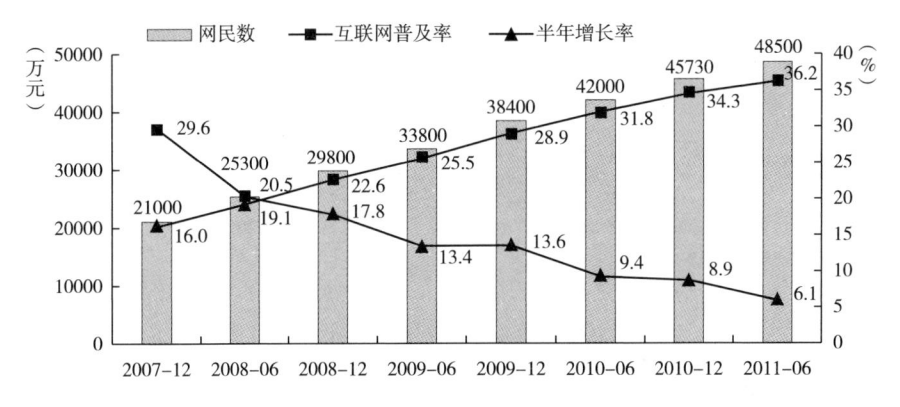

图2 中国网民规模、增长率及普及率

资料来源：CNNIC。

二 娱乐为主与应用至上：中美互联网商业化竞争应用对比

目前，中国网民更多的是网上娱乐，而美国网民则更倾向于网上办事。显然，互联网的价值在美国体现得更大，也就是互联网对美国社会的作用也就更大。这是互联网发展到较高阶段所产生的必然结果。

根据CNNIC 2008年7月发布的报告显示，我国网民使用率最高的前6项网络应用是网络音乐、网络新闻、即时通信、网络视频、搜索引擎和电子邮件；而美国网民使用的前6项应用则是电子邮件、搜索引擎、查看天气报道、网络新闻、网络购物和政府网站访问，两国网民在网络应用上的区别非常明显（见图3）。

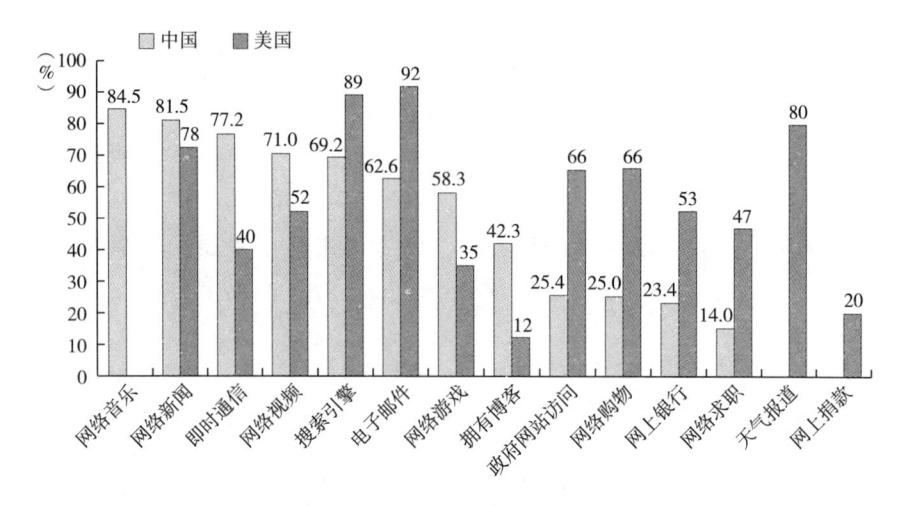

图 3 中美网民上网使用项目状况

注：数据来源：美国 www.pewinternet.org，2008 年 7 月；中国 CNNIC，2008 年 7 月，但政府网站访问比例为 2007 年底数据。

以 B2C 为例，美国 2007 年 B2C 销售额约达 1750 亿美元（不含旅游类），而同期中国却只有不足 50 亿人民币。

中美网络应用差距的缩小，要依赖于国家发展水平、人口素质、互联网政策、技术等多方面的共同发展，需要假以时日。我们不能期待中国互联网能用十几年的发展历史达到美国 30 多年的发展水平。

2011 年 7 月 15 日，惠普实验室官方博客公布了最新研究报告，从国际视角来看新浪微博和 Twitter 的区别，研究发现，新浪微博的热门话题较多来自于娱乐类内容，Twitter 的热门话题则较多来自新闻类内容。

三 虚拟世界主导权之争：中美互联网国际传播着力点

第二次世界大战后，以联合国成立为标志，形成当代国际秩序。60 多年来，国际社会始终努力建设一个更加均衡、公正、合理的国际政治经济秩序。

但是现实总是不容乐观，全球信息传播主要呈从西方流向东方、从北方流向南方、从发达国家流向发展中国家的流通状态。

2008 年奥巴马在竞选期间充分发挥了网络的威力，博客、短信、脸谱多管齐下，顺利入主白宫。奥巴马上台后，大力建设网络政府，其执政团队利用网络社交媒体联系基层选民，白宫开通8个不同的社交网站，奥巴马政府借助手上掌握着全世界信息通路的有利条件，成立"网络司令部"，"控制"全球范围信息流动被更具攻击性的"塑造"取代，并在摩尔多瓦、伊朗等地初步实践，在中国则经由"谷歌撤离中国大陆"以支持内部持不同政见者等事件得到体现。

2010年下半年，名为"震网"（Stuxnet）的蠕虫病毒袭击伊朗布什尔核电站电脑系统。这是世界上首个得到公开证实的武器级软件，一些人称它为"数字制导导弹"。

2011年，西方媒体全面推行网络渗透已经产生了影响，在目睹脸谱（Facebook）和其他社交网络在推翻突尼斯和埃及政权中的作用后，美国国务院在中东、北非等动荡地区，巧妙利用推特、脸书等社交网络，大力推动"网络革命"。

2011年7月14日，美国国防部发布首份《网络空间行动战略》，把网络空间列为与陆、海、空、太空并列的美军"行动领域"，网络正式成为美国军事上的第五大战场。把网络空间列入美军行动领域。另外，美军将加强与北大西洋公约组织盟友和合作伙伴在网络空间的国际合作，构建"集体网络防御"。

2011年2月17日，美国参议院国土安全委员会主席参议员利伯曼与参议员科林斯、卡珀联名提交了修正后的信息安全法案指出：在"禁止"总统"关闭"互联网的同时，授权总统可以宣布"信息空间的紧急状态"，在此状态下，政府可以部分接管或禁止对部分站点的访问。美国政府将"控制"全球范围信息流动作为其国家信息战略的重点，具备全面监听电话、手机、传真、电子邮件、网页浏览、即时通信等通信手段的能力，每天能够处理接近或者超过10亿次的通信。

自1994年以来，我国文化产品在全球贸易中长期逆差没有得到根本改变，在全球舆论格局尤其是互联网、移动手机等新兴传媒舆论体系处于"西强我弱"的严峻形势下，西方利用我国文化产品在全球贸易中逆差地位，加大利用高科技文化软实力的渗透攻势，运用意识形态和价值观等手段加速西化的分化力度。

我国虽然已经成为互联网大国，但与美国相比，我国互联网核心技术及相关软硬件基础设施对美国依赖度程度高、原始创新能力严重不足、我国互联网对西方的传播力十分有限，面临西方遏制我和平崛起的巨大压力，无法在全球网络舆论场有效回击西方围追堵截。中国网站主要靠中国网民访问，而网站黏性却远低于世界同等规模网站的平均水平，中国公司没有进入世界网络市场，外国公司也没有进入中国网络市场。

中国网民规模大而不强、传播网络应用广泛而滞后、网络媒体众多而雷同，作为世界第一网民大国急需向网络强国的升级转型。

四　中国赶超美国建设互联网国际传播强国的若干建议

2010 年，中国国内生产总值达到 39.8 万亿元，跃居世界第 2 位，国家财政收入达到 8.3 万亿元，对外贸易总额达到 2.97 万亿美元，进出口总额位居世界第 2 位，与此同时，我国载人航天、探月工程、超级计算机等尖端科技领域均实现重大跨越，中国国际地位和影响力显著提高。

国际经验表明，一个国家人均国内生产总值达到 3000 美元左右时，整个文化消费进入快速增长期，中国在今后 10～20 年的持续高速增长期中将带来文化大繁荣、大发展。

（一）制度创新：打造全球网络传播巨头的良性生态环境

以互联网为代表的中国信息产业成为发展速度最快的行业之一，2007 年中国信息产业增加值占 GDP 的 7.9%，成为国民经济的重要的基础产业、支柱产业和先导产业。

中国相继出台了《国家中长期科学和技术发展规划纲要（2006～2020 年）》《2006～2020 年国家信息化发展战略》《2009～2020 年我国重点媒体国际传播力建设总体规划》、《文化产业振兴规划》（2009）、《国务院推进三网融合的总体方案》（2010），并在"十二五"规划（2011～2015 年）中明确提出推动新一代信息技术等战略性新兴产业，重点发展新一代移动通信、下一代互联网、三网融合、物联网、云计算、集成电路、新型显示、高端软件、高端服务器和信息服务等。

中国与美国在网络产业创新、平台架构、运营、管理和技术上的差距明显。中国急需借鉴日本、韩国、美国抢占未来信息社会先导权、主导权，加快实施高速互联网等国家信息化战略，形成有利于打造全球网络传播巨头的良性生态环境。

（二）资本引擎：建设世界一流的全球互联网国际传播力市场的加速器

中国互联网市场化落后于美国网络业，中美两国在品牌广告，搜索和购物三大网络商业模式上同样差距明显（见表1）。

表1 中国和美国同类网站每用户平均收入比较

单位：美元

	中国		美国		美国/中国
	网站	每用户平均收入	网站	每用户平均收入	（倍）
门户	腾讯	0.4	雅虎（美国）	28.7	71.8
	新浪	1.9			15.1
	网易	0.5			57.4
	搜狐	2.2			13.0
搜索	百度	0.04	谷歌	3.8	95.0
购物	淘宝	0.022	亚马逊（美国）	0.997	45.3
			EBAY美国	0.22	10.0

在全球互联网行业的激烈角逐中，美国网络市场空前繁荣。2011年4月13日，美国互联网广告局发布报告，2010年全美网络广告收入达到260亿美元，较2009年增长15%。

信息网络技术革命推动中国网络媒体纷纷在美国上市，截至2010年8月30日，在纳斯达克上市的中国科技网络企业公司增至44家，总市值近400亿美元；在香港上市的互联网企业6家。2010年12月当当网和优酷网在美国纽约交易所上市。2011年3月24日在美国纳斯达克上市的百度股份的市值达到460.7亿美元，其市值仅次于Google的1871.64亿美元和亚马逊的745.59亿美元，位列全球第3位。

中国移动2011年3月17日公布了2010年全年业绩数据显示，中国移动2010年主营业务收入达4852亿元，同比增长7.3%；净利润达1196亿元，同比增长3.9%；相当于每天主营业务收入13.3亿元，每天净利润3.28亿元。

（三）未雨绸缪：抢占未来互联网传播平台制高点

下一代互联网正成为新的战略制高点，美国、加拿大、欧盟、日本等发达国家和地区相继启动了下一代互联网研究计划，在新一轮产业技术和国家竞争中赢得主动，以谋求更大的经济利益和战略意义。

2011年2月，全球现行互联网IPv4地址总库完全耗尽，IPv4地址资源时代已经结束。CNNIC最新调查显示，截至2011年6月，我国IPv4地址数量为3.32亿，IPv4地址实现最后增长，较2010年底增加了19.4%（见图4）。五大区域地址分配机构（RIR）的分库，将在2011～2015年相继耗尽，全球IPv4地址将真正地枯竭。

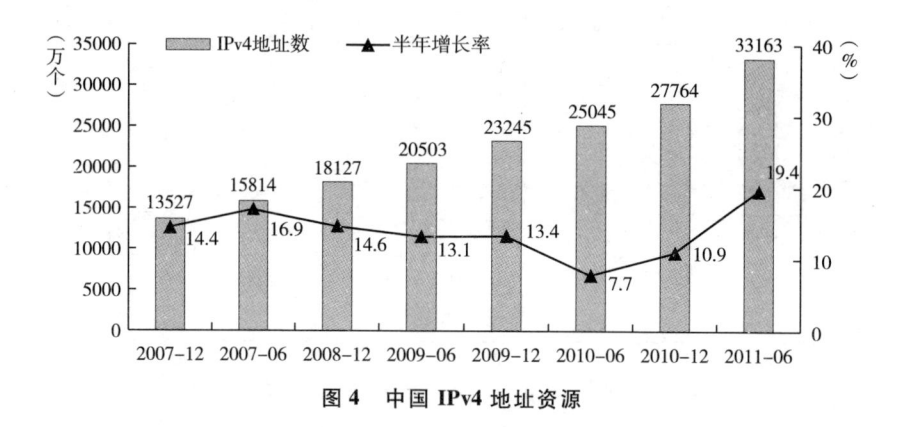

图4 中国IPv4地址资源

由于我国IPv6发展起步较晚，IPv6地址资源拥有数量远落后于巴西、美国、日本、德国等国家，只占全球IPv6地址资源的0.29%，全球排名第15位（见图5）。

当前，各国已加快IPv6的部署，中国对IPv6的重视程度还需要提升，发展IPv6还缺乏国家层面的规划。需要从大众理念、执行层面和国家政策等多种角度实施向IPv6过渡的国家行动计划，针对下一代互联网发展的国产设备采购进行政策优惠，大力扶持下一代互联网相关企业的发展。

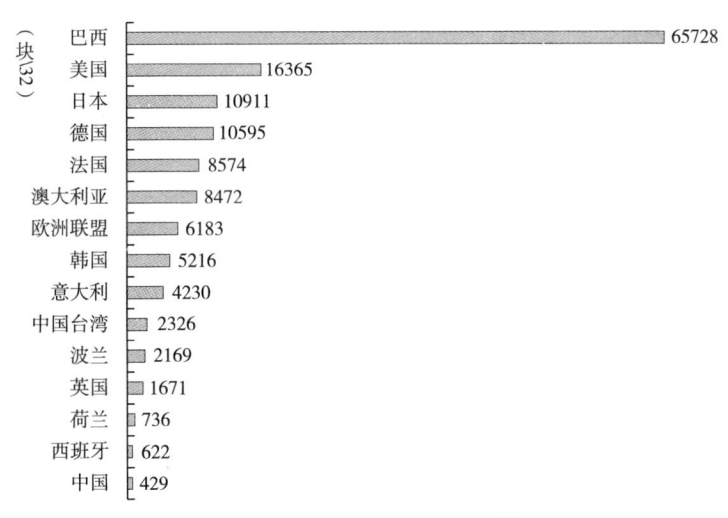

国家/地区	IPv6地址资源数量（块/32）
巴西	65728
美国	16365
日本	10911
德国	10595
法国	8574
澳大利亚	8472
欧洲联盟	6183
韩国	5216
意大利	4230
中国台湾	2326
波兰	2169
英国	1671
荷兰	736
西班牙	622
中国	429

图 5 世界各国 IPv6 地址资源数量

（四）建设与中国和平崛起地位相称的国际互联网舆论传播新秩序

目前，全世界手机用户已达 45 亿，大大超过广播、电视和互联网用户。预计，到 2013 年，全世界手机上网用户数量将超过使用电脑上网的用户数量，达到 17.8 亿，智能手机和其他能上网的手机数量将达到 18.2 部。

美国青年马克·扎克伯格用 7 年的时间建成拥有 7 亿用户的社交网络 Facebook，全球用户每月共享的信息量为 300 亿条，70% 用户为美国以外的用户。YouTube 网站每天视频浏览量 20 亿次，平均每分钟上传到 YouTube 网站上的视频时长为 35 小时。

美国的 Twitter 通过广播式的即时信息流掀起微博客革命，Twitter 在 2010 年全年发送信息多达 250 亿条，用户占全球互联网用户 4.29%，它已经成为名副其实的全球大众媒体。

与此同时，各国跨国传媒巨头快速应对全球互联网日新月异的技术革命加速自我蜕变：英国广播公司（BBC）主动融合于新兴互联网浪潮，与 Facebook、Twitter 和 Bebo 签署协定成为合作伙伴，推出与 Twitter 和 Facebook 整合的 iPlayer 升级版（iPlayer 3.0）。传统广播电视受众可以将他们的 Facebook 好友加入 iPlayer 中，这样他们就能够更容易分享彼此正在听或正在看的内容。另外，美国有线电视新闻网（CNN）主动融入互联网彰显无限活力，不断提升其传播力，推出 IREPORTER、播客、网络电台，并与著名的社交网络 Facebook 及移动微博客 Twitter 合作，吸引了全球不少新生代网民。

在 2011 年 2 月 17 日世界移动通信大会上，英国广播公司（BBC）未来媒体与技术中心主任埃里克·哈格斯指出，电视、广播和网络已是 BBC 的三大基本报道平台。BBC 对手机媒体给予了高度重视，并将在 2012 年伦敦奥运会报道中大量使用手机媒体。

中国经济总量在 2005 年超过英国，2007 年超过德国，2010 年超过日本。中国已经具备雄厚的经济物质文化基础。"十一五"期间，中国新闻出版的原创率、首发率、落地率稳步提升，我国日报总发行量居世界第 1 位，中国图书出版品种和总印数居世界第 1 位；我国电子出版物总量居世界第 2 位，印刷业年产值居世界第 3 位。中国作为一个世界广播影视大国正在向世界广播影视强国转型，重塑全新市场主体。

2010 年我国文化及相关产业法人单位增加值已经达到 1.1 万亿元，占 GDP 的 2.75% 左右，相比美国文化产业增加值占 GDP 的 27%，我国的文化消费需求远未得到释放，产业发展前景广阔。

到中国共产党成立 100 年时建成惠及十几亿人口的更高水平的小康社会，到新中国成立 100 年时基本实现现代化，建成富强、民主、文明、和谐的社会主义现代化国家。到 2020 年时使中国进入创新型国家行列，到新中国成立 100 年时使中国成为世界科技强国。

中国人均国内生产总值超过 3000 美元、达到 4000 美元，"十二五"期间的五年，我国经济增长预期目标是在明显提高质量和效益的基础上年均增长 7%。按 2010 年价格计算，2015 年国内生产总值将超过 55 万亿元。

2011 年 6 月 28 日，美国《基督教科学箴言报》发表文章称，随着中国经济实力不断壮大，中国的地位已相当于 20 世纪 40 年代美国在全球的地位。美国前国务卿基辛格表示，现在中国作为美国最大的债权国，面临新的世界秩序的交替形成之际，中国的地位就如同 1947 年的美国。并且未来中国能发挥的作用也只会逐渐增强，因为重新构建全球体系也符合中国自身利益。

2011 年，《华尔街日报》刊载新华社社长李从军文章，指出：本着更加公平（Fairness）、更多共赢（All-win）、更大包容（Inclusion）、更强责任（Responsibility）的四大原则（即 FAIR 观念）构建国际舆论新秩序，在传播多元化与表达多样性的基础上，修补人类沟通之桥的断裂，建造一座通向未来的信息之桥。党的十七届六中全会提出，加快构建技术先进、传输快捷、覆盖广泛的现代传播体系。加强国际传播能力建设，打造国际一流媒体，提高新闻信息原创率、首发率、落地率。

建设中国特色社会主义网络传播强国，既是全面提升中华民族文化软实力的重要载体，又是建设社会主义文化强国的题中应有之义。

参考文献

艾瑞咨询：《2009 年美国互联网网民普及率接近 70%》，艾瑞咨询网站，2010 年 2 月 24 日；http://www.iresearch.com.cn/View/110003.html。

常红：《新媒体蓝皮书：中国成全球新媒体用户第一大国》，人民网，2011 年 7 月 12 日；http://politics.people.com.cn/GB/1026/15135005.html。

《惠普实验室：研究发现新浪微博热门话题偏娱乐 Twitter 偏新闻》，中文互联网数据资讯中心，2011 年 7 月 15 日；http://www.199it.com/archives/13004.html。

金涛、郑柱子：《第七届中国（深圳）国际文化产业博览昨日开幕》，中国广播网，2011 年 5 月 14 日；http://www.cnr.cn/dlfw/sttxs/201105/t20110514_507995044.html。

李从军：《〈华尔街日报〉刊载新华社社长文章：构建国际舆论新秩序》，新华网·新华国际，2011 年 6 月 2 日；http://news.xinhuanet.com/world/2011-06/02/c_121485184.htm。

孟凡新：《IPv4 耗尽，IPv6 发展滞后》，cnnic 互联网发展研究博客，2011 年 7 月 19 日；http://blog.sina.com.cn/s/blog_5101b9050100t2cs.html。

《纽约时报：中国网民数量超过美国成世界第一》，中国网，2008 年 7 月 29 日。

谭力娅：《美媒称中国应向中东北非国家推出"中国版马歇尔计划"》，环球网，2011 年 6 月 29 日；http://world.huanqiu.com/roll/2011-06/1788876.html。

王恩海：《中美网络应用情况比较》，cnnic 互联网发展研究博客，2008 年 12 月 2 日；http://blog.sina.com.cn/s/blog_5101b9050100btsm.html。

《网络，成为美军第五大战场》，《新华日报》2011 年 7 月 16 日。

习近平：《科技工作者要为加快建设创新型国家多作贡献——在中国科协第八次全国代表大会上的祝词》，《人民日报》2011 年 5 月 28 日。

谢文：《洞中方七日 世上已千年——读瑞银报告有感》，谢文博客，2010 年 6 月

28日；http：//blog. sina. com. cn/s/blog_ 513a2b800100jiln. html。

《中国网民规模达4.85亿 微博用户呈爆发式增长》，中国新闻网，2011年7月19日；http：//news. china. com. cn/txt/2011 - 07/19/content_ 23022015. htm。

《中华人民共和国国民经济和社会发展第十二个五年规划纲要》，2011年3月16日。

《最新报告：全球网民总数逾10亿美国网民最多》，新华网，2006年5月25日，http：//news. xinhuanet. com/newmedia/2006 - 05/25/content_ 4596297. htm。

官方网站的资本之路：风险与机遇并存

——人民网上市案例分析

一 "官网"上市：中国媒体改革的标志性事件

2012年4月27日，人民网股份有限公司（以下简称人民网）在上海证券交易所正式上市，成为第一家在国内A股市场上市的新闻网站和第一家整体上市的媒体企业，开创了中国资本市场的先河。创办于1997年1月1日的人民网，是世界十大报纸之一《人民日报》建设的以新闻为主的大型网上信息交互平台，伴随着中国互联网10余年的高速发展，人民网已成为国际互联网上最大的综合性网络媒体之一。除去进入上市程序之前的漫长筹备过程，人民网自从2012年1月13日首次公开募股（IPO）申请获得通过以来就受到传媒和金融业界的高度关注，一方面作为备受瞩目的"官媒上市第一股"，人民网上市被认为是中国媒体改革的一个标志性事件和同类型网络企业未来发展的风向标；另一方面对于即将走进资本市场的人民网，业界也因其现有规模、赢利能力和浓厚的官方背景究竟蕴藏有多少风险，能否在资本市场拔得头筹持有谨慎观望的态度。

人民网上市的第一个交易日，其表现出乎很多分析人士的预料，以一种异常强劲的势态成为当天以及之后一周内A股市场最受关注和追捧的个股。人民网当天开盘报31.01元，较20元的发行价大涨55.05%，盘中最高涨到35.60元，涨幅最高达到78%。截至收盘，报34.72元，上涨73.6%，换手率86.01%，成交金额15.4亿元。以首日收盘股价计，人民网总市值为95.97亿元。由于盘中股价上涨幅度达到10%、换手率达到80%，按规则被两次临时停牌。[①] 据CNN报道，大涨后的人民网市值已达

---

① 谢为群：《人民网成功登陆A股市场创造中国资本市场两个第一，受到投资者追捧》，《人民日报》2012年4月28日。

15 亿美元，超过了市值 9.32 亿美元的美国报业巨头纽约时报集团，也超过了诸如麦克拉奇公司（McClatchy）、《每日新闻》（Daily Journal）、媒介综合集团（Media General）等美国媒体出版上市公司。[①] 此后，人民网继续保持涨势，截至 5 月 14 日，股价已攀升至 46.91 元，市值接近 130 亿元，成为一支备受追捧的"非典型个股"。

二 资本之路：机遇与挑战相伴

1. "垄断"的股权结构

人民网上市后一路暴涨，很大一部分原因来自游资的追捧和炒作，而其获得资本青睐的原因主要来自其具有"官方特色"的股权结构。据 2010 年 6 月更新的工商资料显示，人民网发展有限公司的注册资本金为 1.12 亿元，其中，《人民日报》及其子报《环球时报》两家出资约 9045 万元和 1629 万元，分别持股约 80% 和 15%。[②] 由于上市的需要，人民网在比较短的时间内引入多家具有传媒背景的国有资本，其中还包括了具有绝对垄断地位和高利润保障的国有三大电信运营商。数据显示，公司于 2010 年虽然引入了环球时报、京华时报、汽车报社、中国出版、中影集团、东方传媒、中银投资、中国移动、英大传媒、北广传媒、中国联通、中国电信、中国石化和金石投资等 14 家投资者，引入资金共计 3.25 亿元，但重组后的人民日报社和环球网所占的股权份额依然高达 78%（见图 1），这些国有资本给业界带来一种"转企改制安排"和"中央任务"的印象，是这种"官方色彩"背后的雄厚资金和国家意志给了市场很大的信心和保障感，成为人民网被追捧的重要原因。

从另一个角度看，这种"一股独大"的股权结构和国有资本的垄断现象从长期来看并不利于人民网这样的官方新闻网站在资本市场的长期发展。我们对比上市后的人民网股东结构和在美股上市的新浪及纽约时报的

[①] Hibah Yousuf, "China news site worth more than New York Times," *CNNMoney* April 27, 2012; http://money.cnn.com/2012/04/27/markets/peoples-daily-ipo/index.htm?cnn=yes&hpt=hp_t.

[②] 孙勇杰、马娜：《解析人民网 IPO：决策权归属存疑 模式单一风险》，《时代周报》2011 年 1 月 13 日。

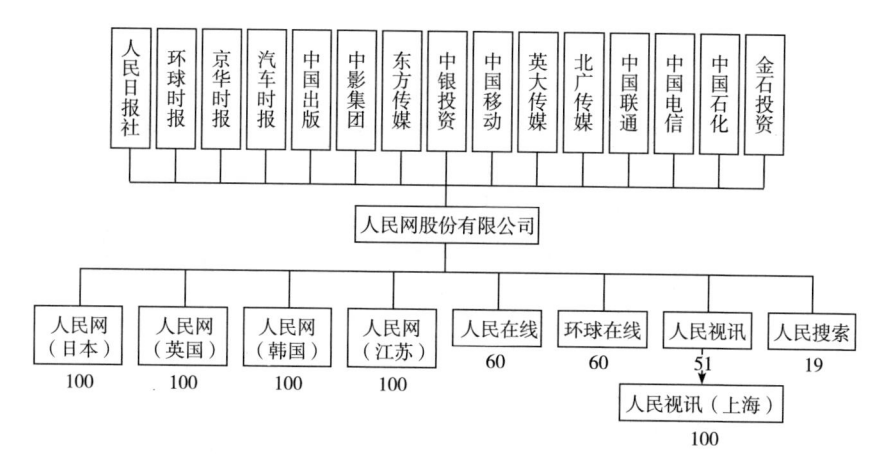

图 1 人民网股权结构及其持股公司（%）

资料来源：《人民网股份有限公司首次公开发行股票招股说明书》。

同类数据（见表 1）可以看出，相比于另外两家媒体，人民网的股东结构高度集中，其流通 A 股只占总股本的 20%，以国有资本为主体的股权结构的市场化程度依然不高。在未来的人民网市场化的运作中，其国有的"垄断"色彩是否在一定意义上被打破，民间资本有多大的可能性参与传统的官方舆论单位的运作，资本的力量会在多大程度上左右企业未来的转型和发展方向，还有待于进一步的探索和考察。

表 1 纽约时报与新浪主要股东

纽约时报前 10 名股东			新浪前 10 名股东		
股东名称	持股比例（%）	持股数量（股）	股东名称	持股比例（%）	持股数量（股）
Fairpoint Capital Lic	10.56	16626759	T. Rowe Price Associates. inc.	9.70	6392497
T. Rowe Price Associates. inc.	7.23	10630700	Capital Research Global Investors	7.28	4800000
BlackRock Fund Advisors	5.62	8264794	FIL Investments International	5.74	3782113
Contranus Investment Advisory Lt...	4.16	5123465	FIL Investment Manaement Hong Kong	5.68	374397
Global Thematic Partners LLC	4.07	5988915	Wells Capital Management Inc.	3.77	2484663

续表

纽约时报前 10 名股东			新浪前 10 名股东		
股东名称	持股比例（%）	持股数量（股）	股东名称	持股比例（%）	持股数量（股）
The Venguard Group, Inc.	3.98	5856169	Platinum Asset Management Ltd.	3.21	2116758
Goldman Sachs Asset Management LP	3.64	5200013	Fidelity Management & Co...	3.11	2048000
State Street Global Advisors	2.94	4327771	UBS Global Asset Management	2.70	1780351
Value Act Capital Management LP	2.84	4175375	Waddell & Reed Investment Managem	2.56	1684740
Kaho Brown Advisors LLC	2.82	4146290	Artisan Partners LP	1.79	1179400

2. 赢利模式

人民网作为首家上市的互联网公司，目前国内 A 股还没有与之经营模式完全相同的同类上市公司，与之相类似的互联网上市公司如新浪、搜狐、腾讯、网易等都不是以内容服务为主的门户网站，他们相对于人民网业务延伸的触角更为广泛，营利模式更为多元化。

总的来看，人民网比其他的网络上市公司拥有独特的竞争优势，具有一定垄断性质的新闻发布权、丰富的政府资源和中高端受众资源，以及近年来发展迅速的舆情服务。作为拥有独立采编权的中央新闻网站，人民网的原创新闻信息占据了网络新闻价值链的源头，拥有了自身的权威性和公信力，网站再将新闻信息版权出售给无新闻采编权的商业网站，凭借互联网时代对于新闻信息的爆炸性需求获得稳定的利润来源。此外，具有特色和技术优势的舆情服务也是人民网近年来信息服务的增长点，人民网在线打造的网络舆情平台定位于建设完整的覆盖整个网络舆情业务的产业链，打造政务舆情监测产品、行业舆情监测产品、企业舆情监测产品三大产品系列和人民在线、人民网舆情频道、人民网舆情监测室 3 个业务平台，建设突发公共事件网络舆情热点案例库、企业危机事件网络舆情热点案例库、重大项目网络舆情案例库和重点行业网络舆情案例库 4 个数据库等。其线下产品《网络舆情》杂志，2011 年销售量超过 8 千册。①

作为率先上市的"官媒第一股"，人民网近年来的利润十分可观，且实现了逐年较大幅度的增长，公司 2009～2011 年营业收入分别为 19032.43 万元、33166.19 万元和 49726.24 万元。② 但是人民网自身的企业规模和相对传统的赢利模式使其在总体利润方面依然落后于其他国内知名的互联网大企业。腾讯的年收入超过百亿，而新浪、搜狐的年收入也超过了 30 亿；据统计人民网的日均访问量只有新浪的 8%。③

当下中国互联网企业的营利模式主要包括广告收入、信息服务与增值服务三个方面。而以内容服务为优势的人民网现阶段的主要赢利来源依然是广告收入，约占总赢利收入的 60%，其余信息服务约占 30%，增值业务约占 10%。④ 目前，中国几大网络上市公司根据其业务侧重，赢利模式和解构各有差异。百度通过国内搜索巨头的绝对优势占据了互联网产业链的上游，其备受争议的竞价排名业务为其带来了 90% 的广告收入；新浪拥有当今最活跃的微博信息集散平台，使得传统的通过网络新闻信息服务获取最新消息的模式受到很大的挑战，其赢利结构与人民网类似，广告收入约占总收入的 75%；腾讯凭借 QQ 庞大的用户基数，在几乎所有的互联网应用领域都占据先机。以腾讯、网易为代表的一批网站近年来赢利份额逐渐向网络社区和游戏倾斜，2011 年上半年，腾讯来自网络游戏和网络社区的收入占比达到 82%，移动和电信增值业务收入占到 12%，广告收入仅占 6%。搜狐的主要收入也是广告和网游（2009 年 4 月，搜狐旗下的搜狐畅游已经分拆，在纳斯达克上市），分别占到 46% 和 38%。网易近九成的收入来自网游，仅 9% 的收入来自广告。⑤ 因

---

① 人民网 IPO 网上路演实录，http：//live.people.com.cn/note.php？id = 854120417082432_ctdzb_006。
② 人民网 IPO 网上路演实录，http：//live.people.com.cn/note.php？id = 854120417082432_ctdzb_006。
③ 邹玲、袁茵：《人民网"登陆战"》，《中国企业家》2012 年第 4 期，第 70 页。
④ 人民网 IPO 网上路演实录，http：//live.people.com.cn/note.php？id = 854120417082432_ctdzb_006。
⑤ 梁智勇：《中国上市网络媒体盈利模式分析》，《中国记者》2012 年第 1 期，第 104 页。

此,对于用户基数和黏着度相对较低的人民网来说,除了保持内容服务的权威性和传统优势以外,对于赢利模式的多元化探索和结构优化势在必行。

根据人民网IPO网上路演提供的信息,未来人民网的业绩增长点除了放在传统优势的舆情服务之外,还将着力开拓移动互联网市场,特别是互联网增值业务。未来,人民网将与中国三大电信运营商合作,将其具有优势价值的内容服务通过移动增值服务的形式转化为更大的收益。在未来的赢利模式优化中,移动互联网业务,特别是区别于传统模式的基于移动网络的增值服务和广告将成为以人民网为代表的网站赢利新的增长点。

根据艾瑞咨询公司最新的统计数据显示,2011年我国移动互联网用户数量达到3.6亿户,全年中国智能手机出货量为7210万部,增长率为103.1%。移动互联网市场规模为393.1亿元,增长率为97.5%;2012年市场规模将达到976.2亿元,同比增长148.3%,处于快速增长期的中国移动互联网经济规模有望在2015年超过传统桌面互联网(见图2、图3)。①

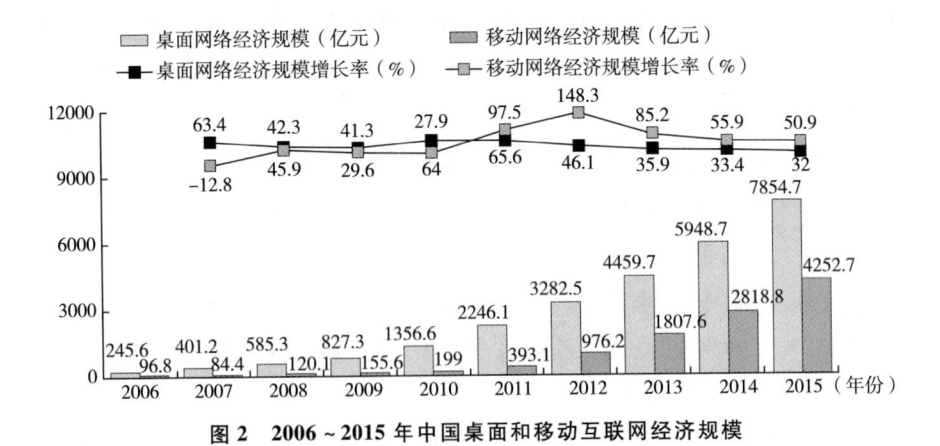

图2 2006~2015年中国桌面和移动互联网经济规模

传统的移动增值服务主要包括VIP信箱、社区、网络游戏、网络文学、网上支付、网上购物等,随着智能手机的普及,移动互联网逐渐形成

---

① 艾瑞咨询:《2011年~2012年中国移动互联网行业年度研究报告》(简版),艾瑞网,2012年4月17日。

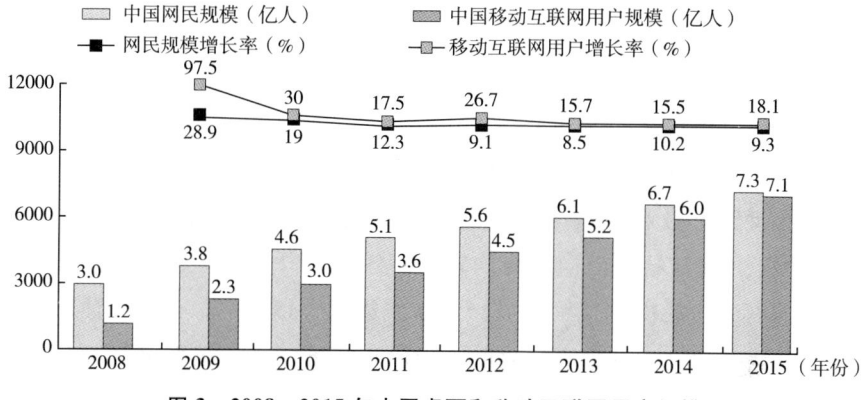

图3　2008~2015年中国桌面和移动互联网用户规模

了电子商务、移动营销、移动游戏和移动增值四大主要赢利模式,其中移动增值发展平缓,而以手机应用为代表的移动服务和"云存储""云计算"为代表的产品成为移动时代聚拢用户和吸引注意力的最有效途径。因此,对于希望在资本市场试水取得佳绩的官方媒体来说,把握时代脉搏、适时创新地调整赢利结构、探索多元模式是不可或缺的。

综上所述,我们可以对人民网上市案例进行一个粗略的优劣势(SWOT)分析(见图4)。

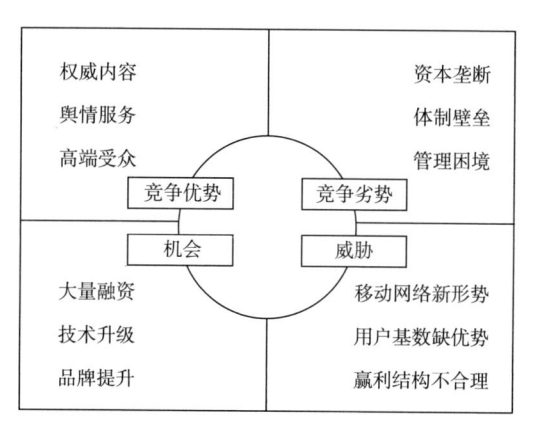

图4　人民网优劣势分析

由图4可见,在资本市场小试牛刀的人民网面临的是一个机遇与挑战并存的局面。要在市场的激烈竞争和传媒体制改革的转型时期真正获得成功,短期的炒作和关注是远远不够的,归根结底还是要有与股价相匹配的业绩和具有长远竞争力的赢利模式。

3. 与《纽约时报》的新媒体转型对比：成功的赢利模式是资本走强的关键

对比同是由传统媒体转向新媒体领域的美国报业巨头纽约时报集团，其在资本市场的表现就值得人民网在下一步运作过程中参考借鉴。事实上，作为世界上最有影响力的媒体集团，在互联网浪潮刚刚兴起之时，《纽约时报》就开始了面向网络的转型。1996年1月，《纽约时报》成立了自己的网站，提供《纽约时报》的在线阅读；1999年，《纽约时报》网络版从编辑部分立，并拥有独立的管理层和采编队伍，按照网络新闻自身的规律运营。数字版的《纽约时报》在创办当年就已开始赢利；到了2002年9月，其网站日独立IP访问量超过日报平日发行量；2008年，公司把发展网络业务放在"绝对优先"的地位；截至2010年，《纽约时报》网站每个月平均有1990万名美国访问者。①

但近年来，《纽约时报》在股票市场的表现并不乐观，虽然随着订户的增加利润逐渐抬头，但是过去的几个季度一直处于利润下滑甚至亏损的状态，股价也从每股40多美元一直跌至6美元上下。究其原因，除了近年来经济的不景气，更深层的原因来自于赢利模式探索的踟蹰不前，在网络内容的收费模式上，十年来纽约时报经历数次反复，至今没有固定的成功模式。

从《纽约时报》网络版创建伊始的"国内免费，国外收费"模式使得网站在海外影响力大减，到2005年Time Select通过对历史档案和财经等信息订阅的收费遭到专业人士的反对，再到2011年通过和Twitter等社交网站的传播模式结合制定繁复的收费标准，这种收费与否的矛盾与反复在很大程度上影响了其转型周期和长期利润。来自第三方调查机构数据显示，在《纽约时报》网站设置付费后，网站访客数量已连续12天下降，平均访问数量下降了5%~15%。据悉，《纽约时报》网站的页面访问量也下降了11%~30%。②

《纽约时报》网站和人民网最大的相似之处除了两者都是从老牌的权

---

① 申玲玲：《纽约时报网站改革对中国传统媒体网站的启示》，《中国报业》2011年第15期，第68页。
② 文静：《〈纽约时报〉付费越不过的高墙？》，《广州日报》2011年4月27日。

威纸媒转向新媒体的典型案例之外，更重要的是，两者都是以高质量的内容服务作为其赢利的卖点。在互联网时代，海量的信息和一键式的转载模式使得原本奇货可居的信息变得唾手可得，虽然网络空间中的信息资源鱼龙混杂，能够提供高质量信息服务的依然是具有专业优势的传统精英媒介，但是附着在信息本身之上的利润空间已经被高度挤压，诸如《纽约时报》、人民网这样的媒体不得不在新媒体浪潮中寻求通过网络增值服务、数字广告、数据库和资料定制等二次售卖甚至多次售卖的方式获得利润。然而，其网站和相关服务的最终价值来源和品牌优势依然来自于几乎零利润售卖的高质量信息内容，使得这些传统媒体在不断和信息互联网公司抢夺业务的同时必须坚守其传统的经典内容采编，并以此作为企业的生存之本。

由此可见，对于以人民网为代表的一批具有官方权威媒体背景的网络公司要在资本市场的博弈中获得发展，不可绕开的关键环节就是根据网络环境和自身特点不断改革体制、改变模式，在遵循网络时代传播特点和发挥自身内容优势的基础上探索出一条具有长久生命力的赢利之道。

三 透过"官网"上市思考中国互联网软实力建设

人民网此次上市募集资金，为其带来的最直接效应就是通过资本市场的运作开辟了新的融资渠道，为公司的发展提供大量资金。2012年1月13日，人民网的首次公开募股（IPO）申请获得通过，并于4月18日正式开始网上申购，最终IPO定价为20元，共募集资金13.82亿元，比年初预计的5.27亿元高出了8.55亿元。据人民网副董事长、总裁兼总编辑廖玒介绍，此次募集的资金将主要用于移动互联网增值业务项目、技术平台改造升级项目、采编平台扩充升级项目的建设。其中对于采编平台的扩充一方面将通过扩充采编类人员、增加演播室和直播车等相关硬件设备加快建设完善地方频道，另一方面建设网络视频产品采集系统平台，为采集信息提供硬件支持。[①] 可观的效益使得继人民网上市之后，具有相似背景的新华

[①] 人民网 IPO 网上路演实录，http://live.people.com.cn/note.php?id=854120417082432_ctdzb_006。

网、央视网等多家网络媒体以及中国教育出版集团、中国出版集团等众多文化类企业也在加快步伐进军资本市场。

从中国已经上市的网络媒体上市的时间看，大致上有三浪潮：1999～2000年，以中华网和三大门户（新浪、网易、搜狐）为代表；2004～2006年，以金融界、百度、腾讯为代表；2009年至今，以视频网站、金融信息服务类网络企业以及凤凰新传媒为代表。[1] 此轮官方新闻网站进入资本市场不仅体现了媒体转型改制的不断深入，也将在市场的运作中给原本处于相对封闭体制内的官方网站带来经济和影响力两个方面的实在效益。以美国运作相对成熟的传媒业上市公司为例，甘尼特公司（Gannett Company）于1967年上市，随后公司即进入高速发展时期，募集大笔公众资金后，开始了大规模的报业收购，当时最引人瞩目的几笔收购包括：1971年收购联合出版公司（Federated Publications）；1977年收购专业报业集团（Special Newspaper Group）；1979年收购联合传播公司（Combined Communications），以4亿美元之巨创下当时兼并天价；1980年收购晚报联合公司（The Evening News Association），以7亿美元再创天价。到2000年，公司收购中部报团（Central Newspapers Inc.）时，花的价钱已高达28亿美元。此刻，甘尼特已成为全球最大的报业集团公司。[2] 而国内以搜索引擎为标志的百度，上市之后凭借巨大的资金优势，在互联网应用领域大幅扩张，触角广泛延伸到网络游戏、即时通信、支付业务、电子商务、网络视频（奇艺网）、输入法、移动互联网等各个领域，在同行业中占据了绝对优势。[3]

媒体上市的机遇和契机不仅仅体现在资金优势上，还在于投放资本市场、吸引更多股东所带来的品牌效应和体制变革。据人民网董事、副总裁陈智霞介绍，此次人民网上市将进一步提升公司的品牌影响力，上市还会促进公司治理结构的进一步完善，这对于公司经营规模的扩大及长期健康发展意义重大。[4] 而众多长期处于传统体制之下的官方媒体纷纷踏足资本

---

[1] 梁智勇：《中国上市网络媒体盈利模式分析》，《中国记者》，2012年第1期，第104页。
[2] 辛晓进：《美国媒体公司上市观察》，《青年记者》2010年第14期，第22页。
[3] 梁智勇：《中国上市网络媒体盈利模式分析》，《中国记者》2012年第1期，第104页。
[4] 人民网IPO网上路演实录，http：//live.people.com.cn/note.php？id=854120417082432_ctdzb_006。

市场，也将进一步影响和改变整个互联网媒体的格局和官方网站的运作模式与体制机制。

但是，在这轮上市热潮的背后，我们也应冷静思考上市后的官方媒体是能够借助资本的力量获得更大的发展，还是会被市场吞噬，成为盲目跟风的牺牲品。

中国的官方媒体，特别是以人民网为代表的网络媒体，其无论是业务的范围、公司的体量还是集团的结构都无法与西方发达国家同类媒体上市公司相比，即使和腾讯、百度、新浪这样的国内网络公司相比也显得很弱小。China Rank 提供的数据显示，2011 年 8 月 22 日，人民网的综合排名居第 50 位，远落后于新浪等商业网站，根据最新的 Alexa 网站排行显示，人民网在国内总体网站排行中位居第 34 位，虽然近期有大幅度提升，但是依然远远落后于门户网站如百度的第 1 位、新浪的第 4 位、网易的第 6 位和搜狐的第 10 位。[①] 而其 2010 年营业收入、广告业务收入、移动增值收入与新浪相比，分别只占 12.43%、8.80% 和 6.00%。[②]

长期以来，人民网被认为是一方面享受政策优惠，一方面以政府部门和国有企业为主要客户的典型"官方网站"。2008 年至 2011 年上半年，人民网营业收入中，每年分别有 29.53%、22.07%、21.71% 和 13.02% 来自政府购买服务。根据财政部、国家税务局提供的数据，2010 年和 2011 年上半年，人民网享受的企业所得税免征优惠分别为 2024.88 万元和 905.68 万元，分别占当期税前利润总额的 25.68% 和 29.93%，[③] 此外，人民网下属子公司中，有多家出现亏损的情况也被媒体广泛报道，其持股 51% 的人民视讯 2011 年上半年利润为 -98.12 万元。持股 60% 的环球在线 2011 年上半年净利润为 -501.01 万元。人民网（美国）2011 年上半年实现营业收入为 0，净利润 -49.54 万元。[④] 其招股书中显示人民搜索 2010 年的营业收入为 0，净利润却高达 3089.18 万元的奇怪现象也遭到了专家的质疑。以人民网为代表的官方网站只有拥有了独立而强劲的造血能力，以"官方"为依托而不是依赖，才能够抵御住资本市场风险的袭击。

---

① 《Alexa 中国网络媒体周排名》（2012 年 4 月 15 日更新），http://www.alexa.cn。
② 易凯：《积极看待人民网 IPO》，《中国数字电视》2012 年 2、3 月号，第 67 页。
③ 王铮：《人民网 IPO》，《上海国资》2012 年第 2 期，第 67 页。
④ 杨佼：《人民网闯关 IPO》，《第一财经日报》2012 年 1 月 10 日。

目前，此类上市公司的集团化规模经济效应仍然不明显，《纽约时报》虽然将经营网络内容作为其业务的重点，但是上市公司依然包含了涵盖电视、出版、地方报业等全方位的业务内容，而此次人民网的上市仅仅包括了其网络部分，没有真正把人民日报社旗下大量的优势内容企业涵盖在内，这种模式能否经受住考验还需拭目以待。

在党的十七届六中全会召开的背景下，扩大中国媒体的实力和影响力，尤其是网络媒体与国际一流同行之间的竞争力被提上了重要的位置，而与之相应的体制改革也在深入地展开。此次人民网作为首家官方媒体上市，这样的探索势在必行，不能因为一些质疑或是暂时的不成熟而将已经突破了很多障碍而推行的改革搁置下来。特别是以新浪为代表的由中国人创办并由中国员工组成，以中国大陆居民为主要营业对象，以中国大陆为主要营业收入来源地，而其注册地却是境外，上市也在境外的网络媒体逐渐成为中国大陆网络舆论空间的主流，这些企业多选择在美股上市，这无形中加大了外资渗透中国，主导新媒体的风险性，严重影响中国网络安全和舆论导向。此次以人民网为代表的官方网站进入资本市场可以视作是打破这一局面的一种尝试。

2012年1月16日，中国互联网络信息中心（CNNIC）在京发布《第29次中国互联网络发展状况统计报告》显示，截至2011年12月底，中国网站规模达到229.6万个，较2010年底增长20%。中国网民规模达到5.13亿人，全年新增网民5580万人；互联网普及率较上年提升4个百分点，达到38.3%。中国手机网民规模达到3.56亿人，同比增长17.5%。[①]

中国拥有全世界数量最大的网民群体和不断增加的互联网市场份额，但是中国在国际互联网上的声音依然十分微弱，庞大的基数没有形成规模效益，国际互联网的话语权依然掌握在少数发达国家的手中。除去技术和国际形势的因素，一个重要的原因是中国依然缺少如谷歌、Facebook等具有国际竞争力和传播能力的互联网公司。要提高传媒竞争力、影响力和在向外扩张中抵御风险的能力，走市场化道路、利用资本市场的力量壮大企业、参与竞争，并且在竞争中寻求业务的扩张和赢利模式的优化是当前一

---

① 中国互联网络信息中心：《第29次中国互联网络发展状况调查统计报告》，2012年1月16日；http://www.cnnic.net/dtygg/dtgg/201201/t20120116_23667.html。

条必由之路，也是此次以人民网为代表的中国官方网络媒体上市的深层意义和价值所在。

上市融资只是这种探索的"万里长征第一步"，获得更多的资本为的是探索更加先进和广阔的利润模式和利润空间。当站稳了脚跟之后，媒体应该思考的是如何将资本的力量化为文化产业的影响力，将资产的价值变为影响力的附加值，从根本上改变在网络空间的弱势地位，为传统媒体在网络时代的转型迎来复兴的曙光，也为中国的互联网软实力建设贡献力量。

新闻网站上市赢利的三个平衡点

2008年6月20日,在胡锦涛总书记考察人民日报社、人民网两周年之际,人民网股份有限公司正式创立,人民网就此驶入转企改制和上市的快车道,人民网将争取在国内A股发行上市,这是国家重点新闻网站建立现代企业制度、实行股份制改造、向资本市场借力的大胆尝试。

根据《国务院办公厅关于印发文化体制改革试点中支持文化产业发展和经营性文化事业单位转制为企业的两个规定的通知》精神,整合传统媒体资源转企改制,可争取中央优惠政策支持,享受文化体制改革的有关优惠政策。人民网正是落实该通知精神而率先行动。

抓住政策就抓住市场,牵住创新的牛鼻子就抓住转型的新生!人民网、新华网、央视网、东方网、华声在线等10家新闻网站在中央大力支持下,加速市场化步伐,不断缩小与商业网站的差距,已经列入中央重点扶持的首批新媒体上市公司行列。

2006年,国家"十一五"时期文化发展规划纲要明确提出,"要加快建设一批综合实力强、在国内外有广泛影响的新闻网站,形成若干个与我国地位相称的、具有较强国际竞争力和影响力的综合型网络媒体集团,争取其中一到两家重点新闻网站进入世界前列"。

重点新闻网站依托权威传统媒体内容资源优势,影响力不断提升。人民网、新华网、央视网等中央新闻重点和全国各省(自治区、直辖市)地方重点新闻网站发挥龙头作用,新闻网站成为主流媒体的地位已经确立,为网络舆论进一步扩大影响范围提供了有效载体。

中央和地方重点新闻网站提供了85%以上的网上时政类新闻信息,重点新闻网站和具有新闻登载资质的商业网站吸引了92%以上网上新闻信息访问量。重点新闻网站在我国网络新闻信息服务和舆论引导格局中扮演着重要的角色。

中央主流媒体出现传统事业、新媒体产业双赢的成功案例。如人民网页面浏览量（PV）和广告创收双双过亿元后，已经走向良性循环。新华社大力开发新媒体形态（新闻门户、电子政务门户、手机报、WAP网站、网络视频、网络电视、手机电视台）、开拓新媒体传播终端（固网、移动网），相继与开心网、百度、中国移动等达成战略合作，形成面向网络、移动平台的全方位传播强势。

中国网络媒体和传统媒体融合，互联网"终端应用潮"带来人类客厅、办公室和移动三大空间传媒互联互通，推动报网联动、台网互动、社网互通，最终形成"三网融合"、"三屏统一"的格局。各大报业集团、广电集团，利用自有的信息生产优势，近年来陆续开发了网站、彩信手机报、网络杂志、电子报和公共新闻视频等，实行资源共享、做大做强，正在向全媒体传媒集团转型，开展多种经营，探索新的赢利模式，利用品牌影响力，开辟新的收入来源。

中国B2B研究中心2009年对外发布的《中国互联网外资控制调查报告》指出，外资在过去10年促进中国互联网普及的同时，也逐步从资本层面控制了中国互联网产业各个领域。该报告提醒说，如果互联网产业的主流由外资控制，其影响不亚于一个国家的军队由外国势力操纵，引发的种种潜在后果将十分严重。国务院研究发展中心发表的一份研究报告指出，在中国已开放的产业中，每个产业排名前5位的企业几乎都由外资控制；在中国28个主要产业中，外资在21个产业中拥有多数资产控制权，其中包括新兴的互联网产业。

在市场经济条件下，新闻网站既要宣传，又要经营，一个有影响的大众传媒的经济效益与社会效益成正比。

因此，我国新闻网站上市构建永续赢利模式必须找到三个平衡点。

一 币之两面：社会效益与市场效益统一

新闻网站将在网络融合中迈入国家同一宽带的信息高速公路，多网融合中的渠道之争将逐渐过渡到全网统一的服务之争，最终集中为全球化市场的内容之争。

中国移动每天传播10亿人的声音，日均产生3亿元经济效益，单是通过中国移动的全曲下载，一年就是 180 亿元。目前中国各大运营商与有实力的内容服务商（ICP）捆绑，获取固网、移动牌照、成为全业务运营商，在一个宽带多媒体平台上，传统媒体已经融合到无所不在的信息洪流中，必须将传统内容生产优势转化为全媒体时代受众的个性化服务优势。

综观传媒资本市场，传媒的产业属性在中央政策鼓励下得到发挥，目前从中央到地方，中国传媒舰队已经加快了整体集结的步伐。在深沪两市，中国上市媒体概念股的赢利势头吸引了资本市场的极大兴趣。海外传媒巨头，开始以合资、合作形式试探性进入中国市场。国际资本还借道投资中国的门户网站，介入新兴传媒。

正如人民网所提出的：通过转企改制建设成为多语种、全媒体、全球化、全覆盖的国际知名网站，力求舆论导向和市场导向统一，既让党放心，又让人民满意。

二　车之两轮：精英传播与草根自产双驱动

从商业网站的发展模式会得到启发：各大门户网站和数千家传统媒体紧密合作，以前绝大部分都是门户网站购买传统媒体的新闻信息，现在只有少数仍在付费。门户网站提供开放平台海纳百川，广集草根声音，前期的投入变成后期集大成的巨大无形品牌优势。反过来，许多不知名的传统媒体主动借这个品牌平台在网上推广其原创内容，培植网上竞争力。

面对日益增长的网民需求，国家重点扶持的新闻网站在保持高端权威信息优势的同时，日益贴近草根网民需求，吸引用户生产内容，形成海量信息全媒体内容规模效应，形成精英传播与草根自产双赢。

三　鸟之两翼：技术与资本比翼双飞

网络媒体是技术驱动的新媒体，将新技术转化为生产力，借助资本之翼，不断赢利成长的发展模式才是最终成功的模式。

我国新闻网站目前首要考虑的是打造一流技术创新平台，适应数字化、信息化、网络化、全媒体化环境下的受众需求和用户体验消费习惯，通过全媒体海量传播优势、集成个性化订制服务和全球信息高速公路数据库联网对接资本市场，形成滚雪球式赢利模式。

2010年5月26日，苹果公司的市值在纽约股市收市时达到2220亿美元，一举成为全球最大的科技公司，苹果公司2009年收入为365亿美元，接近3年前的两倍，它的净利润在3年间几乎翻了3倍，达到57亿美元。苹果公司成功之道值得借鉴：做电脑，苹果不是戴尔的对手；做软件，苹果不是微软的对手；做音乐，苹果更不是EMI（世界最大唱片公司）的对手。但是，如果把三者结合起来，做硬件＋软件＋内容，那他们都不是苹果的对手，苹果就是以这样一种类似滚雪球的方式壮大，一路高歌猛进。苹果成就了横跨PC、手机、终端等多维空间最成功的数字媒体产业。以资本为纽带、以市场为导向，集成最新的代表未来多网融合的网络技术服务，形成融语音、数据、图像传输于一体的宽带高速信息平台，服务于知识经济。

普华永道2010年6月16日发表研究报告预测：到2014年，互联网将取代报纸成为美国第二大广告媒体，届时美国网络广告收入将超过报纸广告，仅位于电视广告之后。

美国专家预计全球互联网广告市场成为第三大广告市场，全球互联网广告市场规模在2013年将从2004年的180亿美元增长到870亿美元，占整个广告市场的比例将从2004年的4%提高到19%。

普华永道联合英国互联网广告署在2009年发表报告称：在英国，互联网已超过电视成为英国第一大广告载体。英国成为第一个互联网超过电视成为第一大广告载体的主要广告市场。2009年上半年，英国互联网在广告支出中的占比由18.7%提高至23.5%，超过电视的21.9%，英国互联网广告支出在2006年就已超过报纸。

一位伟大的哲人曾经说过，只有最充分地适应时代的人，才能勇立潮头、成为时代的领航人，引领时代。我国新闻网站只有大胆创新才能适应这个急速变革的时代。

我们有理由相信，敏锐地把握日新月异的网络市场运行规律，新闻网站必定在未来世界网络传播体系中占据重要一极！

提升中国移动互联网国际传播影响力的 AMO 三要素

媒体传播能力是国家软实力的重要标志，其国际传播能力更是事关国家利益、国家形象和国家安全的大事。然而，我国媒体在国际传播格局中一直处于弱势地位，这与我国的经济发展水平及国际影响力并不相适应。国情专家胡鞍钢对世界一些国家的传媒（包括广播、电视、电影、电话、互联网、报刊图书、邮局等）作了深入调查和量化分析之后认为："在反映传媒实力的四个方面（传播基础、国内传播、国际传播、传媒经济）中，中国的国内传播实力相对最强，相当于美国的89%；传播基础实力也相对较强，相当于美国的56%；而国际传播和传播经济实力相对较弱，分别只相当于美国的14%和6.5%。与日本相比，中国在传播基础和国内传播方面实力要强一些，而在国际传播和传媒经济方面相对较弱，尤其是传媒经济实力只相对于日本的1/4"。近年来，加强我国媒体国际传播能力建设面临着日益有利的发展，但一直都没有找到强而有效的突破口。

成功进行跨媒体经营扩张的国际传媒大亨默多克曾说："书籍、报纸、电影、杂志和电视，这些都远不止是闲暇的消遣；它们是一个民族参与世界范围伟大思想交流的必经之路。"然而，我国媒体界多年来在第一媒体报纸、第二媒体广播、第三媒体电视、第四媒体互联网领域的发展都错过了积极主动融入国际传播体系的契机，错失话语权。值得关注的是，2012年以来，我国在带有技术属性、传播属性、商业属性的第五媒体移动互联网领域表现骄人。

从发展路径上看，中国移动互联网的发展与国外相似。随着3G通信网络基础设施的建设与智能终端的普及，中国移动互联网于2012年获得了爆炸式的发展。中国互联网络信息中心（CNNIC）数据显示，截至2012年12月底，中国网民数量达到5.64亿人，其中手机网民达到4.2亿人，年增长率达到 18.1%，手机全面超越台式电脑成为第一大上网终端。工业和信息化部发布的 2012 年 10 月通信业运行状况数据显示，2012 年 1~10 月，全国移动电话用户累计净增 10916.3 万户，达到 109541.6 万户。移动电话用户中，3G 用户净增 8399.1 万户，达到 21241.5 万户，移动用户渗透率由上年末的 13% 提升至 19%（见图 1）。这些数据引起国外同行的关注，业界普遍认为中国移动互联网发展与世界同步，甚至用户规模、市场前景和部分技术创新领域处于世界前列。尽管中国移动互联网传播仍然在国际传播中处于边缘，但良好的发展态势客观上为提升中国移动互联网国际传播影响力提供了最佳契机。

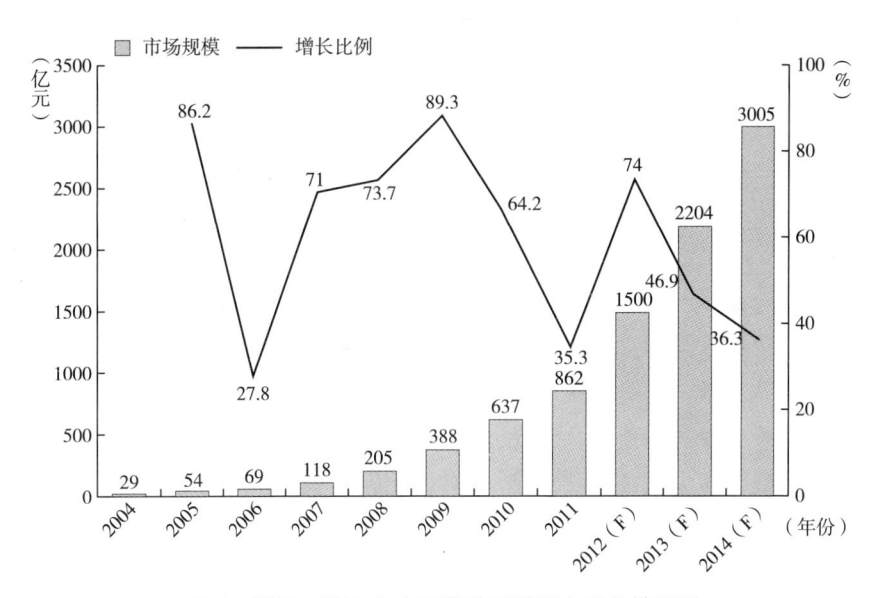

图 1　2012~2014 年中国移动互联网市场规模预测

对于国际文化传播而言，传播的基本要素包括信源国、需传递信息、传播渠道和对象国的普通民众。中国业界已经具备了在移动互联网领域进行国家文化软实力传播的基本条件。那么，借助说服传播的精细加工可能性模型 ELM 中的 AMO 三要素分析，中国移动互联网中的国际传播影响力提升应更注重触发良性信息加工路径的三大前置条件：A 认知能力、M 接受动机和 O 机会。

一 中国移动互联网行业健康发展将有效提升目标国受众对我国的认知能力（A 因素）

国际文化传播中的 A 因素是指受传者在接受信息时是否具备必要的知识储备和讯息理解能力。以往，以中国 5000 年传统文化为切入点的中国国际传播路径，往往因为当地多数群众不具备理解我们久远文化的必备知识，对我国特有的文化现象、文化活动和文化符号多少都存在理解上的困难。然而，在兴起不足 5 年的移动互联网的平台上，目标国同样担当起教育民众的责任，而移动互联网平台上的国别差异、历史包袱都远未形成规模，反而将国际传播中普遍偏低的 A 因素水平抬高，有助于国际传播影响力的提升。因此，从"国家软实力"推广层面看待中国移动互联网行业的发展，具有重大意义。

只有在其他国家羡慕并期望模仿一国文化时，其"国家软实力"才得以实现。中国移动互联网领域的火箭式发展让全世界瞩目，并正在形成这种优势心理。海外媒体从未遗漏过任何一条关于中国移动用户数、移动应用平台消费数等关键性指标的发布。以庞大人口基数为依托的行业前景，让国外业界羡慕，并渴望进入中国市场或在其他市场拷贝中国式成功。在国外媒体对中国的宣传中，移动互联网的商业利益而非传播监管的运营属性，显然更容易为其接受并准确、客观的传播当代中国的情况。笔者在留学期间曾被当地居民问到"中国年轻人都和我们一样用智能手机，喜欢用手机玩游戏，看电视，对吗？"，这种最新认知的确认相对于电影中、电视里、报纸上关于中国的许多过时、失实的宣传，更有价值。对于新媒体、高科技领域的中国发展和成就报道，客观上已经为海外民众认知真实的当代中国和中国人的当代生活提供了新鲜的素材。因此，对于用户规模、基础建设等我国处于优势的行业指标更应在一定高度上多方推动，树立传播榜样。正如美国打造乔布斯，日本塑造丰田，中国移动互联网平台推广的应该是最鲜活的中国新文化。

二 抓住中国移动互联网海外核心用户群将有效提升目标国受众的传播动机（M 因素）

国际文化传播中的 M 因素是指受传者的信息加工动机，信源国文化信息与受传者相关性越大，接收意愿和传播动机就越强烈。我国媒体划分国际受众的传统方法大致分为三类：发达国家受众、发展中国家受众和海外华人华侨，但针对性和有效性不足导致无法形成强势传播。有数据显示，20 年前，美国人当中有 40% 对中国持正面态度；20 年后，尽管我国媒体不断加强对外传播建设，但这个比例并没有发生大的变化。传播属性与移动互联网结合后，以用户为受众、为核心的理念，使得传播对象细分更简单和精准。抓住中国移动互联网的第一批海外核心用户，从而实现二次、三次、多次和人际正向传播，将有效提升其国际传播影响力。

纵观移动互联网的"贴身伴随"和"24 小时不离线"的属性，它使得在其平台上运营的业务和传播的内容具有更多个性化特征，用户黏性也更强。从传播角度来说，其关系传播的力度也更直接和有效。目前，业界对移动互联网"入口"的关注和争夺进入白热化阶段，而国内领先企业在这一领域仍表现出色。比如 UC 优视是国内最大的手机浏览器公司，它于 2012 年 1 月正式受邀加入 W3C，成为中国首个受邀加入该国际组织的中国移动互联网企业，参与互联网技术标准讨论与制定，推动以 HTML5 为代表的新技术标准在中国移动落地。另外，海豚手机浏览器最早在欧美市场获得成功后转回国内市场营销，被国际公认的 HTML5test.com 网站选为展示案例。作为提供"入口"服务的企业，他们手中掌握着大量的数据，而对于数据的精细分析则是移动互联网时代营销或传播的必备技能。有数据作为依托，将用户行为沉淀为传播内容才可能最终达到提升影响力的目标。因此，在移动互联网上研究对外传播规律，创新对外传播方式具有更多优势和经验。其产品化特征、服务伴随性都将更贴近当地人思维习惯。

笔者认为，目前应将提升中国移动互联网国际传播影响力的核心用户群锁定在 3000 万户以上学习中文的外国人和 7000 万以上的海外华人华侨网络。针对这些群体共性提供移动互联网领域更擅长的精准传播服务，并充分发挥海外华文媒体的作用广而告之，将会率先形成强势而有效的华语舆论圈的效应。通过核心用户在日常生活中进行的二次传播，将有效提升移动互联网领域的中国声音强度及其单位价值，并积累这一领域"文化走出去"的成功经验（见图2）。

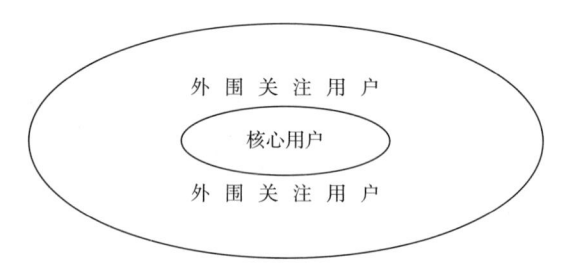

图 2　移动互联网领域更重视核心用户所带来的单位价值

三　突破跨文化瓶颈，布局多维度传播体系将有效提升目标国受众的覆盖机会（O 因素）

国际文化传播中的 O 因素是指受传者的信息接收机会，它意味着受传者所处的环境在多大程度上有利于受众与信源国文化接触，是否渠道多样畅通、频率高低长短。以往常见的国际文化传播渠道主要有官方文化交流、民间文化交流、新闻媒体报道、文化产品营销与消费等，但是在移动互联网平台上则聚焦在线上产品运营商身上，他们组成复杂，有机构、有个人、有媒体、有企业等，这在一定程度上使得公众外交走得更深远。移动互联网上内容更多关注信息、观点和用户体验，这些特质让一直饱受西方媒体诟病的中国媒体公信力问题得到缓解，美国已经有多家商业报纸聘请专业作者从中国社交网络上萃取信息编发中国新闻；同时，用户在移动互联网时代更关注时效、互动和读图趋势，移动互联网应用与信息服务统称为移动产品，不再简单的区分为商业或媒体行为，这些特征甚至降低了跨文化传播中的语言、主体、地域等多重门槛。

移动互联网上全球运营的各种内容产品让传播渠道和信息有机会进入目标受众的日常生活，而只有最日常生活化的大众传播渠道才能最大程度上达到较高的传播影响力转化。笔者认为，在实际操作中中国移动互联网企业提供的服务在跨国使用中完全没有障碍，也就是说中国移动互联网产品已经是全世界范围内可消费产品。我国如何在这个平台上集合众人之力，持续扩大目标国受众的覆盖机会是急需布局的国际传播系统。

目前，《人民日报》、新华社、中央电视台、中央人民广播电台、中国国际广播电台、《中国日报》、中国新闻社和凤凰卫视等媒体纷纷加大对移动互联网领域的传播投入；百度、腾讯、新浪等优秀互联网企业也纷纷推出了具有绝对竞争优势的移动互联网产品；中国网民的总数量和活跃度，包括中国网民在海外社交媒体上的参与性与互动性，都处于世界网民综合指标的前列（见图3）；基于移动互联网领域的跨国传播合作同样享有最开放的政策，抓住与世界同步发展的时间点，将中国移动互联网定位为提升国际传播影响力的先锋破冰平台来布局，将具有突破性意义。

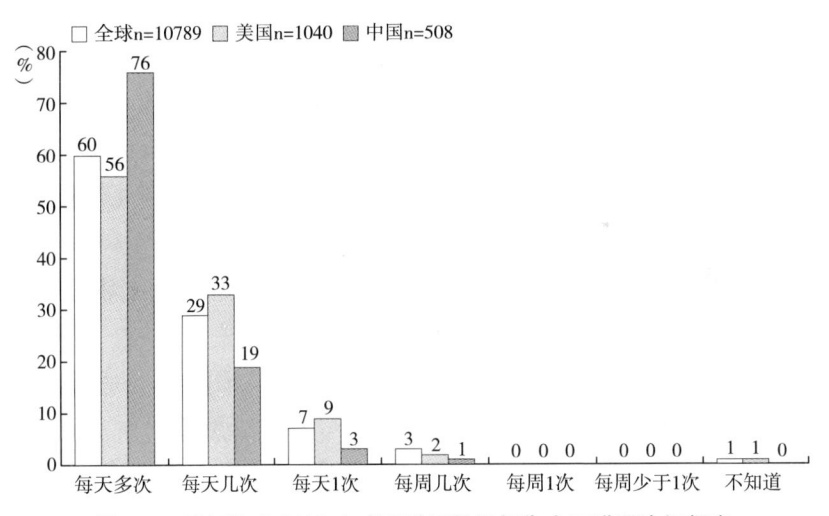

图 3 互联网协会 2012 全球互联网数据报告中互联网访问频度

综上所述，我国多年来已经形成多语种并用、多媒体并存的对外传播格局，但在国际传播中实现影响力的转化，让世界了解真实的中国，使中国更好地融入世界格局，我们更多的是需要面向未来找机会，绝对不能错失移动互联网传播领域的话语权。

全球广播宽带混合电视 HbbTV 在传统媒体与新媒体融合中提升国际传播能力的实践

一 HbbTV 背景

2009 年 8 月，以德国和法国的公共服务型广电机构（PSB）为主导的 HbbTV 联盟首次提出了广播宽带混合电视（Hybrid Broadcast/Broadband TV）的概念。该联盟目前包含了数十家世界知名企业，所涉及的领域涵盖了内容提供商、广播运营商、网络运营商、软件开发商和消费电子终端制造商等，其目标是在全欧洲范围内推进 HbbTV 规范化及商业化进程。2010 年 7 月 1 日，欧洲标准化组织欧洲电信标准协会（European Telecommunication Standards Institute，缩写 ETSI）正式通过了 HbbTV 标准，相关标准编号为 ETSI TS 102 796 和 ETSI TS 102 809。

在 ETSI 组织的努力推动下，目前已经有多款 HbbTV 产品面世，包括多家终端设备制造商推出的 HbbTV 及其专用的浏览器软件。随着技术细节地不断改进和完善，在 HbbTV 起源地欧洲多个国家开展了该项业务，德国多家电视台分别于 2010 年推出了 HbbTV 业务；法国针对 HbbTV 标准进行了改进和优化，提出了 TNT2.0 标准，多家法国电视台已经开展了针对 HbbTV 的试运行计划；西班牙、荷兰、捷克、奥地利等多个国家纷纷公布了 HbbTV 的推广计划；英国 Freesat 卫星电视平台也宣布支持 HbbTV 技术，为了配合该计划的开展，Freesat 将原有的 YouView 商用启动时间推迟至 2012 年。在具体实现方式上，HbbTV 不仅能够应用于有线数字电视技术，还能够支持卫星数字电视技术和地面数字电视技术。

二　HbbTV 的系统架构

HbbTV 是一种基于内容融合的混合电视技术标准，它将广播网内容与互联网内容关联，使观众可通过互联网实时参与电视节目互动。基于 HbbTV 的电视节目除了包含传统的视音频部分外，还包含与节目关联的各种富媒体信息，这种多样化的展现手段为受众提供了更加丰富的收视体验，也使电视台在节目制作和商务运营等方面具有更加广阔的发挥空间。

HbbTV 采用双通道的节目制作和发布机制，通过在广播通道的电视节目中嵌入应用信息表（Application Information Table，AIT）完成广播节目和互联网应用的绑定。在 HbbTV 系统中（见图 1），广播通道用来传送主体节目，电视台通过广播链路将线性的视音频内容传送至混合终端；当用户需要启动与节目相关的应用时（用户可以通过遥控器上的红色按钮启动应用），混合终端根据 AIT 的信息从互联网通道引导出相关应用，将非线性的视音频内容通过互联网传送给终端。这意味着，电视台可以同时利用双通道为一个电视节目服务，以此实现广播网络和宽带网络在节目内容上的深层次融合。

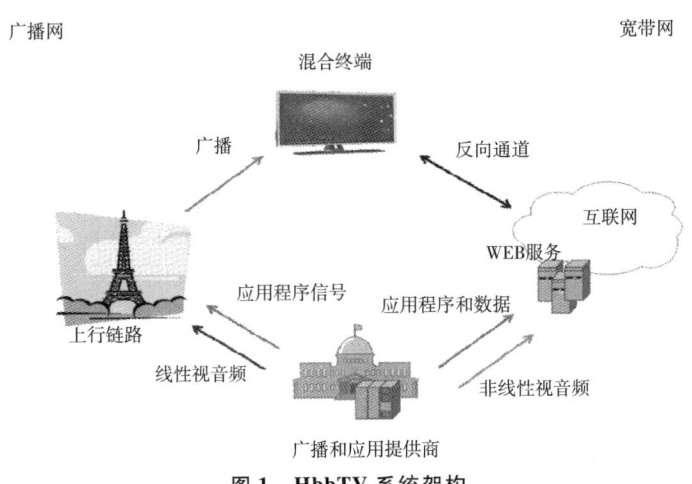

图 1　HbbTV 系统架构

三 HbbTV 对中国广电的意义

在 1998 年联合国新闻委员会年会上，互联网被正式冠以"第四媒体"的称号。这标志着继报刊、广播和电视等传统媒体之后，互联网成为影响最为深远、最具革新性的媒介形态。

在随后的十几年中，以互联网为载体的各种新媒体迅速崛起，传媒行业发生了巨大变化。

新媒体是信息技术发展的体现，它具有和传统媒体截然不同的特点，如不受地域限制，不受时空限制，可随时随地滚动报道和接收；集声、像、文、图为一体，与受众充分互动，内容更加丰富多彩；多点对多点、全立体的传播机制，使信息传播更加迅速快捷。新媒体集全球性、有效性、交互性、综合性、便捷性等优势于一体，使其更加吸引受众，也更加符合时代发展的方向和趋势。

虽然新媒体拥有传统媒体所不曾拥有的优势，但同时也有与生俱来的缺陷，如网络技术的复杂性使人们难以掌握，网络带宽难以满足视频传输所需的低延时、低抖动的要求，网络传播的自由性造成公信力的缺乏，网络传播的不受控制可能破坏社会的稳定性，等等。这些缺陷在某种程度上制约了新媒体的发展。

尽管面临着来自新媒体的激烈竞争，但是有数据显示，大部分观众目前收看的电视节目仍通过传统的广播网络获得，电视仍将是观看视频资源的最主要手段。电视作为人们获取信息和休闲娱乐的传统方式，在高质量业务（如 HDTV、3DTV、5.1 环绕立体声等）的规模化传送方面具有不可替代的优势，其简便的操作、舒适的观看环境也是吸引用户的重要因素。但传统电视广播受限于其单向化的传输方式，往往难以实现复杂的互动应用。

电视和新媒体具有不同的功能特点，代表了不同用户群体的收视需求，尽管两者在所提供的服务内容上相互渗透，但是谁也无法完全取代对方。重视和发展新媒体业务，建立传统广播电视与新媒体结合的业务发展模式是广电在融合环境下实现新发展的必然选择。虽然这种模式涵盖了广播和互联网两条通道，但如何操控电视仍是个问题，两条通道的内容互相独立，用户只能分时访问电视广播内容和互联网内容。访问融合型电视从某种意义上可以看成是能够上网的电视终端，传统媒体与新媒体只是在终端融合，没有实现深层次的业务融合。

HbbTV 是一种内容融合型技术，它要求在节目制作时就要将相关的互联网内容同时规划、生产和发布，这样才能支持用户在观看电视节目时，可以使用遥控器一键获取与电视节目相关的更多内容，也可以通过应用（APP）参与节目实时或非实时的互动。内容融合型技术将会对节目的制作流程和制作形态产生深远影响，这无疑对推动广电行业的发展具有更加积极的作用。

HbbTV 技术目前在欧洲已得到了广泛的认可，但在中国仍处于起步阶段。为给国内广电行业探索一条传统媒体与新媒体融合的新路，公司与相关单位合作，展开了对 HbbTV 的实践工作，在 HbbTV 的技术架构、节目制作流程以及业务模式等方面获取了宝贵的经验，为我国混合电视的实现提供了有意义的借鉴。

四 HbbTV 的业务特点

HbbTV 利用互联网技术作为广播网络的有益补充，充分发挥双通道的优势，为用户提供多样化、个性化、一体化的视听信息服务。我们通过 HbbTV 的实践工作，发现 HbbTV 的业务主要有以下特点。

1. 在信息展示上具有较大的优势

HbbTV 的展示技术源自于已被广泛应用于互联网的 HTML 技术，HTML 的技术特点决定了 HbbTV 在信息展示上具有较大的优势。HbbTV 能够简单、高效地开发出各种展示应用。同时，可以在很大程度上利用已有的网站上的信息资源。

2. 适合于自办节目

HbbTV 互联网内容的制作贯穿于传统电视节目制作的全过程中，故而台内的自办节目更适合于 HbbTV 节目。由于制作过程的融合，使得 HbbTV 不仅能够扩展补充原有的节目内容，更能和已有节目深度融合在一起，成为节目整体的有机组成部分，从而使得节目内容更加丰富，节目形式更加完美。

3. 在节目预告和公告等方面更加主动

HbbTV 节目使得电视台在节目预告和公告方面更加主动，形式也更加多样。借助 HbbTV 技术，可以使 EPG 更加生动、多样、完整，可以使公告更加详细，观众也可以拥有更多的主动权。

4. 适合展示大量信息

HbbTV 技术适合展示大量的信息，因此，在新闻类、体育类、综艺类，这些有大量资源的节目形式上，HbbTV 更容易体现价值。比如，在新闻方面，可以深度扩展新闻资讯，提供更丰富、更个性化的新闻内容；在体育方面，可以实时提供赛况信息、技术统计、选手背景等信息；在综艺方面，可以随时提供演员、主持人以及节目录制花絮等方面的内容。

5. 便于制作互动节目

HbbTV 技术便于制作互动电视节目，在电视节目中融入电子商务、电视商城、信息分享等应用，使得节目内容更加丰富，形式更加多样，参与性更强。

五 应用样例

在 HbbTV 的实践过程中，除了对 HbbTV 的技术进行了有效验证外，还根据 HbbTV 的业务特点，将传统电视节目与互联网应用融合，制作了一批有代表性的 HbbTV 节目。

（一）专题类样例

专题类节目一般围绕一个主题进行深度挖掘，通过综合展示相关的信息来介绍知识、技术等内容。因此，专题类节目的 HbbTV 应用应着力于拓展信息量和表达形式，从而使节目的内容更加丰富，形式更加多样。

在此样例中，在《天天饮食》节目中加入了电子商务和互动的内容，当观众点击遥控器红色按钮后，在原有的节目画面上将出现一个 HbbTV 应用主菜单（见图2）。

观众可以使用遥控器上下左右及确认键选择菜单项。

1. 预告未来一周的节目安排

虽然此内容可以在电视节目中由主持人预告或字幕的方式向观众传

图 2　HbbTV 专题类节目样例

达，但均有很大的局限性。通过 HbbTV 的方式，观众可以在节目播出时的任意时刻获取未来一周节目预告，更加方便和人性化；

2. 有奖问答

通过对与节目、栏目、频道、电视台等相关问题的回答，让观众更深入地参与到节目中，吸引更多的观众的注意，从而提高节目的收视率；

3. 查阅菜谱

通常情况下，在节目的开始阶段，主持人会介绍本期菜谱的内容。但是，很多人并不能很快的记下菜谱的全部信息，即使记下了，也很容易忘记。HbbTV 节目使用户在节目过程中随时可以查阅菜谱，并配合做菜的全过程随时查阅，使用户对菜谱更加熟悉，更清楚在什么阶段使用什么材料。

4. 电子商务

通过 HbbTV 节目，可以在现有节目的基础上增加电子商务的内容。由于商品的相关性，使得观众在观看节目时更容易购买相关的商品。

（二）综艺类节目样例

综艺类节目一般由各种歌曲，相声，杂技等文艺表演形式综合组成。通过 HbbTV 节目，可以为综艺类节目增加许多幕后花絮，如进度介绍、演员介绍等扩展内容。更重要的是，HbbTV 节目能给综艺类节目带来观众互动。在此以《星光大道》为例（见图 3）。

图 3 HbbTV 综艺类节目样例

通过此 HbbTV 节目，观众可以选择以下功能。

1. 星光快讯

对栏目进行深度的介绍.

2. 我要去现场

通过答题互动，使用户参与到节目的进程中，提高节目的互动性和趣味性。

3. 星光之路

提供了当前的节目进度，选手获奖情况等内容。这极大地方便了观众，尤其对从中途开始观看节目的观众更是如此。

4. 有奖竞猜

在该环节中，观众可以参与本次比赛冠军的竞猜，通过竞猜，从而使观众的关注度更高，提高了用户黏度。

5. 选手支持

在该环节中，观众可以选择支持自己喜欢的选手，查看所有选手的支持率等情况。

6. 星光闪耀

该环节介绍了参赛选手的情况，并可直接在此处进行有奖竞猜和选手支持的功能。

7. 原作对比

在该环节中，观众可以选择原作的音视频来观赏。通过与原作进行对比，观众能够更好地评价参赛选手的表现，从而使节目更加的丰富。

8. 嘉宾评委

在该环节中对嘉宾和评委进行了介绍。

（三）赛事类节目样例

各种体育赛事的直播和转播是赛事类节目的主要内容。由于此类节目具有不确定性和突发性的特点，并有大量不断变化的实时数据，通过电视画面和解说员很难满足观众的需要。通过 HbbTV 节目，可以为赛事类节目增加回放、互动等功能以及大量的实时统计数据，让观众真正掌握观看比赛的主导权。在此我们以《世界杯直播》为例（见图 4）。

图 4　HbbTV 赛事类节目样例

通过此 HbbTV 节目，观众可以选择以下功能。

1. 赛况信息

HbbTV 节目使得观众可以随时查看相关的赛况信息，如地点、轮次等。

2. 阵容阵型

展示本场比赛双方在场上的阵容阵型情况，以及球员的基本信息和与其有关的本场统计信息，使观众可以随时查看，从而增强对赛事信息的掌握。

3. 技术统计

可以展示本场比赛双方的技术统计数据，通过实时全面的技术数据统计，使观众对比赛能有全方位的准确把握。

4. 精彩回放

HbbTV 节目通过视频点播技术，对本场比赛的关键进球进行回放，使观众随时可以观看，提高了节目的质量。

5. 有奖竞猜

通过有奖竞猜，可以提高用户的参与程度，提高节目收视率。

6. 最佳球员

通过互动，使观众可以直接参与评选最佳球员的活动。

六 混合电视提升国际传播能力

混合电视是从节目制作到播放的一个整体系统，其实现将有利于推动我国"三网融合"的进程，电视提升国际传播能力随着混合电视核心技术以及经营方式不断地完善和改进，电视机将会变得更加人性化和个性化，受众将从看电视变为用电视，享受一种全新的视听体验。

中国互联网设计创新与传播效果研究

一 移动互联网，发展中国家的新机会

2012年的中国，移动互联网正向二、三线城市蔓延，移动互联网用户正以桌面互联网用户3倍以上的速度扩散生长；2013年6月19日，工信部发布的一组监测数据，再次印证了中国移动互联网时代的飞速前进。2013年1~5月，我国3G用户净增7156.9万户，总规模超过3.04亿户，3G渗透率达到26.1%。2013年3月，3G移动电话用户净增创下历史最高点。中国电信新增3G用户310.0万户，总数累计达8424万户；中国移动新增3G用户937.4万户，总数累计达1.29396亿户。中国联通新增3G用户400.3万户，累计用户达9589.5万户。TD用户的增长贡献达到59.9%，是上年同期的2倍。[①] 移动数据及互联网业务实现收入697.6亿元，同比增长56.8%。固定和移动数据业务对整个数据业务的增长贡献分别为15.1%、84.9%，两者之比由去年同期的1：2.4扩大至1：5.6。[②]

纵观全球，移动互联网在发展中国家的发展态势也胜于发达国家。根据美国Flurry公司2013年1月所做的调查"各国iOS和安卓系统设备数量增速"显示，诸如哥伦比亚、越南等国家增速显著（见图1）。

为什么发展中国家在移动互联网时代表现出了对于新技术和新产品如此迅速的普及能力？这是一个综合性较强的社会问题。而设计界给出的答案能提供一些佐证：有产品设计师从用户心理和使用习惯分析认为，发展中国家的用户等待和乘坐公共交通工具的机会更多，因此有更多的空闲时间来使用移动设备；更重要的是，因为不像发达国家那样更多地使用方向

---

① 即中国移动3G网络用户。
② 来自工信部网站（http://www.miit.gov.cn）运行监测协调局发布的数据。

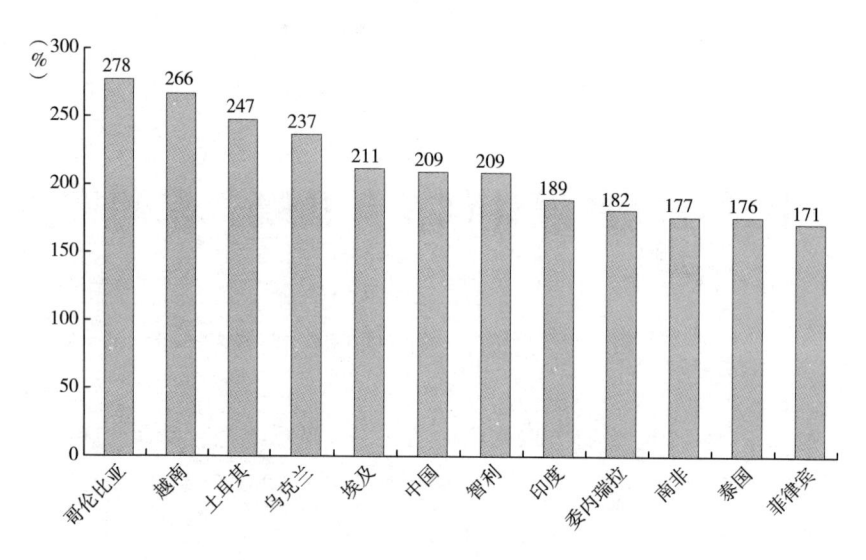

图 1　各国 iOS 和安卓系统设备数量增速

资料来源：美国 Flurry 公司。

盘开车，人们可以空闲出两只手，构成使用移动设备的充分必要条件。

无论如何，发展中国家的用户数增长是不争的事实。在以用户为核心竞争力的移动互联网时代，就成为一个新机会。当然，这是机会也是挑战，就目前而言，绝大多数发展中国家也只能在用户方面占优，而移动互联网的核心技术、竞争能力与创新能力都还是发达国家、少数公司遥遥领先。

与其他发展中国家不同的是，中国在人才与硬件方面的储备目前已比较成熟。若能在软件——新型互联网产品的设计创新与传播方式上更进一步，将会真正抓住这次机会，提高本土产品的核心竞争力，为广大用户带来最新鲜的内容与服务，推动社会进步，创造财富价值。本文从内容、体验和产品三个方面入手，深入评析新时期互联网产品为中国带来的新机遇。

二　内容创新

互联网产品怎样赢利？对于互联网来说，这曾经是一个长久测试与讨论的问题。上一个互联网泡沫时期的中国至今仍留存在许多人的记忆里。

1999 年，众多企业融资后高估值上市，泡沫膨胀；仅一年不到（2000 年）未上市的互联网公司裁员或关门，已上市的公司则勉力强撑，最终泡沫破裂。许多被"炒"起来的概念迅速偃旗息鼓；许多大的门户网站尚无健全的赢利渠道；小公司、小企业、小团队更是连生存都成为难题。

然而，伴随着移动设备出现并普及的移动互联网逐渐崛起，却为那些在虚拟世界中寻找机会的人们带来了新的希望。自普及之始，移动互联网就找到了水到渠成的付费方式。而其灵活的开发方式，也为一些小企业、工作室带来了不可思议的发展机会。一个好点子演变成为财富的时代再次到来。

（一）社交网络的成功

移动互联网产品中，发展最快的是社交网络产品。中国工程院院士潘云鹤曾总结说："互联网已从过去的数据为王，发展到现在的用户为王。"社交网络、自媒体是移动互联网时代最富有标志性质的名词。

社交网络的成功，国外有知名的 Facebook、Twitter。2012 年 2 月 1 日，Facebook 正式向美国证券交易委员会（SEC）提出首次公开发行股票（IPO）申请，目标融资规模达 50 亿美元，并由摩根士丹利、高盛和摩根大通为主要承销商。成就了硅谷有史以来规模最大的 IPO。Facebook 的成功再次印证了"用户为王"成为新时期互联网的一大特征。以吸揽用户、发布即时讯息的自媒体性质的社交网络产品，正在成长为最大规模的一类产品内容。

在我国，微博和微信同样迎来了巨大的成功。2010 年年初，经过 2 年筹划、又经过 1 年内测的新浪微博推出 API 开放平台，与此同时，百度百科也推出了"分享到新浪微博"的新功能。根据 2010 年官方公布的数据显示，新浪微博每天发微博数量超过 2500 万条，其中有 38% 来自于移动终端，成为国内最有影响力、最受瞩目的微博运营商。2013 年 5 月 16 日，新浪公布第一季度财务报告称："2013 年 3 月底，新浪微博注册用户数增长到 5.36 亿，比 2012 年底增加 6.6%，微博日活跃用户数比 2012 年底增长 7.8%，达到 4980 万，此外，尽管竞争环境不可避免地更加激烈，但微博日活跃用户平均使用微博的时间也在第一季度恢复增长。"①

新浪微博所谓的"激烈的竞争环境",很大程度上是意指另一个强劲的对手——微信。微信是腾讯公司于 2010 年开始筹划启动的移动互联网产品。2011 年 1 月,微信发布针对 iPhone 用户的 1.0 测试版。该版本支持通过 QQ 号来导入现有的联系人资料,但仅有即时通信、分享照片和更换头像等简单功能,并不被看好。在随后的三个测试版中,微信逐渐增加了对手机通讯录的读取、与腾讯微博私信的互通以及多人会话功能的支持,用户大幅上涨;2011 年 5 月,微信发布了 2.0 版本,该版本新增了语音对讲功能,使得微信用户群第一次有了显著增长。2011 年 8 月,微信添加了"查看附近的人"的陌生人交友功能,2011 年 10 月,增加了对繁体中文语言界面的支持,并对中国港澳台和美、日 5 个地区的用户增加绑定手机号功能。用户达到 1500 万户。到 2011 年年底,微信用户已超过 5000 万户;2012 年 3 月,微信用户突破 1 亿户。

接下来,微信又接连有令人瞩目的新功能出现（见表 1）。

表 1　微信 2012 年 4 月至 2013 年 8 月更新版本及功能内容

时　间	版　本	新增功能
2012 年 4 月 19 日	4.0	腾讯公司开始做出将微信推向国际市场的尝试,为了使微信的欧美化,将 4.0 英文版更名为"Wechat",之后推出多种语言支持
2012 年 7 月 19 日	4.2	增加了视频聊天插件,并发布网页版微信界面
2012 年 9 月 5 日	4.3	增加了摇一摇传图功能,该功能可以方便地把图片从电脑传送到手机上。这一版本还新增了语音搜索功能,并且支持解绑手机号码和 QQ 号,进一步增强了用户对个人信息的把控
2013 年 2 月 5 日	4.5	支持实时对讲和多人实时语音聊天,并进一步丰富了"摇一摇"和二维码的功能,支持对聊天记录进行搜索、保存和迁移。同时还加入了语音提醒和根据对方发来的位置进行导航的功能
2013 年 8 月 5 日	5.0	公众账号开通在线支付功能

2013 年 1 月 15 日,腾讯微信团队在微博上宣布微信用户数突破 3 亿户,成为全球下载量和用户量最多的通信软件,影响力遍及中国以及东南

---

① 新浪公司:《第一季度财务报告（未经审计）》,2013 年 3 月 31 日。

亚、海外华人聚集地和少数西方国家。

由此，微信后来居上，在用户数上远超新浪微博。微信的迅速崛起，使得这一商标被多家公司抢注，开发商腾讯反而陷入商标权纷争中；同时，其迅捷的即时聊天、群聊等功能甚至威胁到了移动通信运营商的利益。根据腾讯科技的统计，2007年中国移动短信发送量为7361亿条；到2011年，短信发送量增长46.4%，但同时用户数增长率更快。因此，若把短信发送量平均到每个用户上，2007年中国移动用户人均月发送短信113条，2011年为88条。照此计算，平均单用户的短信发送量减少了22%。值得注意的是，这还未将微信用户暴涨的2012年计算在内。[1]

正因为此，2013年上半年，坊间传言微信团队迫于官方和来自通信运营商的压力，拟向用户收费。传言一出，大众哗然。以至于微信团队不得不在2013年4月11日向用户发布了这样一条信息："温馨提醒：近期在微博上流传的'微信要对用户收费'，纯属有人恶意造谣，请大家不要相信谣言。微信绝不会对用户收费，感谢你一直以来对微信的支持。我们正在努力开发下一版本的新功能，希望可以让微信更好用，也更好玩。"

微信的成功，很大一部分要归功于对于产品内容的创新。开发一个社交网络产品并不难，微博之前，微信之后，或与此两者同时期的社交网络并不在少数，其中包括之前已有雄厚用户积累的实名社交网络"人人网"，以及用于分享资讯的"豆瓣网"等。移动互联网的用户是一个积累的过程，但同时也是个迅速成长与培育的过程。只要有更好用、更多朋友在用的社交网络产品，用户就会跟风般地迅速转移。在移动互联网时代，只有追寻用户的需求不断创新内容，才能够不断留住用户。无论对已成规模的产品，或是刚刚起步的产品，面临的风险与挑战都是永存的。

在已有的面向大众的社交网络空间越来越拥挤时，社交网络的下一个目标是哪里？若想内容创新，恐怕首先想到的应该是方向上的彻底革新。在这种情势之下，以社区为服务对象的、相对小型的社交网络产品正在试水。

此类产品中，翘楚当属Nextdoor。2013年1月12日，据国外媒体报道，社区社交网络Nextdoor在新一轮融资中又获得2130万美元投资。在

---

[1] 方南：《短信面对类微信，为何毫无还手之力》，《南方都市报》2013年1月28日。

Facebook 2012 年 IPO 出现难堪之后，众多投资方都开始回避社交网络这一板块，Nextdoor 能获得数额如此巨大的融资更显得难能可贵。

社区社交网络 Nextdoor 于 2011 年推出，至今已有 8075 个美国社区进驻该社交网络，并计划向海外进一步扩张。Nextdoor 的用户们可以发布 Facebook 状态，给予或是寻找社区他人提供的服务建议，如雇佣保姆、院子维护以及发现好的商店和餐馆等。他们也可以发布有关于该社区的相关信息，如停车、犯罪、安全以及打折销售的货品等等。

Nextdoor 的概念形成于 Facebook 及 Twitter 已熟透之时，其概念来源于以下一些关于美国社交网络和社区生活的调查数据。

65% 的成人网民使用了社交网站（2011 年 8 月 26 日的《社交网络报告》）；28% 的美国人不知道任何一个邻居的名字（2010 年 6 月 9 日的《网上邻居报告》）；使用在线社区论坛的人，79% 每月至少一次和他们的邻居谈过话，而在全体美国人中，这些人只占 61%（2009 年 11 月 4 日的《社会隔离和新技术报告》）；Facebook 朋友中只有 2% 的人是邻居（2011 年 6 月 16 日的《社交网站和我们的生活报告》）；45% 的人会帮助邻居找工作（2011 年的《美国邻里状态报告》）；44% 的人会为邻居做饭（2011 年的《美国邻里状态报告》）；32% 的人会帮邻居照看孩子（2011 年的《美国邻里状态报告》）；93% 的人表示邻居彼此照顾很重要（2011 年的《美国邻里状态报告》）；66% 的人对认识邻居感到更安全（2012 年的《美国邻里状态报告》）。经过一年测试时间，Nextdoor 于 2011 年 10 月公开发布。在发布前，就已有美国 26 个州的 176 个社区加入，不到一年时间，就有 48 个州约 60 个城市超过 5000 个社区参与，每天有 24 个新社区推出。Nextdoor 不断研究大量的社区，以了解社区的运作情况，并创新内容，用户可以公开或私下发布各类信息，并组成公开或私密团体。公布的消息可以评论，如果不合适还可以标记以备社区"领导"关注。Nextdoor 表示，在未来，推荐和分类信息将成为公司的主要收入来源，这意味着一个顺理成章的收费渠道即将炼成。对于全美国 20 万个社区而言，Nextdoor 的发展前景的确不容小觑。①

---

① 以上关于 Nextdoor 的描述来源于腾讯科技（http://tech.qq.com/）的相关介绍文章，以及 Nextdoor 官方网站（https://nextdoor.com/）。

我国目前也有小规模的社区社交网络产品，基本上均立足于某协会组织。例如面向高校的新媒体产品"青梅"，以及面向宁波地区青年企业家的"宁波青商"等。对于幅员辽阔、城市化脚步不断加快的中国来说，未来的社区社交网络这块巨大的蛋糕有着无比诱人的魅力。

（二）小型开发团队的机遇

移动互联网为小型开发团队带来了前所未有的创业机会。程序员与设计师的搭配就是创造一个属于自己的 APP 的最小团队。"移动开发者"已成为一个新的职业，并迅速在市场中铺陈开来。移动应用、移动互联网产品的开发团队可大可小，大者有诸如一些企业和互联网公司某个产品多达几百人的开发团队；小者可以仅有两个人，甚至一个人。而且，由于网络的发达，有些非常成功的移动应用产品的开发合作者甚至身处不同地域，产品上市后也不曾见过面，而通过网络就可以解决一切的沟通问题。有的甚至直接就是通过移动互联网产品和某些社交网络相互认识合作的。

移动互联网为小团队带来的第一轮冲击波中，Instagram 的成功最为瞩目。2012 年，这个只有 13 个人的小型开发团队的免费产品被 Facebook 以 7.5 亿美元的市值收购，逼近老牌传媒《纽约时报》的市值。Instagram 最初运行在 iOS 平台，是一款基于图像传播的社交应用，应用内为图片美化提供的"滤镜"最为吸引人眼球，已经成为同类型产品的鼻祖。安卓版 Instagram 于 2012 年 4 月 3 日起登陆 Android 应用商店 Google Play。

一款提供滤镜、并能分享图片的移动应用，其价值何在？2012 年 12 月，《纽约时报》以《Instagram 上的生意经》为标题报道了此产品，文中称"虽然 Instagram 尚未公布任何创收计划，但该公司的 10 亿用户中，却有很多已经找到了发财致富之路，有些甚至利润不菲"。许多创业者和小公司借助 Instagram 的人气经营自己的企业。"例如，Prinstagram 这样的服务可以将用户在 Instagram 上的照片打印出来，甚至制作成日历和贴纸。还有很多设计师在为 Instagram 的照片设计数字相框。一些早期用户则利用自己的专业技能和规模庞大的粉丝创办了咨询机构，为大品牌传授 Instagram 的使用技巧。另有一些人则直接通过这个渠道发布待售商品的照片……他们已经将自己的主页变成了虚拟橱窗，里面陈列着琳琅满目的手工珠宝、流行眼镜、高端运动鞋、漂亮的烘烤器件、复古服装和定制艺术品。多数人采用这种销售模式的都是小型创业者和艺术家 这些依托 Instagram 成长起来的迷你行业,都受益于该服务的爆炸式增长。今年 4 月,Instagram 拥有 2500 万用户,8 个月后增长三倍,总共积累了 50 多亿张照片。根据 comScore 的数据,该服务 10 月的日活跃用户达到 780 万,超过 Twitter 的 660 万。"[1] 可以说,Instagram 的成功,再次印证了"用户为王"的重要性。

教育类 APP 一直以来都是最受欢迎的一类产品。在此类产品领域,也有小型开发团队不断取得成功的范例。例如 iOS 系统 APP "Montessori Crosswords",即是由一名法国的全职独立开发者开发上市,2012 年,他开发的教育类应用已获得了 60 万美元的收益。如此高的赢利,是这位开发者自己都未曾想到的,他说,开发此类应用的初衷只是因为想让自己的孩子采用"家庭教育"的学习方式,而 iPad 会非常有利于发展孩子的学习能力与创造力,仅此而已。

不仅"吸金"有力,小团队表现出的设计能力同样是惊人的。2012 年,一款 iOS 系统的日历类应用登陆 App Store 不到两个月便好评如潮,下载量很快冲上顶峰,一度成功击败《愤怒的小鸟》,登上付费应用榜首位。这一款日历应用比 iOS 系统自带的日历还要好用,从某种程度上已经令人惊讶了。因为如果是像 Google 这样拥有丰富资源的大公司开发出一款比苹果公司自己开发的 iOS 应用更好的 APP 不足为奇,但要是小团队能开发出一款比苹果更好的核心 iPhone 软件就有意思了。这一款日历应用就是"Fantastical",其开发团队仅有 2 人。"Fantastical"在仔细研究了日历软件和移动应用后,有针对性地改进了所有的用户体验,将现有的日历应用进一步简化,操作因此更为便捷,界面因此更为清爽。这两位开发者年龄相差十几岁,又分别住在旧金山的东西海岸,但这并不妨碍他们成为非常棒的合作伙伴。

因此,尽管目前移动互联网产品的收费渠道、管理方式、分成办法等仍然在不断完善之中,对于此类产品知识产权的保护也有待加强,但事实上,通过移动互联网崛起的小团队的故事,每天都在上演。而千奇

---

[1] 思远:《纽约时报:Instagram 上的生意经》,新浪科技网,2012 年 12 月 15 日;http://tech.sina.com.cn/i/m/2012-12-15/10567890609.shtml。

百怪、五花八门的小团队也正好适应了同样千奇百怪的用户需求。移动互联网为小团队带来机会，小团队也在不断启发、推动着移动互联网的前进。

三 体验创新

用户体验，正如唐纳德·诺曼曾定义的："所谓用户体验设计，处理的是用户与产品交互时的所有方面：产品如何理解、如何学习、如何使用"[1]，是涵盖了包括界面设计、交互设计和信息架构等多个方面的综合体验设计。随着移动通信技术、网络技术的发展，以及各种各样触摸屏智能终端在普通用户的普及，移动互联网正在取代传统的单机互联网成为未来的主流。与此同时，新时期互联网产品的开发热潮正向全球蔓延。以单机操作（键盘鼠标）为主的国际互联网时代的用户体验正在逐步被以触摸屏设备主导的、操作更为直观、简便的用户体验取代。以往的用户体验设计中，部分可借鉴到新型互联网产品设计中，但更多地却是带来了颠覆性的改变。直截了当的手势控制、各种各样的传感器装置，以及移动设备本身的便携性特质，都意味着不能够完全照搬传统的互联网产品设计来适应新型的用户体验需求。

（一）触摸屏时代的用户界面设计

随着计算机用户界面从 CUI（即以代码为中心的用户界面）跨入到 GUI（即以图形为核心的用户界面），"用户界面设计" 就被提升到了一个新的高度。用户体验（UE）与用户界面（UI）有着直接的天然的关系——绝大多数用户体验均是从用户对界面的操控产生而来。传统的计算机人机界面交互方式是通过键盘、鼠标等硬件完成的，在触摸屏时代，硬件这一中间环节被摈弃了，人与机器可以直接进行操控，乃至更高意义上的对话和沟通。触摸屏带来的体验是跨时代的，正是因为如此，苹果公司每发布一款产品，都会引发关注与抢购，人们渴望着新技术带来的神奇的

---

[1] Donald Norman, *The Invisible Computer: Why Good Products Can Fail, the Personal Computer Is So Complex, and Information Appliances Are the Solution* (MIT Press, 1999).

用户体验，正如 iPhone 手机广告里说的那样："再一次，改变一切。"

触摸屏时代的用户界面沿袭着传统鼠标键盘时代的设计准则，网页时代的人机界面设计本已包含了多种设计元素，如平面设计、版式设计等，其相关的认知心理学和人机工程学相关内容在触摸屏时代同样适用。与此同时，新的准则和评判方式也已日趋成熟。其中新准则的出现均围绕着两个方面进行。

1. 便携性

触摸屏设备多为支持移动互联网的便携式移动设备，体积较小。尽管目前触摸屏设备屏幕有着越来越大的发展态势，大型多点式触控的触摸屏也早已不是技术上的瓶颈，但出于产品的便携性考虑，生产商始终还是会在屏幕的大小与便捷程度上寻找平衡。正因为如此，苹果公司才会推出一款介于 iPod Touch 和 iPad 之间的产品 Mini iPad；另有消息称，微软也许会像推出 Surface 那样，推出自有的更小尺寸平板电脑。更小的尺寸意味着界面设计上的革命性变化。尤其是以目前最常用的手机触摸屏来说，据互联网消费调研中心（ZDC）2012 年针对中国用户手机屏幕尺寸使用情况的调查显示，3.7～4.0 英寸屏幕使用者比例最高（见图 2）。4.1～4.5 英寸类产品成为用户未来购买手机时的主流选择。无论怎样，都比小尺寸的笔记本电脑还要小许多，无法容纳太多的界面容量。此外，此项调查还显示，习惯单手操作的手机用户占比近六成，因此，在界面设计时必须考虑单手

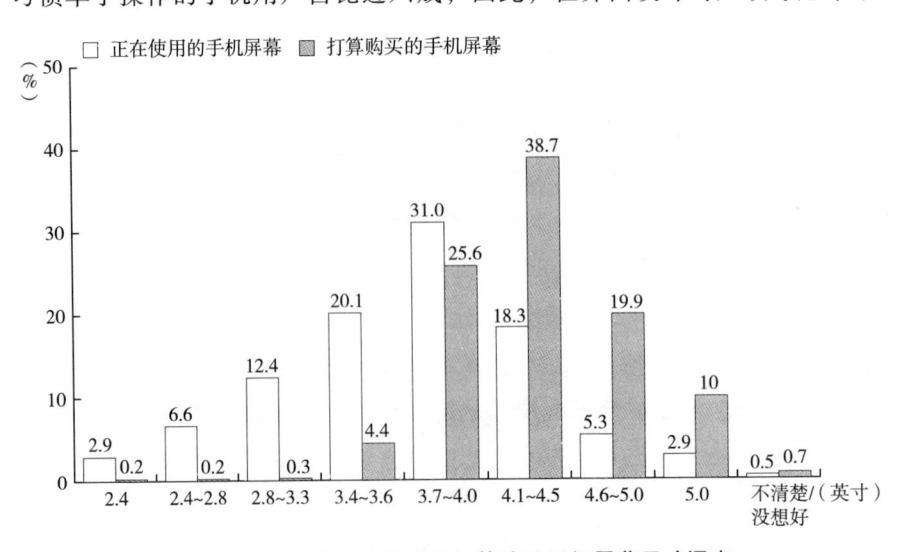

图 2　我国智能手机使用及打算购买手机屏幕尺寸调查

用户（一般对象为右手用户）操作的"热区"——即竖屏模式下屏幕的左下方弧形区域；另有一些应用设计考虑到"左撇子"用户的操作，准备了两个备选版本。

因此，在进行触摸屏版界面设计时，首先面临的问题就是对大量信息的重新梳理。对于想要嫁接到移动设备上的传统网站来说，挑战更多更大。传统媒体在此方面进行的改变尤其具有参考意义。作为传递大规模信息的载体，传统媒体在 21 世纪的第一个 10 年就面临分别来自互联网和移动互联网的两大冲击，必须做出相应的改变。美国报纸发行量审核署数据显示，截 2011 年 10 月至 2012 年 3 月的 6 个月时间里，美国近 1/7 的报纸均是以电子版的形式被阅读，阅读媒介包括智能手机或平板电脑等。该比例较 2011 年的 8.66% 而言，可谓大涨。据悉，《纽约时报》的电子版阅读量已超过纸质版，全美发行量最高的《华尔街日报》的电子版订户数也已超 50 万户。通过比较《纽约时报》网站、《纽约时报》iOS 系统 APP 和 Windows Phone 系统 APP 三种界面，可以看到，老牌的纸媒在由网站向 APP 设计的过程中，重新梳理了信息，界定了功能，并根据不同的移动互联网系统给出了风格迥异的界面设计。其中在 iOS 应用商店的《纽约时报》APP 是最早登陆 App Store 的传统媒体 APP 之一，并不断改版、完善，仅工具栏图标就已几易其稿，例如将"最近新闻"转换为"热点新闻"、增加付费墙、改善新闻全文阅读方式等；另外，《纽约时报》又推出了名为 The Collection 的 iPad 应用，成为该报时尚内容在平板阅读平台上的衍生。因此，当传统媒体人在为《纽约时报》宣布未来将取消纸质版扼腕叹息时，应当看到《纽约时报》不仅结束了一个旧时代，更是早已做好了准备迎接一个新时代的到来。

便携式触摸屏设备，尤其是手机，除了信息与界面都面临不一样的体验设计之外，还有移动设备本身的"移动性"带来的革命性改变。微任务、行进中的任务，是移动设备用户面临和经常使用的模式。晃动的使用环境要求界面设计必须清晰明朗，对比度高；人手指接触屏幕的面积不如鼠标那样精确，就要求功能按钮不能设计得太小，以减少操作失误的可能。

2. 在界面设计中加入更多的现实隐喻

在触摸屏设备面前，人类的手终于从鼠标和键盘上解放出来。手势设计，也由此成为用户体验设计绕不开的一个环节，同时也是最具吸引力的一个环节。仔细观察我们的双手在一天中完成的任务，触摸、抓握、投掷、挥舞，以及使用各种工具时的精细动作……对触摸屏用户体验的开发，在某种程度上就演变为对人类双手的开发。

通过手势的设计，在传统意义的界面设计之上加入了手势与平面可能产生的各种互动方式。原本需要用鼠标按钮、滑钮、指针、输入的交互方式均可以被手势取代。最显著的一个例子就是触摸屏设备中"放大缩小"图片——传统界面中，需要多次点击实现的任务只需要手指的张合便可完成。

最重要的是，手势使得在界面设计中可以加入更多的现实隐喻。人机界面加入现实隐喻，是自多媒体光盘时代就开始的一种表现手法，即将按钮设计为现实生活中的样式，例如将图书选择按钮直接设计为书架上的书籍；通过点击界面上墙上的"开关"按钮，灯就会亮起，点击界面上录音机的"播放"按钮，就会播放音乐……通过与现实隐喻设计的结合，用户可以在第一时间了解操作方式，减轻学习负担，增加使用乐趣。不过，过去这些操作均需要鼠标点击来完成，今天却可以如同生活中一样，在触摸屏系统中用手来直接操控完成。因此，即便是在为幼儿设计的移动设备电子书 APP 中，也可以大胆地加入书籍翻页的隐喻操作，因为即便是非常年幼的用户，也会自觉地通过翻动书籍右下角来完成"翻页"这一任务，比起箭头表示的"上一页""下一页"的语意设计更为明确，省去了按钮的同时为界面内容预留出了更多的表现空间。

可以针对手势进行开发，为界面设计和体验设计增加了更多地发挥空间。在一款名为"吸血鬼的传说"的电子图书 APP 中，甚至模拟了现实"抽血"的隐喻：用户将手指放在界面内的针尖上时，就会有"鲜血"被针管吸走。此外，现实中的开锁、点按、滑动……的手势现已都加入到了移动互联网时代 APP 体验设计中，并由此开发出了更多的隐喻式手势。例如，在运动游戏类 APP 中，用户可以用手指摆动的幅度来控制角色运动的力度。

（二）增强现实与传感器在设计中的应用

触摸屏拉近了人机距离。在移动互联网时代，网络技术与触摸屏设备相结合，更是提供了多种增进体验，甚至改变世界的可能性。其中，增强现实技术的使用可以实现许多过去存在于人们幻想中的情境。

增强现实（Augmented Reality，简称AR），是在虚拟现实的基础上发展起来的新技术，是通过计算机系统提供的信息增加用户对现实世界感知的技术，将虚拟的信息应用到真实世界，并将计算机生成的虚拟物体、场景或系统提示信息叠加到真实场景中，从而实现对现实的增强。增强现实技术并不仅限于应用在触摸屏设备中，但却是借由触摸屏设备开发出更为广泛的用途。2013年6月，有媒体报道，美国一家自称是"增强现实时代的Photoshop"的公司，获得了Daqri公司1500万美元的风险投资，显示风险投资开始注意到这一新兴领域。该产品可以让用户在通过智能手机或平板电脑观看常规物体时，看到更为丰富的媒介内容。

目前增强现实与移动互联网和触摸屏设备的结合主要应用方式体现在以下四个方面：

1. 导航式增强现实

通过移动互联网与位置信息的获取，使得用户直接可以通过设备的前置摄像头直接读取身处环境的信息。知名的APP"Yelp"即是利用增强现实技术，可将周边环境中的餐饮、购物等服务信息显示在手机的实时图景中，位置、距离等信息一望而知，比起通用的地图标记式导航更为准确清晰。

2. 社交类增强现实

与社交网络结合的增强现实，可以通过对人脸的扫描，快速识别出相关信息，在社交场合发挥作用。当然此类功能也可以用于舆情监督、识别定位等。

3. 阅读类增强现实

通过平板电脑的前置摄像头，使现实中的书本在虚拟世界中呈现出不同的面貌。当然这些书本也是经过设计的特殊书籍。这种增强现实方式可以有两种，一是通过扫描书籍中特殊的二维码，将立体景观呈现于平板电脑中拍摄到的书页上；二是通过APP，将特定书页上的内容以动画、音乐等多种媒体的方式叠加在书籍上，形成立体式阅读体验。

4. 游戏类增强现实

较之前面的几类，游戏与增强现实的结合更为顺理成章。索尼公司的

Play Station 也采用了增强现实技术作为产品的卖点。2012 年，索尼公司与《哈利·波特》作者 J. K. 罗琳联手推出了"Wonderbook"DVD，整个产品就是一款被设计得像一本真正的"魔法书"，用户通过 PlayStation Move 动作控制器创建与操纵数字画面，并以此达到与图书互动的效果。所有的动作都由 PlayStation Eye 摄像头记录并识别，用户与 Wonderbook 互动的效果同时显示在电视屏幕上。例如，当用户挥手时，图书上方就会出现一个魔法光环等。目前，在各大系统的应用商店中均有增强现实结合的 APP 游戏出售。

5. 生活类增强现实

此类增强现实 APP 产品主要通过调动设备的前置摄像头，再调动商品图片或模型与镜头内物品结合，主要用于购物、化妆等生活用途。

（三）UI，还是去 UI

手势、隐喻和传感器的介入，使得触摸屏时代的用户界面呈现出了"去 UI"的态势。传统用户界面中对于图标、色彩、画面均衡等基本的美学元素仍然适用，但许多设计师在有意识地进行更为隐藏的、更为贴近人体自然操作的用户界面设计尝试，将图标、色彩等这些用户界面设计中的显性因素转换为隐性因素，让用户通过更为直观的操作、更为自然的感知来完成对新时期移动互联网产品的使用。

2012 年，在各个体验设计奖项获得一致认可的 iOS 平台的"Clear"和"Paper"正是这一类型的代表产品。

"Clear"是一款基于 Mac & iPhone 平台的任务应用。这款 APP 的 UI 设计极为简单精巧，采用了"无按钮"设计，界面简洁易操作，支持所有的基础手势。除了下拉添加条目，拖动条目进行重新排列，单击屏幕边缘切换列表之外，用户如果想在两个条目之间添加新条目，只需用手指拉动上下两个条目，将它们分开，添加新条目即可；同理，用户也可以利用手势"捏合"来删除旧任务。长时间按住界面可以让单个任务列表"滚动"，从而方便用户调整待办事项顺序。"Clear"让用户界面设计师为之惊艳，有专业设计师对此评价说："最好的用户体验就是没有 UI。"另有交互设计师表示，在使用 Clear 这款应用之前，他从来没有透彻地体会过什么是真正的 UX 设计。"Clear"的出现不仅会给那些还在折腾复杂 UI 设计的开发者、设计师们一点启示；更成为移动互联网时代用户体验设计的先驱产品。①

同样，作为一款基本的绘图 APP，"Paper" 的成功也有些出人意料。除过线条和色彩的优化在技术上占优之外，这一款 APP 并不比老牌绘图软件公司的 APP 有更多的工具和更多的选择。但就是凭借优化的线条和精心设计的用户体验，使得 "Paper" 荣获 2012 年苹果年度最佳 iPad 应用产品。这款应用采用基本的笔记本作为创作单位，用户在使用 APP 内的笔记本时，无论翻页、合起、创建等均可以获得与现实中速写本一样的体验，更重要的是一些小细节的独特体验设计。例如，"Paper" 采用的一个别出心裁的设计，如双指逆时针旋转可以撤销操作。绘画是一个随性的，甚至是有些随意的创作过程，用户在作画时需要经常性地修改、完善，普通绘画应用需要单击撤销按钮方可删除上一步操作，但 Paper 用了一个直接的、随性的撤销方式，还支持连续删除前几步操作。这种设计也符合绘画者的创作心态。

上述两款产品都是将传统"按钮"这一用户界面的基本操控符号降低到最低为设计思维，但都得到了更为新鲜的用户体验。另外一些产品同样尽量做到"去 UI"，通过对信息的可视化设计，使界面更为简洁明了，符合移动应用效率型应用的根本。例如，一款天气预报类 APP "要带伞吗"，适用于雨季或雨水较多地区，直接将天气预报的温度、湿度等数字信息转换设计为图形信息，当用户点开此 APP 时，马上就会告诉他："带伞"或是"不必带"，大大节省了用户对信息的分析时间。

由此可见，传统的以按钮操作为基础的用户界面设计不会消失，但未来会有更多的类似 "Clear" 和 "Paper" 这样的 APP 出现，并重建立触摸屏时代的用户界面和用户体验设计规则。

四 产品创新

目前，移动互联网、云计算、物联网正在将互联网与人类生活进一步紧密相连。云计算带来的大数据时代，使得移动互联网产品正在突破互联

---

① 以上关于 "Clear" 的叙述参照了 http://www.csdn.net 对于此产品的介绍。

网产品的疆界，向着更为宽泛的领域延伸。越来越多的产品正在与移动互联网、传统的互联网产品嫁接起来，共同打造全新的产品类型。目前而言，移动互联网在产品设计上的创新途径主要体现在两大类别，一是实体产品与移动应用产品关联，二是可穿戴设备的研发。

（一）实体产品与移动互联网关联创新设计

1. 通过移动应用，将实体产品与移动互联网相互关联起来

网络提供的虚拟服务与实体产品的实际服务进行有机结合，成为产品设计与服务设计近年来出现的新趋势。

耐克公司将跑鞋产品与APP产品结合的推广与成功，可以说是此方面创新设计的经典范例。耐克品牌总裁CharlieDenson曾对媒体说："我们有这样一种感觉，我们知道未来顾客在参与使用这个产品的过程当中，他会希望获得更丰富的产品体验，所以我们也希望赋予我们的产品这样一种能力，能够通过数字来给消费者提供更丰富的体验，正如今天我们展示的技术，让大家看到之前一些不可见的信息，现在已经是可见了。"[①] 自2006年起，耐克就开始运营自己的数字运动部门，整个团队有240人，最有名的产品是"Nike+"。从2006年至今，这个比成人拇指甲大一圈的芯片产品一直在全球各大苹果店销售。用户将其放进Nike特制的跑鞋里，它可以追踪用户的多项运动数据，包括时间、距离和能量消耗等，并鼓励用户将数据传输到耐克的相关网站，由此又可以得到一些训练建议，还能和朋友分享自己所得。自那以后，耐克发布了Nike+GPS和Nike+Training的APP，还有一个叫Nike+SportWatch GPS的设备和针对专门领域的Nike+Basketball等。它们的功能与原始的Nike+芯片类似：追踪、记录和分享。按照耐克披露的数字，现在全球大约有500万名跑步爱好者登陆耐克网站，并查看自己的表现。如果算上Facebook和Twitter的粉丝，耐克拥有一个庞大的社交网络，每天都能轻易达到2亿人的关注。虽然没有关于Nike+的财务细节，但分析师称，Nike+的会员数在2011年增加了55%，而其跑步业务营收增长高达30%，至28亿美元，Nike+功不可没。有媒体称，过

[①] 张晶、李博、王娜：《Nike+的进化史：一只鞋的社交网站》，《第一财经周刊》2012年6月15日。

去 3 年，耐克在美国市场中的电视及平面广告投放已经剧减 40%，其总体营销预算却一路攀升至历史新高。

2. 影视 DVD 进入到新的数字营销与移动互联网及触摸屏设备结合的时代

迪士尼公司针对移动设备开发了一套能够与蓝光光盘中的动画影片即时互动的应用产品，将其命名为"第二屏幕"。用户需要先在 App Store 下载相应的免费软件，然后与对应的蓝光正片配套，利用 WiFi 进行同步播放，当蓝光播放正片时，iPad 上的软件可以即时播出相应的花絮内容。迪士尼公司为许多经典动画影片重新配备了"第二屏幕"，使老片子重获新生。第一款配套影片是《小鹿斑比》，观众可以在欣赏影片的同时，看到某个镜头的原画稿，这些珍贵的原画稿均出自迪士尼最优秀的原画师之手。"第二屏幕"一经推出就成为目前最先进的高清视听互动娱乐形式。索尼、环球影业等公司也纷纷跟进。目前，许多新片也配套了"第二屏幕"，安排了与影片情节同步的游戏环节。例如在《蓝精灵》的"第二屏幕"应用中，伴随着影片开场蓝精灵的礼物爆出礼花的镜头，iPad 上会同步出现一个礼物盒，点击礼物盒就会与片中的盒子一同爆出礼花；当影片进行到蓝精灵误食洗手液后口吐泡泡的情节时，ipad 上也会相应出现一堆泡泡，吸引用户一一点破。

3. 移动互联网与触摸屏产品的结合，激发了设计师的无限想象

触摸屏设备与方向、重力感应、手势等的结合，能够繁衍出多种类型的新产品。在玩具设计领域，这一趋势也在蔓延。移动互联网与平板电脑在新生代幼儿中的迅速普及，使得玩具商推出针对会话玩具的电子图书；还有一些设计将移动设备与传统游戏结合进行开发，例如为 iPad 套上一个外壳使之成为"街机"的创意。更有甚者，大胆将平板电脑与传统的"游戏垫"功能相整合，其中最具代表性的就是 2012 年出品的《汽车总动员 2 之应用伴侣》了。设计师将 iPad 设计为赛车模型的赛道游戏垫，配合带有感应装置的赛车玩具，玩家可以在这个虚拟的游戏垫上进行各种赛车比赛。当设置为夜晚模式时，赛车玩具的车灯还会自动开启，非常具有现场感。

（二）可穿戴设备时代到来

在所有的有关移动互联网的产品创新中，最富有前沿精神的无疑当推可穿戴设备——即将人体本身、环境本身作为移动互联网产品的载体，将移动互联网移植到日常用品中，真正是"无处不移动，无人不数据"。尽管可穿戴设备并不是自移动互联网时代才开始的概念设计，但移动互联网的推广与应用无疑为可穿戴设备带来了新的福音。自动显示数据的浴室镜、会提示空气污染的口罩……这些过去只会出现在科幻片中的情境现在已出现在人类生活中，并被预示着成为下一个移动互联网设计的热点。

2012年4月，谷歌公司发布"谷歌眼镜"。这款高科技眼镜拥有智能手机的所有功能，镜片上装有一个微型显示屏，用户无须动手便可上网冲浪或者处理文字信息和电子邮件，同时，戴上这款"拓展现实"眼镜，用户可以用自己的声音视频通话、辨明方向，可以通过眨眼控制拍照。尽管在技术含量与产品硬件设计上都受到专业人士的诟病，但不可否认的是，谷歌眼镜的推广的确正在开启一个崭新的时代。2013年2月，有媒体报道，苹果正在试验一款采用曲面玻璃、类似手表风格的iOS设备，这款被称为"iWatch"的设备据说采用了苹果曲面玻璃；与此同时，三星也在秘密研发穿戴式设备，传闻中的三星Project J计划包括3款产品，其中就有一款智能手表式设备。

可穿戴设备已成为各大科技厂商角力的新战场，据了解，随着几大科技巨头纷纷动作，不少应用开发者也闻风而动，希望在可穿戴设备市场的生态系统中占据一席之地。根据艾美仕市场研究公司的报告，到2016年，全球可穿戴计算设备市场的规模将达到60亿美元。国外科技专栏作者迈克·艾尔甘发表文章称，谷歌眼镜和智能手表可以视为"人类机能增进工具"，不可与智能手机同日而语。

作为一直走在信息设计前沿的青蛙公司，在可穿戴设备设计领域也有新产品问世。其中"AirWaves"面具对于现今空气污染严重的中国城市来说很有价值，对于中国设计师而言具有非常的借鉴意义。这一款面具通过内嵌在防雾霾圆形立体口罩上的传感器，在过滤空气的同时，可以检测和报告空气质量。另外，在其口罩上还有一个USB接口可以与智能手机同步，将检测出的数据共享到其配备的应用软件上。在应用软件中，各类数据被直接处理为可视化元素，通过色彩、波形的动态变化，使得复杂的数据意义一望可知。通过这款移动应用，用户可以随时查看所在地的污染水平指数，还可以根据需要，转移到污染较轻微的区域活动。此外，当口罩上的传感器检测到高污染的空气时，口罩上还会有警示灯亮起，以警示周围人群佩戴防护设施。

通过这一范例，可以看出，传统的产品设计通过传感器、物联网，已经能够与移动互联网产品紧密联系在一起，为整个城市提供有价值的服务。

中国人发明的指南针，在移动互联网时代也被设计为可以将大数据转换为简单图形的智能产品。这款名为CompassGo的数字罗盘是青蛙公司的另一款可穿戴设备，当用户抓握该产品时，这一设备就会通过智能手机同步将个人数据、方位信息、物理信号等信息数据显示出来，从而迅速为用户提供各类导航信息，包括方向、路线，甚至一些提醒建议等。可以说是旅行者的"智能掌中宝"。更为值得称道的是，这一款产品突破了常规的信息可视化设计方式，将各类信息均通过简单如儿童拼图一般的图形予以展示，其中即有指南针式的箭头式指引，也有表示"文化遗产""胜利抵达"等信息图形，动态设计简洁、生动而又实用。

"Tree Voice"被青蛙公司定义为"一座与街区环境互动的灯塔"，事实上，它是一个根植于周边环境的智能设备。这一可穿戴设备并非穿戴于人身，而是穿戴于树干，通过传感器收集噪音、温度、污染度等数据指标，可以发光及显示标志性图像，将这些数据显示给路人。人们只要与它"聊"上几句，就能对周边的环境了如指掌。同时，分布在城市各个角落的Tree Voice通过云端连接起来，在Dashboard这一平台上分享彼此间的数据，既包括树周边的环境，也包括它们自身的状态。Dashboard就像是大树们的Facebook，在这个平台上，不但可以获取一棵树木周边的环境数据，还能获得它的"朋友们"——生长在不同小区里的大树周边的环境信息。这一功能将会非常实用，它将能够成为人们在城市中生活的决策工具：听取它的建议，决定晚上去哪里锻炼，甚至是哪儿的房子周边环境更好，更值得购买。可以想象，最终这些数据将能给地方政府提供不小帮助，在建设无害环境的智能化未来城市中发挥作用。

五　更多的产品，更多的互联网

2010 年 1 月，中国云计算技术与产业联盟正式宣布成立，揭开中国信息社会发展新篇章；2011 年 11 月，国家 973 计划物联网首席科学家刘海涛曾说："在以物联网为代表的第三次信息浪潮中，我们可以自豪地说我国目前已站在国际物联网竞争制高点上。"2012 年 6 月，信息化与工业化融合成果展览会上显示，2011 年我国规模以上电子信息制造业主营业务收入 7.5 万亿元，计算机、移动电话、电视机等电子产品产量居世界第一。随着移动互联网、云计算、物联网的逐级推进，大数据时代已经到来，并在不断升级。用户接触的数据量从最初的 KB、MB 一路走来，将从 TB 升级至 PB，未来还会有 EB、ZB、YB。每个人都是信息的接收站和发送站，每个人、每个组织都要处理海量的信息。

未来，将会有更多的产品与互联网相关，甚至人生活与居住的环境，网络将无处不在地影响和作用于我们的生活。在国际方面，麻省理工学院"可感知城市"实验室对个人数据、公众数据的开放、分析与设计已取得积极成果；在国内，党的十八大报告中明确把"信息化水平大幅提升"纳入全面建成小康社会的目标之一，"十二五"规划中针对各种"城市病"提出的"智慧型城市"建设方案反映出大数据时代对信息精细化处理的需求。随着信息数据量的升级，未来的互联网产品设计与传播需求将主要体现在以下几个方面。

其一，简洁。直截了当的操作，不需要太多学习、思考和处理时间，就可以获得需要的信息，并让信息最大化、最快地为个体所用。各种感应器、触控屏将发挥作用。事实上，简洁的需求仍然是用户体验层面的需求，就目前而言，一些设计新颖的 APP 也已经将界面设计与信息可视化设计相融合，"去 UI（用户界面）"已成为新的 UE（用户体验）。传统的按钮操控的界面正悄然向着更为简洁的方向前进。例如上文提到的、2012 年获得无数赞誉的 iOS 平台 APP"Clear"，作为一款添加事件的效率型应用，全部产品没有一个按钮，只是依循用户日常的手势操控，并用色彩直观地排列信息的重要程度，因其简洁的界面和操作方式深受好评。

其二，人性化。在设计过程中"人"的因素会更为凸显，海量的数据从"人"出发，又回到"人"，这其中经过信息的汇总、分析、再设计，都将成为最终信息呈现的必然过程。可以想见，未来实体产品与虚拟产品的结合程度将更高，信息可视化设计的最终目的就是模糊其边界，使用户无论使用实体产品抑或虚拟产品，都能够获得温暖的体验和善意的关怀。

其三，优雅。在简洁和人性化的基础上，注入更多的美学元素，建立新时代信息可视化设计的美学规则。优雅还包括，通过对海量信息的可视化设计处理，使得人所居住的环境更为宁静、安详、简单，去掉冗余的设施和不必要的关卡，在城市生活中整合出更多的空间，并给予用户更多的尊重。

可以想见，未来的移动互联网与产品设计之间的关联将更为紧密，未来的某日，当我们谈论互联网产品时，我们实际上就是在谈论身边的物品，如茶杯、眼镜、桌椅、自行车等。因此，内容创新、体验创新与产品设计本身的设计创新将最终融汇在一起，为人类生活提供更为宽广壮美的画卷。

中国互联网设计创新与范例研究

一 新时期互联网产品的用户体验

用户体验,正如唐纳德·诺曼曾定义的:"所谓用户体验设计,处理的是用户与产品交互时的所有方面:产品如何理解、如何学习、如何使用"[1],是涵盖了包括界面设计、交互设计和信息架构等多个方面的综合体验设计。随着移动通信技术、网络技术的发展,以及各种各样触摸屏智能终端在普通用户的普及,移动互联网正在取代传统的单机互联网成为未来的主流。与此同时,新时期互联网产品的开发热潮正向全球蔓延。以单机操作(键盘鼠标)为主的国际互联网时代的用户体验正在逐步被以触摸屏设备主导的、操作更为直观、简便的用户体验取代。在以往的用户体验设计中,部分可借鉴到新型互联网产品设计中,更多地带来了颠覆性的改变。直截了当的手势控制、各种各样的传感器装置,以及移动设备本身的便携性特质,都意味着不能够完全照搬传统的互联网产品设计来适应新型的用户体验需求。

同时,新时期互联网产品在形态上也呈现出更为多样化的发展态势,分类更为明晰,用户导向也更为明确。不同类型的产品在设计上有其独有的特性,但同时也有着非常鲜明的共性。在这种情况下,与其浅显而全面地分析每一种类别的产品,不如深入分析其中的一类产品,做到见微知著更有研究价值。本文聚焦研究儿童类移动应用产品的用户体验设计。对于新时期互联网产品用户模型的创建、设计方式、设计元素等均有普遍意义。

---

[1] Donald Norman, *The Invisible Computer: Why Good Products Can Fail, the Personal Computer Is So Complex, and Information Appliances Are the Solution* (MIT Press, 1999).

作为一个特殊的群体，儿童用户群对于移动应用开发者来说一直是一块大蛋糕。尤其是触摸屏智能手机和平板电脑上的儿童应用，因其带来的多种媒体体验天然地符合儿童好奇的心理和接受习惯，较之传统的认知方式更易被认可。例如，美国风险投资公司 KPCB 近期投资了一家儿童应用开发公司，理由是"儿童被这些设备吸引，因为它们很有趣。它们符合儿童的天性"[1]。另有外国媒体近日发表专门文章称，目前 iPad 作为教学工具已经风靡美国校园，大有取代和终结纸质教科书的势头。

然而，儿童移动应用软件仅仅在功能和内容设计上有亮点是不够的，传统的用户界面设计中有关儿童用户的色彩、动画设计运用等原理也已不能够满足触摸屏时代体验设计的全部需求。面向儿童用户的体验设计从各个方面都迥异于成年人的同类别产品，其设计方法、设计要素都值得深入研究。

（一）已有经验与未知体验在设计中的关系

对于任何一种移动互联网产品来说，创造良好的用户体验，首先就是要减少用户的学习时间，降低学习难度。如果能够很好地借鉴已有经验来构筑起一款新应用的未知体验，充分了解用户的已有经验，在此基础上对本产品的用户体验进行特别设计，将会起到事半功倍的作用。

1. 儿童用户已有认知的经验特点

面向儿童用户开发的移动应用开发尤其应该充分了解儿童用户的已有经验。在设计过程中，如能够将这些已有经验直接作为用户体验的重要部分，则可以轻易地在已知经验与未知体验之间构筑起一道桥梁。

首先，就计算机界面而言，儿童对一般软件界面的熟悉程度比成年人低很多，哪怕是成年用户非常熟悉的位于屏幕右上角的关闭、位于左下角的返回等功能按钮，对于儿童来说都可能成为全新的、需要学习的知识。同理，10 岁以下的儿童用户也不会轻易地识别出带"问号"的按钮就表示"帮助"，带"房子"的按钮就代表"返回主页"等信息。诚然，儿童用户可以在成年人的帮助下了解和习惯这些用途，但如果学习过程过长、设

---

[1] Adam Satariano & Katie Linsell, "Tablet Computer: Digital Pacifier," *Bloomberg News* 2011 – 11 – 29.

计过于复杂，以至于每次使用该程序都需要成人帮助的话，儿童用户将很快失去兴趣。其次，儿童用户，尤其是低龄用户，还无法分辨真实世界与虚拟的数字世界之间的区别，因此会出现国外某儿童用户在拥有了 iPad 对于图片的应用体验后，很吃惊地发现报纸上的图片不能随着手指的拉伸缩放大小。

上述经验特点在进行此类产品的体验设计时都会构成阻碍，不过儿童用户仍有一些积极的经验特点。例如，现今社会的儿童在很小的年龄就开始接触到书本，在使用书本的过程中的一个重要动作就是用手指翻动页脚，书本就能翻页的经验在 1 岁左右的婴孩中都已经成为一种熟悉的概念。

此外，儿童用户超出成年人的好奇心也应当视作其经验特点之一，针对这一特点，可以在体验设计中安排更多的期待用户探索的内容，将会收获到积极的成效。

2. 未知体验的基本构筑方式

基于上述经验特征，在设计儿童用户的应用软件时，要规避可能带来的消极因素，尽量多地、创造性地探索如何利用积极经验因素，就成为此类产品用户体验设计中基本的构筑方式。

在儿童应用软件的界面设计中，过多的功能按钮就是冗余的，甚至会干扰到用户对于产品的使用。一般应用中的"设置"均应尽量与系统的设置统一，因为儿童用户根本不会使用到诸如调整背景光、设置字体大小等复杂的后台操作。另有研究显示，学龄前儿童（6 岁之前）用户甚至不会像成人用户那样会用"返回"按钮，他们退出界面的方式都是通过点按设备上的"主页"（Home）键来完成的，因此"返回""首页"等按钮，甚至包括"上一页"按钮对于这一年龄段的儿童用户来说都会是多余的，还容易引起误操作，引发消极的体验反应。

对于已有经验的充分了解和利用将会起到事半功倍的效果。例如，许多——几乎是所有的儿童移动应用软件都会将"翻书"这一经验引入到界面和交互设计中去。在屏幕右下角，安排一个"翻页"按钮，或是手指触动就会翻页的基本功能，已经成为一种共识。也正是如此，在设计儿童应用程序的界面时，为了避免重复设计，很多电子书应用中的"上一页""下一页"按钮不需要占据界面内容。

此外，为了鼓励儿童用户，使其产生积极的使用体验，许多应用软件将真实生活的场景作为基本界面呈现在儿童面前,不仅使其更具亲和力、真实感,最重要的是可以令用户很自然地获知某些按钮的基本作用(见图1)。在"查理·布朗的圣诞节"这一移动应用中,首页被设计为现实生活中摆在桌子上的一本书、一部留声机,书的封面代表进入故事;留声机的按钮也就是音乐控制的基本按钮。不需要过多的学习和解释,儿童用户将轻易地辨识、理解和记下这些按钮代表的含义。

图1 儿童应用软件"查理·布朗的圣诞节"

基于这一准则,另有一些设计优秀的儿童移动应用软件创造性地使用一些儿童在生活中的已有经验,将其带入到应用程序中,成为一种独特的体验。例如在一个面向低幼儿童用户的名为"睡觉书"的应用程序中,设计师巧妙地将动物们挤在一起刷牙的页面屏幕设计为浴室玻璃的样式,充满了水蒸气,当儿童好奇地触摸屏幕时,那上面的水蒸气将如真实生活中一样,露出擦抹的痕迹,增强了趣味体验。

(二)体验设计中的统一性与差异性

1. 儿童用户群的统一性与差异性

"儿童用户"是一个庞大复杂的用户群。他们的需求不像成年用户那样多元,可是其年龄结构对体验设计的影响却非常大。不同年龄层的儿童用户在认知程度和需要方面有着天壤之别。一般来说,儿童用户可以划分为1~3岁、3~6岁、6~12岁几个阶段,12岁以上的孩子已经是青少年,其设计需求便接近成人用户了。

不过,面向不同阶段的儿童应用设计依然会有一些统一的,可以称之为"通用"的设计元素。进行儿童应用软件的用户体验设计，首先需要关注这些统一元素，并在此基础上注重不同年龄层造成的阶段性差异。

2. 儿童应用体验设计中的统一元素

（1）求"大"而勿小。由于儿童（无论哪一阶段）的注意力容易转移，重点的设计要素必须用非常大的方式予以突出，与此同时删减掉那些琐碎的、不必要的界面内容。尤其是一些讲求特殊功能的应用软件，例如学习型软件，就需要大大突出学习的字母、数字或是文字，而摈弃其他。在儿童应用软件的设计中，一个常见的错误就是放置过多细小的动态元素，使界面看上去花哨而吸引人，实际上这些无用的小玩意儿不仅会挤占界面空间，而且容易使儿童分神。因此，没有功能的琐碎动态元素弊大于利。

（2）要特别注意通过交互设计给予儿童用户积极的体验，对于任何一个层次的儿童来说这一点都非常重要。在设计按钮的状态时，要强调点击的触感，甚至可以增加有趣的声音予以回应，带来强烈的"你做对了"的感觉。即便非功能按钮，也要进行精良的"按下状态"的特殊设计。此外，在游戏类应用的各个关卡都需要设计更多的鼓励方式，例如掌声、礼花、礼炮等特殊效果，以鼓励儿童不断地继续玩下去。还需要特别注意启动画面带来的积极效果，也就是说，不要让儿童用户在启动时等待过久，如果确实需要加载较长时间，则需要设计启动时的音乐和动画，降低其等待的焦虑和不知所措。

（3）如果有多个界面，需要特别注意各个功能分区的统一性，不要随意更改这些分区，儿童用户是不会因为分区一成不变的界面感到沉闷的，他们更执着于内容本身。例如一款名为"写字母"的应用软件，界面自始至终都分为垂直的两大可点击区域，使得整个应用的任务更加简单，使用户更加专注于所要学习的具体内容上。

（4）在设计儿童应用软件时，可以添加一些更为感性和人性化的元素。为应用软件设计一个统一的主角会增加儿童用户的兴趣度，也增加产品的辨识度。哪怕这个角色没有任何功用，不做任何动作，他（她，它）的出现本身就是一种友好的欢迎方式。例如在"形状拼图"应用软件中，一只小乌龟会出现在启动界面中，当儿童成功地拼好某个图形时，小乌龟会举着该物体的英文出现，并时不时眨一下眼睛。

此外，在色彩的应用上，与其他类型儿童产品类似，无论哪一阶段的儿童都会对对比强烈的、单纯的色彩产生更多的兴趣。

3. 不同年龄层的差异性特征

在统一元素整体设计的基础上，需要了解不同年龄层的特点，再进行有针对性的设计。不同年龄阶段的儿童应用内容本身差别就非常大。例如，在学习类应用软件方面，6 岁左右的用户需要练习读写的基本应用，而 10 岁左右的用户则需要阅读和写作了。不同的内容对于体验设计有着相应不同的需求。对于儿童用户的年龄层划分也有许多不同的方式，例如将学龄（6 岁）作为一个基本的分界线，在针对学龄以上儿童用户设计的应用中，可以有越来越多的文字内容，也越来越接近成年用户的需要。另外，从内容上来说，5 岁以上的孩子可以适应更多的层级和挑战，偏爱探索和发现，这就需要用特殊的方式诱导。例如在"玩具总动员"这一应用（见图 2）中，界面中的亮光会是一种线索，使其在主线的故事外发现更多有趣的花絮。

图 2　儿童应用软件"玩具总动员"

而对于 4 岁以下的低龄儿童来说，由于其精细动作能力尚在发展中，按钮的设计需要更大一些，防止误操作。在鼓励方面，大孩子能够理解的奖励形式（特殊的音乐和动画），对于婴幼儿来说还不能理解，需要有更温柔明确的方式，如加入一个温和的声音告诉他："做得好！"或"太棒了！"

对于"帮助"一项的设计也是如此。对于学龄前儿童用户的"帮助"不能够使用一般的词条或是对话框，因为用户尚不具备阅读能力。此时就需要设计一个与应用本身有一定关系的角色来提供帮助,并且直接采用对话的方式来进行。

(三) 购买行为特征对体验设计的影响

儿童用户与成人用户在购买行为上存在很大的不同,最大的区别在于使用者并非购买者。基于此,在设计儿童应用时,除了上文提及方法外,还要保证此应用能够吸引到购买者,注重家长对于用户体验的需求。吸引家长的关注一般可以通过以下三种途径实现。

一是充分注重图标设计。设计精良的图标能够在众多被浏览和选择的图标中脱颖而出,即便应用本身的美术设计是简单的色块或是矢量图风格,在图标上也往往会采用更多的光影设计来增加质感。二是在整体美术设计方面愈加成熟、考究,注重细节。三是在力求体验的同时也会适当增加绚丽的交互效果,如弹起、缩放、淡入淡出等成年用户体验中常用到的交互动画效果,这些效果对于使用人群(儿童用户)来说实质上可有可无,却会令家长感到这是一款设计精良、值得购买的应用软件。

综上所述,儿童用户对于移动应用软件的需求没有成年人用户那样复杂、多变,但他们也不像成人用户那样能够勉强使用软件功能,而容忍设计不够到位的用户体验。如果体验是负面的、糟糕的,或者仅仅是消极的,儿童用户将会毫不犹豫地停止使用。从这一角度看,儿童用户的移动应用体验设计充满风险和挑战;但儿童用户的探奇心理和求知欲望却也最为旺盛,最能够接受新鲜的体验经历,此类产品也因此最容易出奇、出新、出彩,在设计的过程中也能够包容更多的奇思妙想,以及更多的情感化设计元素。只要在设计中扬长避短,充分借鉴儿童用户已有的体验和心理特征,大处着眼,细节入手,应用多种媒体的综合表现元素,就会提升此类产品的用户体验。一旦某一产品有了恰当、积极的体验,儿童用户群就会对产品回报以极大的热情和忠实度,对于产品的再设计、再开发都会带来积极影响。

二 传统媒介与新时期互联网产品

随着"三网合一"趋势的不断演进,大众媒介的平台也在不断拓宽。

传统媒介（纸质媒介、广播电视、电影）也都会在互联网、移动互联网领域开拓出另一片天地。更有甚者，互联网媒介产品在用户积累和收益程度上都胜过了传统媒介，反而取代传统媒介。2010年9月8日，《纽约时报》主席和发行人苏兹伯格在伦敦称："我们最终将在未来的某个时间停止《纽约时报》的印刷，日期待定。"首次明确回应外界传闻。传闻称，该报将在2015年停止印刷。而就在2010年当年，"拥有140余年历史的美国《西雅图邮报》已宣布终止印刷版报纸的发行，而转为完全的网络版。同样，在美国知识分子中间享有盛誉的《基督教科学箴言报》2010年也停止印刷版报纸的发行，取而代之以及时更新的网络版报纸和印刷版的周刊"①。全球各大电视网也纷纷与视频网站合作，或推出自己的网络电视台；而视频网站则进一步推出自己针对移动设备设计的客户端应用软件。世界在变化，大众媒介面对自媒体时代，必须要做出相应的改善和应对方能适应。

设计，在传统媒介向新媒体转变的过程中发挥的作用是不容小觑的。媒介的传播内容事实上并没有本质的变化，真正需要面对的是媒介载体的翻天覆地的变化。例如，当一份16开报纸和一个平均960×640分辨率的移动设备需要承载的信息量等同时，首要的问题就是如何对原始信息进行设计，设计成用户更易浏览、查阅、使用的传播形式。界面设计、交互设计、用户体验设计等设计领域将成为纸媒体、影视媒体开启自身互联网产品必不可少的密钥。

本文将通过对影视动画媒介与新时期互联网产品的关联设计展开研究，从而探索传统媒介面向新媒体产品进行设计的规律与方法。

周边产品一直是动画产业重要的赢利与设计领域。相对于影视动画作品本体带来的票房、收视率等直观效应，周边产品产生的效益与影响力同样不容小觑。近年来，新媒体艺术与影视动画结合，产生了另一种全新的周边产品类型；而移动互联网带来的受众消费习惯、观影习惯、阅读习惯的改变，也使得传统的影视动画艺术在新媒体领域大放异彩，设计良好的新媒体周边产品已成为影视动画的影响力在新兴领域的延伸。尤其对于票

---

① 《纸质〈纽约时报〉将终结 今后看新闻不买报纸只动手指》，《华西都市报》2010年9月14日。

房大卖、收视率居高不下的影视动画作品，在新媒体领域的开拓与发展犹如乘胜追击，借助观众喜爱的人气，其新媒体产品也往往深受好评。一部成功的影视动画作品甚至可以派生出多种不同类型的新媒体产品，从而带来新的收益渠道。由于动画创作者和专业设计师的共同介入，这些成功动画作品的新媒体周边产品不但保留了原作的魅力，更成为新媒体产品设计的优秀典范。

（一）影视动画与新媒体产品的关联类型

基于成功的影视动画作品设计的新媒体产品，通常包括交互式电子图书、数字游戏和蓝光花絮互动应用等三大类型。不同类型的新媒体产品与动画原作之间的联系方式也有所不同。选择不同的关联类型，就意味着选择不同的产品作为最终的设计诉求。

这三大类型产品之间存在一定的交叉性：例如，在交互式电子图书里，通常也会安排进小规模的数字游戏环节作为有益的补充；在其他功能应用的产品中偶尔也会有根据情节设计的故事书。但从整体看，依然保有并沿袭了特定联系方式为主线的设计方向。因此，本文在此讨论的产品类型均以主要关联方式为参照对象。

1. 与交互图书的情节关联

绝大多数影视动画作品都是基于"故事"展开的，这一点与图书有着先天的共同基础。触摸屏产品的普及使得交互式图书深受低龄用户的喜爱，这与动画作品的主要受众群不谋而合。影视动画与新媒体交互图书的关联方式主要是依靠内在的情节。大部分交互图书将把动画剧本的"讲故事"作为重点设计部分。在此基础上，根据设计难度的不同，又可分为故事书与游戏书两种类型。

故事书类型的新媒体产品将影视动画作品的故事情节浓缩进20页以内的翻页故事书中，受众可以选择聆听故事的讲述，或是自己讲述进行录音，其余功能与一般的交互式图画书并无二致。例如，在《功夫熊猫2》的图书应用中，就按照顺叙的叙事方式将复杂的电影故事组织呈现。类似的产品设计相对最为简单易行，开发成本较低，多为影片宣传或爱好者收藏使用，在应用商店中售价较低，有些还可免费下载。一般来说，故事书类型产品安排的交互部分也不过是为场景增加角色、拼图等常规的小游戏，作为另外的单元与故事并行放置，各自独立。交互式故事书操作简单，因此成为低龄用户的首选，一些产品因此加入了教育内容，例如《玩具总动员3》交互图书就被归为"教育类应用"，开发者在其中加入了单词拼写等教育环节。

基于影视动画情节展开的游戏书可以看成是介于数字图书与数字游戏之间的产品。与单纯的游戏相比，这样的游戏书仍然以原作影片的情节作为设计主线，因此仍然可以被视为"交互图书"。与故事书类型相比，游戏书最大的不同就是增加了产品中的交互内容，使交互贯穿至整个故事的始终。探案式、历险式的影片最适合设计成类似产品。在2012年的3D动画大片《丁丁历险记》中，根据影片情节改编的游戏书充满挑战环节，但也与影片情节相呼应，例如在"船上逃脱"的部分，为与影片内容相符，游戏玩家与影片角色一样，都要等船长睡着后方可解开绳子，否则就面临逃脱失败。

在游戏书类型的设计中，通常使用角色扮演形式，玩家等同于动画作品中的主角，将影片情节整体经历一番。在整个应用产品中，影片叙事环节与游戏闯关环节交错出现，浑然一体。在设计的成本、量级与难度上都远超过故事书类型产品，当然售价也会是故事书产品的3~6倍。

2. 与数字游戏的外延关联

在成功的动画角色基础上开发游戏，也是动画产业中经常用到的周边产品开发策略。移动互联网为动画角色提供了更为宽泛的游戏类应用设计舞台，影视动画的派生产品层出不穷。

成功的动画角色的魅力不亚于真人明星，甚至比真人明星更具价值。爱屋及乌，一件普通的日常用品会因为印有动画角色造型提升销量，在传统的周边产品设计中已不罕见。同样，在新媒体产品领域，一个普通的小游戏会因为动画角色的加入而身价倍增。例如，一直以来受到各种周边产品热捧的日本动画角色Hello Kitty，在"叠蛋糕"这款小游戏中，仅仅露个脸，就足以诱使粉丝们下载了。事实上，大家也都深知，换了谁在下面端着盘子都不会影响游戏本身的功能，但Hello Kitty作为动画品牌的出现还是足以"见证"游戏的质量，保证其设计的"可爱度"，形成积极的心理暗示。据不完全统计，仅iOS系统应用商店App Store中的Hello Kitty相关应用就有百余款，九成产品都是借用其形象，内容涵盖了对对碰、找不同、换装、餐厅经营等多种游戏应用，与 Hello Kitty 动画原作本身没有任何关系。

在移动互联网中，类似 Hello Kitty 这样的动画明星为数不少，例如海绵宝宝、机器猫等。一款特别常规或特别简单的小游戏也会因为这些动画角色的加入显得更有趣味，与众不同。

借助影视动画作品同样可以开发设计大中型的游戏应用项目。此种规模的游戏会与原作情节有一定的关系，但仅仅借用原作情节中的地点、场景或基本矛盾展开，并不会对情节展开描述，或是复述，这一点与上文论及的游戏书构成了本质区别。

例如，在影片《蓝精灵》的基础上开发的游戏"蓝精灵村庄"，玩家的任务是重建被格格巫所破坏的蓝精灵村。蓝爸爸会像在影片中那样，承担"导师"的角色。随着村子的修复重建，动画片中的其他蓝精灵角色也会陆续登场，而且还将会用自己特有的能力更好地帮助玩家建设蓝精灵村。这款游戏本身免费，通过售卖游戏币获利。其中内置的小型游戏如烤蛋糕、配药水、画画像等部分也可以使玩家获得奖励。《蓝精灵村庄》曾在 App Store 中打败著名的《愤怒的小鸟》，高居游戏榜首。

接受和喜爱此类游戏的玩家多半同时也是动画原作的观众，情感倾向、游戏角色的熟悉度等这些已有的经验都会使其产生认同感，同时也会使其更快更好地融入游戏。《海绵宝宝之美女餐厅》、《玩具总动员3》（游戏类）、《史努比的街头集市》等都属于此类的成功产品。事实上，不仅影视动画，其他影视作品也会按照这种方式开发龙头式的新媒体产品，可以说是新媒体周边产品获利的最大渠道。这也是此类型游戏在应用商店中长盛不衰的原因。

移动互联网与触摸屏产品的结合，激发了设计师的无限想象。尤其是触摸屏设备与方向、重力感应、手势等的结合，能够繁衍出多种类型的新产品。还有一些设计将移动设备与传统游戏结合进行开发，例如为 iPad 套上一个外壳使之成为"街机"的创意。在影视动画新媒体周边产品中，也出现了类似的新型关联方式。

其中最具代表性的就是 2012 年出品的《汽车总动员 2 之应用伴侣》了。设计师将 iPad 设计为赛车模型的赛道游戏垫，配合带有感应装置的赛车玩具，玩家可以在这个虚拟的游戏垫上进行各种赛车比赛。当设置为夜晚模式时，赛车玩具的车灯还会自动开启，非常具有现场感。此类产品为影视动画的数字游戏产品设计提供了新思路。

3. 与蓝光互动的即时关联

2011年，迪士尼公司针对移动设备开发了一套能够与蓝光光盘中的动画影片即时互动的应用产品，将其命名为"第二屏幕"。用户需要先在App Store下载相应的免费软件，然后与对应的蓝光正片配套，利用WiFi进行同步播放，当蓝光播放正片时，iPad上的软件可以即时播出相应的花絮内容。迪士尼公司为许多经典动画影片重新配备了"第二屏幕"，使老片重获新生。第一款配套影片是《小鹿斑比》，观众可以在欣赏影片的同时，看到某个镜头的原画稿，这些珍贵的原画稿均出自迪士尼最优秀的原画师之手。"第二屏幕"一经推出就成为目前最先进的高清视听互动娱乐形式。索尼、环球影业等公司也纷纷跟进。目前，许多新片也配套了"第二屏幕"，安排了与影片情节同步的游戏环节。例如在《蓝精灵》的"第二屏幕"应用中，伴随着影片开场蓝精灵的礼物爆出礼花的镜头，iPad上会同步出现一个礼物盒，点击礼物盒就会与片中的盒子一同爆出礼花；当影片进行到蓝精灵误食洗手液后口吐泡泡的情节时，iPad上也会相应出现一堆泡泡，吸引用户一一点破。

（二）影视动画新媒体周边产品的设计要点

为影视动画进行新媒体周边产品的设计，在美术风格的选取上务必保证与原作一致，切忌参照一般游戏的美术风格设计。例如在《蓝精灵村庄》中，采用电视动画系列片中的风格与色彩，传统单线平涂的二维动画风格呼应了玩家的怀旧心理。在《史努比的街头集市》中，均采用原作动画和漫画作品"抖动"的线条感，甚至游戏情节中对话框的线条与字体也保留了漫画原作的风格特色。同样，在任意一款成功的Hello Kitty应用中，都特别注重色彩方案的选取，注意保持特有的"粉嫩感"。因此，新媒体产品美术设计的方方面面、每一个细节都应尽量与动画原作保持统一，才能够凸显原作的特色，延续其魅力风格。

1. 新媒体周边产品与动画原作最本质的区别

新媒体周边产品与动画原作品的本质区别就是加入了交互性。如何在贴近原作的同时进行交互功能的拓展设计，是每一种类型的新媒体周边产品面临的最大设计问题。目前看来，此类产品交互设计的拓展形式可以从情节拓展、交互方式拓展两个方面分道并进，双管齐下。

如上文所述，交互式图书和数字游戏这两大类型的周边产品都需要在原作情节的基础上进行拓展设计。根据对原作的参照与依赖程度，可以分为三种设计方式：一是以原作情节为核心作为整体设计主线，如《丁丁历险记》《冰川时代：村庄》等；二是保留原作中的场景或角色性格，在此基础上加入新的内容，打造全新的情节。如在根据俄罗斯系列动画片《开心球》改编的安卓平台手机游戏中，原作角色被保留，但影片原有的温馨故事被改造为"街机"类的冒险游戏，还安排了新的反面角色；三是以原作中的角色关系为载体进行设计，如安卓平台游戏《猫和老鼠》中，汤姆猫和杰瑞鼠在电视上的矛盾关系被移植到游戏应用中，在各个关卡，杰瑞鼠必须迅速而小心地偷到奶酪，如果失败，将会惊醒汤姆猫，一场观众熟悉的追逐大战就此上演。

2. 新媒体周边产品的交互方式

相对于传统的网络产品和单机产品，新媒体应用产品可以承载更多样、更直观的交互方式。就这一点而言，影视动画新媒体周边产品的设计方法与其他类型的新媒体产品设计并无二致，只是更多地与原作情节相关联。设计师通常会从以下几个方面进行交互方式的拓展。

（1）参照现实手势，创造更多的交互模式。在触摸屏上"点击呼应"是最基本的交互方式，根据情节的不同，还可以加入更多的手势。例如在《丁丁历险记》中"怪兽腹中"环节，小狗拿到了钥匙后，需要模拟现实世界中使用钥匙的方式打开门锁。目前，拖曳、擦除、旋转、滑动等现实生活中的手势都被自然地应用在新媒体周边产品的设计中，形成新的交互模式。

（2）利用重力和方位感应，创新用户体验。当前的触摸屏智能产品中，都会加入重力和方位的感应器，针对重力和方位展开设计，这就意味着当设备处于不同的角度时，会对屏幕内的内容产生相应的影响。由此可以轻松实现"倾斜设备，让水往低处流"的效果。在《丁丁历险记》中，当丁丁进入仓库时左右晃动设备，仓库里的箱子就会相互碰撞；在《米奇环形赛车》中，举起设备反复摇晃，树上的椰子就会掉落。

（3）加入语音感应实现交互设计的进一步智能化。针对语音的感应与回复是近年来智能设备热衷开发的重点。尽管目前这一技术仍不完善,但有着广阔的开发空间。一些影视动画新媒体周边产品初步引入了语音感应。例如《米奇环形赛车》中,几乎每一个环节都有需要用户以语音反馈的部分,虽然还不能够清晰地辨识用户语音内容,但也为这种全新的交互方式打开了一扇窗。

除了上述交互形式,未来还会有更多的交互方式出现在新媒体周边产品中。例如"气流"都已经可以被部分移动应用感知了。因为移动设备的交互方式总体的发展方向就是淡化旧有的人机交互,使用户体验更为直接、亲切、易于理解。

在新媒体领域为成功的影视动画进行延伸设计,首要的是选择适当的关联方式,不同的关联方式决定了最终产品的开发规模、设计方向等基本内容;在具体设计的过程中,还应特别关注新媒体产品与动画原作之间的关系,以及如何借助新媒体设备的特点创造出新的艺术形式。目前我国的动画产业链尚未成熟,新媒体这一新的环节还有待发掘,研究、总结成功范例的规律将对我国影视动画设计开发新媒体领域产品起到借鉴作用,对于其他类型的传统媒介相关新媒体产品设计也能带来一定的启迪效应。

三 信息可视化设计与传播

目前,移动互联网、云计算、物联网正在将互联网与人类生活进一步紧密相连。云计算带来的大数据时代,意味着信息化社会的进一步变革。信息化程度已成为衡量综合国力的重要指标。信息的可视化设计作为信息化社会的表现形式愈加受到关注。如果说用户体验是新时期互联网产品设计的必要途径;传统媒体与移动互联网的整合已成为大势所趋,那么信息可视化的设计、传播与应用将是在更大范围、更广领域进行的互联网技术革命。

在国际方面,麻省理工学院"可感知城市"实验室对个人数据、公众数据的开放、分析与设计已取得积极成果;在国内,党的十八大报告中明确把"信息化水平大幅提升"纳入全面建成小康社会的目标之一,国家"十二五"规划中针对各种"城市病"提出的"智慧型城市"建设方案反映出大数据时代对信息精细化处理的需求。信息可视化旨在研究大规模非数值型信息资源的视觉呈现,以及如何利用图形图像方面的技术与方法帮助人们理解和分析数据。移动互联网与大数据时代的结合为信息可视化带来了更多的应用空间,对信息可视化的设计表现也提出了更高要求。

目前而言,我国对于信息可视化关注最多的依然是从事计算机技术、统计学、符号学及环境科学领域的研究人员,设计师在其中的作用未得到最大化实现。现有的信息可视化产品仍停留在静态的平面设计方面,对于动态的信息可视化表现、增加了交互操作的信息可视化表现等方面的设计应用还有待研究与突破。这与党和政府对于信息化、"智慧型城市"的建设蓝图存在较大差距。

在设计领域,如何面向大数据时代展开更大视角的信息可视化设计,已成为未来中国互联网产品面临的崭新命题。

(一)信息可视化设计与研究现状

作为跨学科领域,国外对于信息可视化设计视觉表现的研究是建立在计算机图形、交互媒体和产品设计中语义分析的基础上展开的,其中侧重于设计视觉表现的著名论著有美国帕罗奥多研究中心研究员斯图尔特·卡德(Stuart K. Card)与托马斯·莫兰(Thomas P. Moran)和艾伦·纽威尔(Allen Newell)于1983年合著的《人机交互心理学》,作为"信息可视化"的提出者,该著作首次将计算机技术与设计理论结合建立了"人-信息交互"和可视化语义原型的新型学科领域;英国帝国理工学院教授罗伯特·斯彭司(Robert Spence)于2007年所著的《信息可视化:交互设计》从设计理念的角度阐释了交互设计表现在信息可视化领域的概念与应用。近年来随着移动互联网、云计算与大数据时代的到来,国外学者对于信息可视化的研究也更为细化,可以分为倾向于计算机数据分析、程序编写进行信息可视化处理的科学研究,以及致力于深入研究在信息可视化的过程中如何利用平面设计、动画设计和交互设计等具体方法进行可视化表现的理论研究。前者的代表性作品有美国马里兰大学人机交互实验室教授本·什内德曼(Ben Shneiderman)2010年的著作《运用NodeXL进行社交网络分析》;后者的代表作有伦敦设计师大卫·迈克莱斯(David McCandless)2009年的著作《信息之美》,以及微软信息与数据视觉化研究室研究员丹伊尔·费舍尔(Danyel Fisher)等合作撰写的研究报告《电子表格可视化的视觉语言》。

与此同时，国内外学者在信息可视化的实证研究、案例设计领域不断前进。移动互联网时代的信息可视化更多地引进了设计师的工作，并在传统的平面设计师基础上进一步囊括了视频、音频、动画、交互等多个领域的设计师加入，以及移动终端应用软件的整合，使大数据环境下的信息可视化呈现出更为丰富多样的局面。近年来国外信息可视化的知名设计有美国青蛙公司的可穿戴设备；国内有以中央美术学院副教授费俊主导设计的"奥迪互联"产品。移动互联网时代的信息可视化设计正呈现出案例与理论相互借鉴、相互推动的并进发展态势。

（二）移动互联网时代信息可视化设计经典范例

作为一直走在信息设计前沿的青蛙公司，在信息可视化设计领域也有新产品问世。其中"可穿戴设备"中的"AirWaves"面具对于现今空气污染严重的中国城市来说很有价值，对于中国设计师而言具有非常的借鉴意义。这一款面具通过内嵌在防雾霾圆形立体口罩上的传感器，在过滤空气的同时，可以检测和报告空气质量。另外，在其口罩上还有一个USB接口可以与智能手机同步，将检测出的数据共享到其配备的应用软件上。在应用软件中，各类数据被直接处理为可视化元素，通过色彩、波形的动态变化，使得复杂的数据意义一望可知。通过这款移动应用，用户可以随时查看所在地的污染水平指数，还可以根据需要，转移到污染较轻微的区域活动。此外，当口罩上的传感器检测到高污染的空气时，口罩上还会有警示灯亮起，以警示周围人群佩戴防护设施。

通过这一范例，可以看出，传统的产品设计通过传感器、物联网，已经能够与移动互联网产品紧密联系在一起，为整个城市提供有价值的服务。

中国人发明的指南针，在移动互联网时代也被设计为可以将大数据转换为简单图形的智能产品。这款名为CompassGo的数字罗盘是青蛙公司的另一款可穿戴设备，当用户抓握该产品时，这一设备就会通过智能手机同步将个人数据、方位信息、物理信号等信息数据显示出来，从而迅速为用户提供各类导航信息，包括方向、路线，甚至一些提醒建议等等。可以说是旅行者的"智能掌中宝"。更为值得称道的是，这一款产品突破了常规的信息可视化设计方式，将各类信息均通过简单如儿童拼图一般的图形予以展示，其中既有指南针式的箭头式指引，也有表示"文化遗产""胜利抵达"等信息图形，动态设计简洁、生动而又实用。

"Tree Voice"被青蛙公司定义为"一座与街区环境互动的灯塔"，事实上，它是一个根植于周边环境的智能设备。这一可穿戴设备并非穿戴于人身，而是穿戴于树干，通过传感器收集噪音、温度、污染度等数据指标，可以发光及显示标志性图像，将这些数据显示给路人。人们只要与它"聊"上几句，就能对周边的环境了如指掌。同时，分布在城市各个角落的 Tree Voice 通过云端连接起来，在 Dashboard 这一平台上分享彼此间的数据，既包括树周边的环境，也包括它们自身的状态。Dashboard 就像是大树们的 Facebook，在这个平台上，不但可以获取一棵树木周边的环境数据，还能获得它的"朋友"们——生长在不同小区里的大树周边的环境信息。这一功能将会非常实用，它将能够成为人们在城市中生活的决策工具：听取它的建议，决定晚上去哪里锻炼，甚至是哪儿的房子周边环境更好，更值得购买。可以想象，最终这些数据将能给地方政府提供不小帮助，在建设无害环境的智能化未来城市中发挥作用。①

（三）大数据时代的信息可视化设计

2010 年 1 月，中国云计算技术与产业联盟正式宣布成立，揭开中国信息社会发展新篇章；2011 年 11 月，国家 973 计划物联网首席科学家刘海涛曾说："在以物联网为代表的第三次信息浪潮中，我们可以自豪地说我国目前已站在国际物联网竞争制高点上。"2012 年 6 月，信息化与工业化融合成果展览会上显示，2011 年我国规模以上电子信息制造业主营业务收入 7.5 万亿元，计算机、移动电话、电视机等电子产品产量居世界第一。随着移动互联网、云计算、物联网的逐级推进，大数据时代已经到来，并在不断升级。用户接触的数据量从最初的 KB、MB 一路走来，将从 TB 升级至 PB，未来还会有 EB、ZB、YB。每个人都是信息的接收站和发送站，每个人、每个组织都要处理海量的信息。在这种情势下，信息可视化的设计表现就变得更加重要。随着信息数据量的升级，人们对信息设计的需求可以体现在以下几个方面。

---

① 来自青蛙公司官网的介绍，http://www.frogdesign.com。

1. 简洁

直截了当的操作，不需要太多学习、思考和处理时间，就可以获得需要的信息，并让信息最大化、最快地为个体所用。各种感应器、触控屏将发挥作用。事实上，简洁的需求仍然是用户体验层面的需求，就目前而言，一些设计新颖的 APP 也已经将界面设计与信息可视化设计相融合，"去 UI（用户界面）"已成为新的 UE（用户体验）。传统的按钮操控的界面正悄然向着更为简洁的方向前进。例如 2012 年获得无数赞誉的 iOS 平台 APP"Clear"，作为一款添加事件的效率型应用，全部产品没有一个按钮，只是依循用户日常的手势操控，并用色彩直观地排列信息的重要程度，因其简洁的界面和操作方式深受好评。

2. 人性化

在设计过程中"人"的因素会更为凸显，海量的数据从"人"出发，又回到"人"，这其中经过信息的汇总、分析、再设计，都将成为最终信息呈现的必然过程。可以想见，未来实体产品与虚拟产品的结合程度将更高，信息可视化设计的最终目的就是模糊其边界，使用户无论使用实体产品抑或虚拟产品，都能够获得温暖的体验和善意的关怀。

3. 优雅

在简洁和人性化的基础上，注入更多的美学元素，建立新时代信息可视化设计的美学规则。优雅还包括，通过对海量信息的可视化设计处理，使得人所居住的环境更为宁静、安详、简单，去掉冗余的设施和不必要的关卡，在城市生活中整合出更多的空间，并给予用户更多的尊重。

综合来说，在移动互联网大数据时代，信息可视化设计的发展方向趋势可以包括以下几个大的方面：不同类型信息的可视化表现形式，移动互联网时代"智慧型城市"的信息可视化应用范畴及设计表现手法，在物联网技术下信息可视化在产品设计中的应用方法，等等。具体的内容包含范围广阔，涵盖行业众多。例如，针对信息可视化设计表现的基本方法与元素，包括大数据时代与数据库时代对信息可视化的不同需求，探索信息与文本、信息与图像、信息与音频和视频之间的联系原理；移动智能终端对信息可视化在提升用户体验方面的需求与解决办法；交互设计在信息可视化方面的设计要素；动态图像在信息可视化中的表现手法；还可以结合物联网与云计算进行信息可视化设计表现方面进行设计探索,包括研究可视化的信息设计与商业、金融业、服务业、医疗业、教育业等具体行业之间的关联形式。

此外,信息可视化不同的设计表现形式在信息处理方面的不同作用对于这一领域的发展也至关重要,如研究自媒体时代信息可视化对舆情监测方面的积极影响,以及如何降低社交网络信息泛滥带来的负面影响,受众接受信息、筛选信息的能力,从而提高社会整体效率。

附　录

提升中国互联网国际传播力抽样调查问卷

一 基本情况

1. 调查目的

此问卷是服务于国家社会科学基金"提升中国互联网国际传播力研究"课题,旨在通过问卷调查了解到中国互联网国际传播力的现状及问题,争取能够为提升中国互联网国际传播力研究建立一个量化的指标体系。

2. 问卷结构

除前言和结束语外,问卷的正文(主体)拟分为四个部分。

第一部分:主要是就互联网的国际传播力现状进行大体的了解,意在从网络传播优势,网络传播对国际传播力的影响等加以展开。

第二部分:主要是了解中央级网络媒体的发展特点、趋势,从其传播特点、体制优势及效果评估等方面加以阐述。

第三部分:主要是从我国的商业门户网站的特点入手,并结合其硬件、软件、人才、管理机制等方面的特点,旨在分析其国际传播力的现状及潜力。

第四部分:主要是通过对以网络为载体的博客、播客、微博客等社交性网络媒体的了解,围绕其交互性、分享性等特点,意在挖掘其在国际传播力方面的特质。

3. 存在的问题及不足

(1)第一次做如此大选题的问卷,知识储备明显不够,后期有待补充。

(2)由于时间问题,对于问卷中的问题的顺序、问题的设计等考虑得比较少，这是后期需要改进的。

（3）前辈给的一些意见与建议还有望在后期的修改过程中加以补充。

二　问卷样本

调查时间：　　　　　　　　　　调查地点：

调查员：　　　　　　　　　　　总体情况：

　　　　　　　　　　　　　　　问卷编号：

国家社会科学基金项目
提升中国互联网国际传播力调查问卷

亲爱的朋友：

您好！首先请接受我们的一声问候。

我们是国家社会科学基金项目"提升中国互联网国际传播力研究"课题组的调查员，感谢您能花时间和精力来填写这份问卷。

本问卷是为配合国家社会科学基金项目——"提升中国互联网国际传播力研究"而设计的，您的信息将有助于我们深入了解当前我国互联网国际传播力的基本情况，为在新形势下提高舆论引导能力提供有力依据。

调查问卷中的每个备选答案都无所谓对和错，我们只想知道您自己的真实情况和想法，请按照填答要求尽量回答每一个问题。

我们在此郑重承诺：您的填答资料会严格保密且不作他用。请放心选择或填写。

烦请填答后发回至：21wg@163.com。

最后，再次感谢您对本次调查所给予的支持与合作！

"提升中国互联网国际传播力研究"课题组

2011 年 7 月

（一）基本资料

＊您的性别是＿＿＿＿＿＿　　A. 男　　B. 女

＊您的年龄是＿＿＿＿＿＿

A. 18 岁以下　　　　B. 18～25 岁　　　　C. 26～30 岁

D. 31～45 岁　　　　E. 46～60 岁　　　　F. 60 岁以上

＊您的学历是_____

A. 小学或小学以下　　B. 初中　　　　C. 高中、中专或中技

D. 大专、本科、双学士　　E. 硕士、博士

＊您的社会身份是_____

A. 机关、国有企事业单位管理人员

B. 专业技术人员（如教师、医生、律师、专家、学者、媒体人员等）

C. 非国有企业管理人员　　　D. 机关、国有企事业单位办事人员

E. 个体工商户　　　　　　　F. 商业服务人员

G. 产业工人　　　　　　　　H. 农民或农民工

I. 城乡无业、失业或半失业人员　　J. 学生　　　K. 军人

L. 未工作或离退休人员　　　M. 其他

＊您的月收入总体状况为_____

A. 500 元以下　　　　B. 500～1000 元　　　　C. 1000～3000 元

D. 3000～5000 元　　　E. 5000～10000 元　　　F. 10000～50000 元

G. 50000 元以上

＊您所在单位的性质是_____

A. 国企　　　　　　　　B. 民营、私营或个体企业

C. 外资、合资企业　　　D. 党政机关　　　　E. 事业单位

F. 农村　　　　　　　　G. 军队　　　　　　H. 其他

＊您的政治面貌是_____

A. 中共党员　　　　　　B. 民主党派、无党派人士

C. 共青团员　　　　　　D. 群众

＊您的常住地区是_____

A. 华南沿海　　　　B. 华东沿海　　　　C. 华北地区（除北京外）

D. 东北地区　　　　E. 中部地区　　　　F. 西南地区

G. 西北地区　　　　H. 北京地区

（二）主体问卷

（提示：所有问题除有括号说明外，均为单项选择）

第一部分

1. 您认为我国网络媒体的国际传播力现状如何_____

   A. 非常好　　　　　　B. 比较好　　　　　　C. 一般

   D. 不太好　　　　　　E. 非常不好　　　　　F. 不知道

2. 在下列影响因素中，您认为，哪些对中国互联网国际传播力的影响最大_____（请按影响程度由高到低排序）

   A. 国家立法　　　　　　　　B. 全球竞争环境

   C. 资本产业化程度　　　　　D. 传播体制和管理机制

   E. 传播手段创新　　　　　　F. 其他（请写明）_____

   排序结果：1 ____ 2 ____ 3 ____ 4 ____ 5 ____ 6 ____

3. 您认为中国哪类网络媒体的国际传播力更大_____（请按国际传播力重要程度由高到低排序）

   A. 中央级网络媒体（新华网、央视网、中新网、人民网、中国日报网、中国国际网络广播电视台网、中国广播网等）

   B. 商业门户网站（新浪网、腾讯网、网易、搜狐网等）

   C. 网络社交性媒体（博客、QQ空间、人人网、微博等）

   D. 全球跨国网络媒体（谷歌中国、脸谱、雅虎中国、微软、MSN、推特、路透中文、金融时报中文版、华尔街日报中文版等）

   E. 其他（请写明）_____

   排序结果：1 ____ 2 ____ 3 ____ 4 ____

4. 您认为网络媒体对国际传播力的影响主要体现在如下哪些方面_____（可多选）

   A. 信息世界由广播模式向多对多交互模式转变

   B. 全球用户生产内容，有利于媒体资源的融合、共享与超越

   C. 实时全天候报道全球事件迅速影响全球

   D. 发展中国家通过网络媒体的声音放大，有利于缩小发展中国家与发达国家的信息差距

   E. 西强东弱的舆论格局依然没有改变

5. 近年来，中央提出不断提高驾驭新兴媒体的能力以全面深刻提升中国国际传播力的要求，您对此的态度是_____

A. 十分赞同　　　　　B. 赞同　　　　　　　C. 一般

D. 反对　　　　　　　E. 强烈反对

6. 您认为新形势下国际传播力人才应该具备哪些素质_____（可多选）

A. 深谙国际传播规律　　　　　B. 具备先进的传播理念

C. 良好的专业技能（如采、写、编、评）

D. 良好的外语背景，熟悉东西方文化差异

E 其他（请写明）_____

7. 在国际传播力人才培养方面，具体可行的措施有哪些_____（可多选）

A. 加强国际传播力高等教育（如配备既有教学经验，同时具备良好国际视野的老师；采用最新的有权威性的相关教材；同时扩大知识传授面，开拓学生们的眼界）

B. 不断加强与外国媒体的合作与交流

C. 对从事对外传播人才进行分批轮训，培养精英

D. 积极建立国际媒体危机管理高级人才库

E. 其他（请写明）_____

8. 您认为以下影响网络媒体传播效果的评估要素哪些更重要_____

A. 媒体公信力

B. 媒体发布终端规模

C. 点击率 PV、UV、独立 IP 访问用户

D. 新闻信息采集能力和传播总量

E. 新闻发布速度

F. 信息传播覆盖率

G. 新闻落地率、接受率、首发率情况

H. 新闻被搜索引用指数

J. 其他（请写明）_____

第二部分

9. 您认为中国四大主流媒体即人民网、新华网、中国网络电视台、中国广播网，哪一个的国际传播力最强_____（请按影响程度由高到

低排序）

 A. 人民网   B. 新华网

 C. 中国网络电视台   D. 中国广播网

 排序结果：1____ 2____ 3____ 4____

10. 您认为中国主要外宣网络媒体即中国国际网络广播电视台网、中国日报网、中国新闻网、中国日报网、环球日报英文版及环球网，哪一个的国际传播力最强_____（请按影响程度由高到低排序）

 A. 中国国际网络广播电视台网   B. 中国日报网

 C. 中国新闻网   D. 中国日报网

 F. 环球日报英文版及环球网

 排序结果：1____ 2____ 3____ 4____ 5____

11. 您认为，中央级网络媒体在国际传播力方面的优势体现在哪些方面_____（可多选）

 A. 体制优势   B. 政策优势

 C. 中央级传统媒体的强大支持   D 人才优势

 E. 硬件优势   F. 其他（请写明）_____

12. 您认为中央级网络媒体中有堪称"全球影响力媒体"的吗

 A. 有，请写明_____   B. 无，为什么_____

13. 您认为中央级网络媒体在不断提升国际传播力的过程中的制约因素主要有哪些_____（可多选）

 A. 传播理念   B. 国家新闻传播体制

 C. 公信力渐失   D. 资金问题

 E. 网络服务器较落后   F. 其他（请写明）_____

14. 您平常有浏览中央级网络媒体的习惯吗_____

 A. 经常   B. 偶尔   C. 从不

 如选 A 或 B，您觉得中央级网络媒体的公信力如何_____，为什么（请写明）_____

 A. 非常好   B. 比较好   C. 一般

 D. 不好   E. 非常不好

15. 您认为中央级网络媒体存在的问题主要表现在哪些方面_____（可多选）

A. 新闻稿件量少质平　　　　B. 国内题材为主，国际题材较少

C. 正面报道为主，报喜不报忧　　D. 作品缺乏节奏

E. 其他（请写明）_____

第三部分

16. 您认为我国商业门户网站（如新浪网、腾讯网、网易等）相对中央级网络媒体的最大优势体现在_____

　　A. 资本优势　　　　　　B. 科技优势（硬件与软件）

　　C. 人才优势　　　　　　D. 其他（请写明）_____

17. 我国商业门户网站的管理失范主要表现在哪些方面_____（可多选）

　　A. 虚假新闻　　　　B. 色情泛滥　　　　C. 报道角度异化

　　D. 侵犯个人隐私　　E. 侵犯知识产权　　F. 意识形态和文化渗透

　　G. 以讹传讹，新闻同质化现象严重　　　H. 导航系统失效

　　I. 网络新闻语言、网络新闻选题媚俗化　　J. 其他（请写明）

18. 您认为我国商业门户网站中网民的参与性、互动性如何

　　A. 非常好　　　　　　B. 很好　　　　　　C. 一般

　　D. 不好　　　　　　　E. 非常不好

19. 您认为在我国商业门户网站发展过程中可能受到的最大障碍是_____

　　A. 政府职能部门的管理条例繁多（如无采访权）

　　B. 资本市场的潜在风险　　C. 技术方面的创新性不够

　　D. 网站从业人员的素养较低　　E. 商业化渗透明显

　　F. 其他（请写明）_____

20. 您认为在我国商业门户网站中存在"全球影响力媒体"吗

　　A. 有，请列举（请写明）_____

　　B. 无，为什么（请写明）_____

21. 您认为在下列商业门户网站中，可信度最高的是_____，可信度最低的是_____

　　A. 新浪网　　　　　　B. 腾讯网　　　　　　C. 网易

　　D. 搜狐网　　　　　　E. 雅虎中国　　　　　F. 中华网

22. 我国政府相关管理部门对商业网站的以下技术控制，您认为有必要的是_____（可多选）

    A. 网络信息安全　　　　B. 防火墙技术　　　　C. 加密技术

    D. 用户识别技术　　　　E. 反不当信息技术　　F. 反病毒技术

23. 我国政府相关管理部门对商业网站采取的以下行政管理手段，您认为有必要的是_____（可多选）

    A. 行政许可/备案　　　　B. 管理部门的监督与管理

    C. 相应的处罚　　　　　D. 其他（请写明）_____

24. 您认为应该如何填补网络立法上的空白_____（可多选）

    A. 《互联网法》　　　　B. 具体规定网络用户（网民）的义务

    C. "网络记者"需履行相应的审批手续

    D. 建立一支"网络警察"队伍，进行网络安全技术培训

    E. 严防黑客侵入　　　　F. 禁止在网上传播淫秽内容

    H. 其他（请写明）_____

25. 在加强网络新闻传播主体的道德建设方面，您认为以下哪个方面是最重要的_____

    A. 将新闻的真实性原则放在首要的位置

    B. 拒绝报道色情、暴力等不健康内容

    C. 尊重知识产权，增强版权意识

    D. 其他（请写明）_____

26. 您认为中国网络媒体成为真正意义的国际传播力媒体可借鉴

    A. 搜索巨头谷歌模式　　　　　　　B. 社区网络Facebook模式

    C. 软硬件集成平台Apple苹果模式　　D. 软件集成平台微软模式

    E. 其他（请写明）_____

第四部分

27. 您认为社交性媒体（如博客、播客、微博客及轻博客等）最大的优势在_____

    A. 帮助人们及时快速地了解信息

    B. 满足人们的猎奇心理，捕捉奇闻逸事

    C. 满足人们记录生活、感悟生活点滴的需要

D. 维系一定社会关系的需要

F. 其他（请写明）＿＿＿＿＿＿＿＿

28. 您开通了以下哪些社交性媒体应用＿＿＿＿＿＿（可多选）

 A. 博客   B. 播客   C. 微博客

 D. 轻博客   E. QQ 空间   F. 人人网

 H. 开心网   J. 其他（请写明）＿＿＿＿＿＿

29. 您开通了以下哪些微博客＿＿＿＿＿＿＿（可多选）

 A. 新浪微博   B. 腾讯微博   C. 网易微博

 D. 搜狐微博   F. 其他（请写明）＿＿＿＿＿＿

30. 您最常使用的微博客是＿＿＿＿＿＿，为什么（请写明）＿＿＿＿＿

 A. 新浪微博   B. 腾讯微博   C. 网易微博

 D. 搜狐微博   E. 其他（请写明）＿＿＿＿＿＿

31. 您最常使用的博客是＿＿＿＿＿＿，为什么（请写明）＿＿＿＿＿

 A. 新浪博客   B. 腾讯博客   C. 网易博客

 D. 搜狐博客   E. 其他（请写明）＿＿＿＿＿＿

32. 您最常使用的播客是＿＿＿＿＿＿，为什么（请写明）＿＿＿＿＿

 A. 新浪播客   B. QQVideo   C. 土豆网

 D. 优酷网   E. 其他＿＿＿＿＿＿

33. 您已开通轻博客了吗？＿＿＿＿＿＿

 A. 有，请列举（请写明）＿＿＿＿＿＿＿＿

 B. 无，为什么（请写明）＿＿＿＿＿＿＿＿

34. 您认为社交性媒体对国际传播力的影响如何＿＿＿＿＿＿

 A. 非常重要   B. 重要   C. 一般

 D. 不重要   E. 非常不重要

35. 新浪微博拟在 2011 年年末发布新浪微博英文版，您认为这对提升网络媒体的国际传播力的影响如何＿＿＿＿＿＿＿＿

 A. 非常重要   B. 重要   C. 一般

 D. 不重要   E. 非常不重要

36. 对于国内不能成功接入 Twitter、Facebook 等国外的社交性媒体，您的看法是＿＿＿＿＿＿

 A. 非常满意   B. 满意   C. 一般

D. 不满意　　　　　　E. 非常不满意

37. 对于社交性媒体如微博中所存在的"删帖""删除评论"等现象，您的看法是_____

　　A. 非常满意　　　　B. 满意　　　　　　C. 一般
　　D. 不满意　　　　　E. 非常不满意

38. 对于社交性媒体可能存在的黄色暴力等信息，您认为是否应该加强相应管理_____，为什么（请写明）_____

　　A. 应该　　　　　　B. 不应该　　　　　C. 不知道

39. 您认为我国网民在社交性媒体中所享有的自由程度如何_____

　　A. 非常自由　　　　B. 自由　　　　　　C. 一般
　　D. 不自由　　　　　E. 非常不自由

40. 您对提高我国互联网的国际传播力还有哪些意见和建议？请写在下面横线上。

　　1._____
_____

　　2._____
_____

　　3._____
_____

　　4._____
_____

我们的调查结束了。祝您工作顺利，生活幸福！

三　问卷解读

问卷说明：总计回收 111 份调查问卷；问卷题目存在未被作答或答案不清晰的，均被标记为"无效问卷"。

（一）基本资料

本次调查总计回收 111 份调查问卷，被调查的人群中的基本情况如下。

1. 男性占 51.4%，女性占 48.6%。

2. 年龄层全部在 18~60 岁之间，18~25 岁共有 19 人，占总人数的 17.1%；26~30 岁的共有 25 人，占总人数的 22.5%；31~45 岁的共有 62 人，占总人数的 55.9%；46~60 岁的共有 5 人，占总人数的 4.5%。

3. 学历水平：大专、本科、双学士学历的占 70.3%，高中、中专或中技学历的占 11.7%，硕士、博士学历的占 18.0%。

4. 社会身份部分：其中最多的是专业技术人员，有 61 人，另外属于机关、国有企事业单位办事人员、管理人员分别为 17 和 18 人（见图 1）。

图 1　被调查者社会身份分布

5. 月收入总体状况：收入在 10001~50000 元的占 4.5%，收入在 5001~10000 元的占 25.2%，收入在 3001~5000 元的占 41.4%，收入在 1001~3000 元的占 20.7%，收入在 501~1000 元的占 6.3%，其中无效问卷有 2 份（见图 2）。

6. 工作单位性质：在事业单位工作的占 37.8%，在国企工作的占 25.2%，在民营、私营或个体企业工作的占 21.6%，在党政机关工作的占 5.4%，在外资、合资企业工作的占 1.8%，在军队工作的占 2.7%，在其他领域工作的占 4.5%。

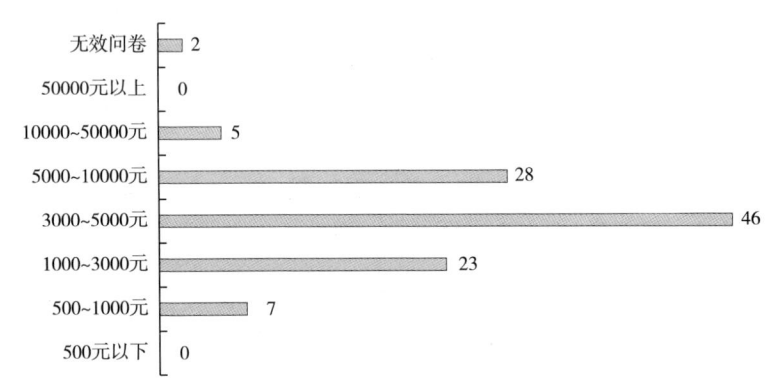

```
无效问卷        2
50000元以上     0
10000~50000元   5
5000~10000元    28
3000~5000元     46
1000~3000元     23
500~1000元      7
500元以下        0
```

图 2　被调查者月收入情况

7. 政治面貌：党员占 52.3%，群众占 21.6%，共青团员占 18.0%，民主党派、无党派人士占 6.3%。

8. 常住地区：在北京地区常住的有 52 人，占 46.8%；在华东沿海地区常住的有 15 人，占 13.5%；在西北地区常住的有 14 人，占 12.6%；在华北地区（除北京外）常住的有 9 人，占 8.1%；在中部地区常住的有 8 人，占 7.2%；在东北地区常住的有 6 人，占 5.4%；在西南地区常住的有 3 人，占 2.7%；在华南沿海地区常住的有 1 人，占 0.9%；无效问卷有 3 份。

（二）主体问卷

第一部分

1. 我国网络媒体的国际传播力现状

认为我国网络媒体的国际传播力非常好的有 11 人，占 10.0%；认为比较好的有 28 人，占 25.2%；认为一般的有 47 人，占 42.3%；认为不太好的有 15 人，占 13.5%；认为非常不好的有 4 人，占 3.6%；表示不知道的有 4 人，占 3.6%；其中无效问卷有两份。

2. 影响国际传播力的因素，问卷无效。

3. 我国各类网络媒体的国际传播力，问卷无效。

4. 网络媒体对国际传播力的影响的体现

通过整合问卷，被调查者认为其影响力最主要体现在"信息世界由广播模式向多对多交互模式转变",占到25.4%;认为"全球用户生产内容,有利于媒体资源的融合、共享与超越"和"实时全天候报道全球事件迅速影响全球"的均占到22.8%;"发展中国家通过网络媒体的声音放大,有利于缩小发展中国家与发达国家的信息差距"的占16.5%;有一部分被调查者认为"西强东弱的舆论格局依然没有改变",占到9.6%。

5. 被调查者对中央提出不断提高驾驭新兴媒体的能力以全面深刻提升中国国际传播力的要求的态度

表示十分赞同的占46.8%,表示赞同的占42.3%,表示一般的占8.1%,表示反对的占1.8%,表示强烈反对的占0.9%。

6. 新形势下国际传播力人才应具备的素质

被调查者认为,最重要的是"具备先进的传播理念",占到意见的29.8%;"具有良好的专业技能(如采写编评)"占到意见的27.1%;"深谙国际传播规律"占到23.4%;"拥有良好的外语背景,熟悉东西方文化差异"占到18.5%;还有1.2%的意见认为"良好的职业道德、加强对外交流、正确的价值观和爱国主义精神"同样具有重要性。

7. 对于国际传播力的人才培养方面,具体可行的措施

"加强国际传播力高校教育(如配备既有教学经验,同时具备良好国际视野的老师;采用最新的有权威性的相关教材;同时扩大知识传授面,开拓学生们的眼界)"的占29.0%,"不断加强与外国媒体的合作与交流"的占24.7%,"对从事对外传播人才进行分批轮训,培养精英"的占23.5%,"积极建立国际媒体危机管理高级人才库"的占22.0%,还有0.4%的人认为"人才培养不要局限于大媒体中"。其中有0.6%的无效问卷。

8. 影响网络媒体传播效果的评估要素的重要性排序

由强到弱依次是:媒体公信力,信息传播覆盖率,新闻发布速度,新闻信息采集能力和传播总量,点击率PV、UV、独立IP访问用户,新闻被搜索引用的指数,新闻落地率、接受率、首发率情况,媒体发布终端规模,其他(见图3)。

第二部分

9. 中国四大主流媒体即人民网、中国网络电视台、新华电视网、中国

influence of network media communication effects evaluation factors:

- 媒体公信力 86
- 媒体发布终端规模 25
- 点击率PV、UV、独立IP访问用户 37
- 新闻信息信息采集能力和传播总量 50
- 新闻发布速度 56
- 信息传播覆盖率 60
- 新闻落地率、接受率、首发率情况 34
- 新闻被搜索引用的指数 35
- 其他 1

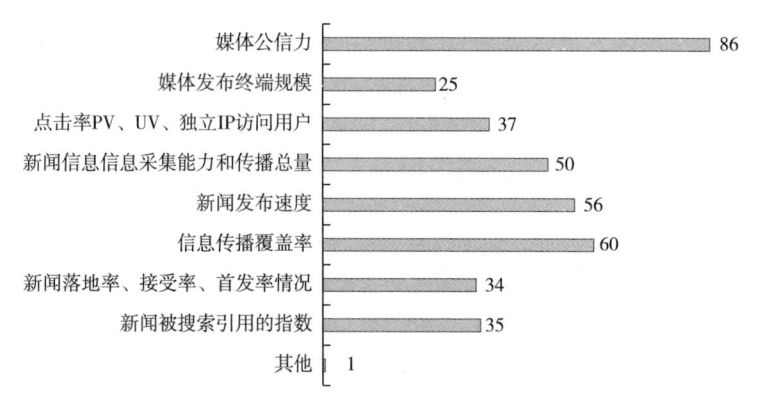

图3 影响网络媒体传播效果的评估要素

广播网，四者的国际传播力排序（由强到弱），问卷无效。

10. 中国主要外宣网络媒体即中国国际网络广播电视台网、中国日报网、中国新闻网、中国日报网、环球日报英文版及环球网，五者的国际传播力排序（由强到弱），问卷无效。

11. 中央级网络媒体在国际传播力方面的优势体现

"中央级传统媒体的强大支持"占31.0%，"政策优势"占21.6%，"体制优势"占19.9%，"人才优势"占14.6%，"硬件优势"占11.8%，"其他"占0.7%，有0.3%的无效问卷。

12. 中央级网络媒体中，是否有堪称"国际化"的媒体

47.7%的被调查者认为有，35.1%的认为没有，有17.1%的无效问卷。选择有的被调查者中，有17人认为能称得上是"国际化"的媒体的是新华网，有10人认为是人民网，有2人认为是中国日报网，有4人认为是中国新闻网，有3人认为是中国网络电视台，有1人认为是环球网，有16人认为是其他。

选择"无"的被调查者认为：中国无国际化大媒体最大原因是为我国体制所限制，普遍认为政府对于媒体的监管范围大、力度强。其他原因有宣传不到位，宣传内容倾向正面报道，信息发布能力一般，文化价值观也很难输出，传播理念、技术及人才方面与全球性媒体尚有很大的差距，无创新点等。

13. 中央级网络媒体在不断提升国际传播力的过程中的制约因素

选择"国家新闻传播体制"占36.7%，"传播理念"占33.2%，"公

信力渐失"占 15.7%,"网络服务器较落后"占 8.8%,"资金问题"占 4.6%,其他占 0.5%,有 0.5% 的无效问卷。

14. 是否有浏览中央级网络媒体的习惯

50.5% 的被调查者会经常浏览;45.9 的被调查者会偶尔浏览;2.7% 的从不浏览;无效问卷占 0.9%。

在选择经常或偶尔浏览中央级网络媒体的被调查者中,对中央级网络媒体公信力的认识是:14.0% 的被调查者认为其公信力非常好,50.5% 认为比较好,30.8% 认为一般好,2.8% 认为不好,1.9% 认为非常不好。

选 A 和 B 的主要原因在于中央支持(即体制优势),他们认为中央级媒体在真实性上有保证,可以做到大体上的公正公开公平,且专业化程度高。而选择其他的主要原因是,认为中央级媒体沦为政治工具,避重就轻,过于官方,倾向于报道正面,公信力下降。

15. 中央级网络媒体存在的问题的主要表现

认为"正面报道为主,报喜不报忧"的占 50.5%,"国内题材为主,国际题材较少"的占 18.5%,"新闻稿件量少质平"的占 14.7%,"作品缺乏节奏"的占 12.0%,有 3.8% 的被调查者认为存在其他方面的问题,有 0.5% 的无效问卷(见图 4)。

类别	数量
新闻稿件量少质平	27
国内题材为主,国际题材较少	34
正面报道为主,报喜不报忧	93
作品缺乏节奏	22
其他	7
无效问卷	1

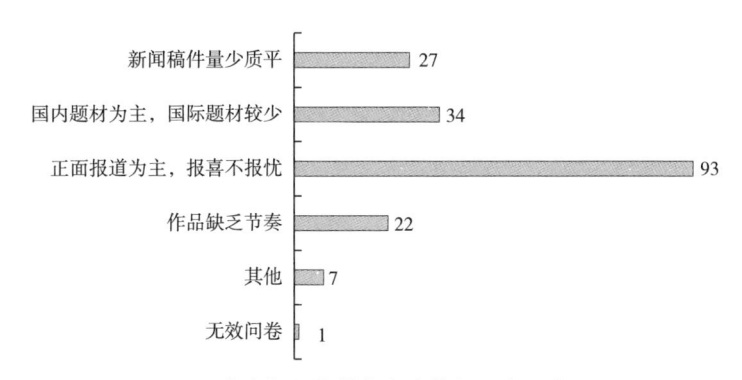

图 4 中央级网络媒体存在的问题主要表现

第三部分

16. 我国商业门户网站(如新浪网、腾讯网、网易等)相对中央级网络媒体的最大优势

选择科技优势(硬件与软件)的占 31.5%,人才优势的占 26.1%,资

本优势的占 22.5%，其他选择商业门户网站在体制、管理、理念、内容丰富性及灵活性、快速性方面具有重要优势的占 17.1%，有 2.9% 的无效问卷。

17. 我国商业门户网站管理失范的主要表现

有 57 人选择了虚假新闻，占所有意见的 19.3%；有 46 人选择了报道角度异化，占 15.5%；有 45 人选择了以讹传讹，新闻同质化现象严重，占 15.2%；有 42 人选择了网络新闻语言、网络新闻选题媚俗化，占 14.2%；有 31 人选择了色情泛滥，占 10.5%；有 29 人选择了侵犯个人隐私，占 9.8%；有 19 人选择了意识形态和文化渗透，占 6.4%；有 16 人选择了侵犯知识产权，占 5.4%；有 1 人选择了导航系统失效，占 0.3%；在其他意见中有人选择了存在信息过多，页面负荷重以及受商业利益影响严重等，这部分占到 1.0%；有 2.4% 的无效问卷。

18. 我国商业门户网站中网民的参与性、互动性状况

有 16.2% 的被调查者认为其参与性、互动性状况非常好，28.8% 的被调查者认为很好，45.9% 的认为一般，4.5% 的认为不好，没有被调查者认为其状况非常不好，有 4.5% 的无效问卷。

19. 我国商业门户网站发展过程中可能受到的最大障碍

最大的障碍是政府职能部门的管理条例繁多（如无采访权），有 87 人选择了此项，占所有意见的 45.5%；有 43 人选择了商业化渗透明显，占 22.5%；有 32 人选择了网站从业人员的素养较低，占 16.8%；有 14 人选择了资本市场的潜在风险，占 7.3%；有 12 人选择了技术方面的创新性不够，占 6.3%；另有 0.5% 的被调查者认为还存在其他的障碍；有 2 份无效问卷。

20. 我国商业门户网站中有没有堪称"国际化"的媒体

有 51.4% 的被调查者认为存在，26.1% 认为不存在，另有 22.5% 的无效问卷。

选择"存在"的被调查者，认为以下商业门户网站堪称"国际化"：新浪网，有 25 人选择，占 43.9%；腾讯网，有 13 人选择，占 22.8%；搜狐网，有 6 人选择，占 10.5%；凤凰网和百度，各有 4 人选择，各占 7.0%；网易，有 3 人选择，占 5.3%；中国商业网和雅虎中国各有 1 人选择，各占 1.7%。

选择"不存在"的原因是：体制受限，商业化过于严重，传播理念落后，在国际舞台中无话语权，影响力和市场占有率都很低，公信力较弱。

21. 新浪网、腾讯网、网易、搜狐网、雅虎中国、中华网，这六大商业门户网站中，可信度最高的是新浪网，可信度最低的是雅虎中国（见图5）。

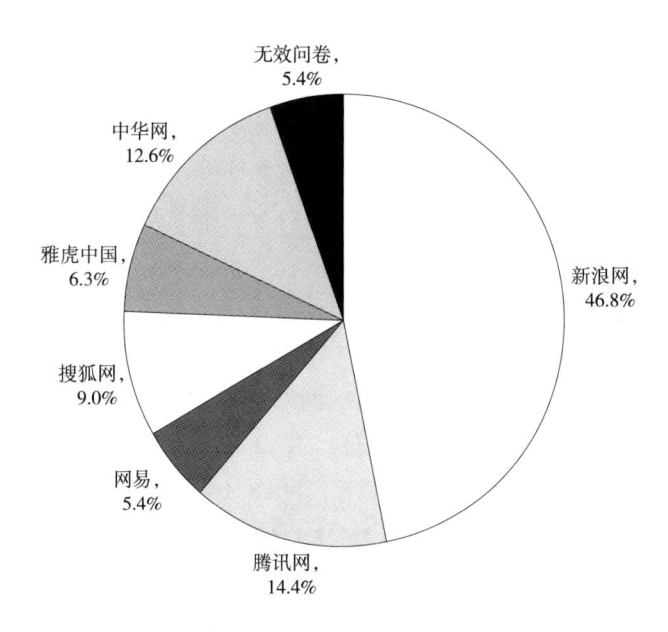

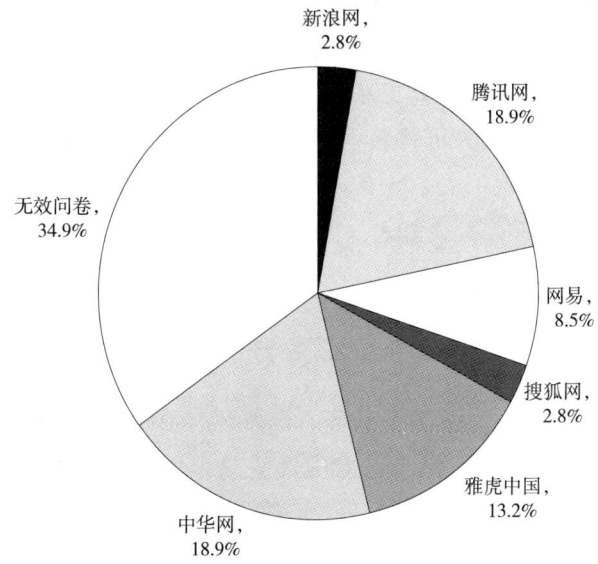

图5 商业门户网站可信度情况

注：此问题无效问卷过多，因此回答有效性偏低，所得数据参考价值有限。

22. 我国政府相关管理部门对商业网站的必要技术控制

有93人选择了网络信息安全控制，占31.4%；有56人选择了反不当信息技术，占18.9%；有51人选择了反病毒技术，占17.2%；各有32人分别选择了用户识别技术和防火墙技术，均占10.8%；有29人选择了加密技术，占9.8%；有3份无效问卷，占1.0%。

23. 我国政府相关管理部门对商业网站采取的必要行政管理手段

被调查者认为应采取管理部门的监督与管理的，占37.9%；行政许可/备案的，占34.2%；相应的处罚的，占26.7%；其他的有0.8%；有0.4%的无效问卷。

24. 如何填补网络立法上的空白

认为制定《互联网使用法》的，占25.9%；"网络记者"需履行相应的审批手续，占20.9%；禁止在网上传播淫秽内容，占16.3%；建立一支"网络警察"队伍，进行网络安全技术培训，占13.1%；具体规定网络用户（网民）的义务，占12.2%；严防黑客侵入，占10.3%；有1.3%的无效问卷。

25. 在加强网络新闻传播主体的道德建设方面，哪项要素最为重要

将新闻的真实性原则放在首要的位置，占58.9%；尊重知识产权，增强版权意识，占21.5%；拒绝报道色情、暴力等不健康内容，占16.0%；其他的有0.9%；有2.5%的无效问卷。

26. 中国网络媒体成为真正意义的国际传播力媒体可借鉴的模式

大部分被调查者认为可借鉴的模式是搜索巨头谷歌模式，占39.0%；社区网络Facebook模式，占25.0%；软硬件集成平台Apple苹果模式，占16.9%；软件集成平台微软模式，占12.2%；其他的有2.9%；有3.6%的无效问卷。

第四部分

27. 社交性媒体（如博客、播客、微博客及轻博客等）最大的优势

被调查者认为社交性媒体最大的优势是帮助人们及时快速地了解信息，占35.1%；满足人们记录生活、感悟生活点滴的需要，占26.7%；维系一定社会关系的需要，占20.4%；满足人们的猎奇心理，捕捉奇闻逸事，占15.2%；另有2.1%的其他被调查者认为社交性媒体的最大优势在于互动性强；有0.5%的无效问卷。

28. 开通社交性媒体应用的

开通QQ空间的有72人，微博客有66人，博客有65人，人人网有44人，开心网有28人，播客有15人，轻博客有2人，其他（Facebook等）有2人，其中有5份无效问卷。

29. 开通微博客的

被调查者中，开通新浪微博的有41.1%，开通腾讯微博的有32.7%，开通搜狐微博的有8.3%，开通网易微博的有7.1%，开通其他微博的有3.0%，有7.7%的无效问卷。

30. 最常使用的微博客，以及常用该微博客的原因

有53.3%的被调查者最常使用新浪微博，30.5%常用腾讯微博，常用网易和搜狐微博的被调查者均占到1.9%，另有3.8%常用其他微博客，有8.6%的无效问卷。

31. 最常使用的博客，以及常用该博客的原因

有36.8%的被调查者最常使用新浪博客，原因在于方便、习惯、邮箱绑定、功能全、公信力、用户多；29.1%常用腾讯博客，原因在于使用人群广，与QQ绑定，注重用户体验；6.8%常用搜狐博客和4.3%常用网易博客的原因在于习惯、方便；另有4.3%常用其他博客，如新华博客等；有18.8%的无效问卷。

32. 最常使用的播客，以及常用该播客的原因

有28.3%的被调查者最常使用优酷网，原因在于清晰、方便、及时、快速；21.7%常用土豆网，原因在于资源多、好用、内容丰富、清晰、全面、习惯使然；12.5%常用新浪播客，原因在于可信度高、影响力强、习惯使然；8.3%常用QQvideo原因在于习惯、清晰；另有3.3%常用其他播客，如酷6、爱奇艺等；有25.8%的无效问卷。

33. 是否开通轻博客

被调查者中仅有14.4%开通了轻博客，72.1%未开通，有13.5%的无效问卷。

尚未开通轻博客的用户，主要原因有时间不够、不了解、不需要、没兴趣等。

34. 社交性媒体对国际传播力的影响如何

有37.8%的被调查者认为其影响非常重要，35.1%认为重要，20.7%

认为一般，1.8%的人认为不重要，没有被调查者选择非常不重要，有4.5%的无效问卷。

35. 新浪微博拟在 2011 年末发布新浪微博英文版，这对提升网络媒体的国际传播力的影响如何

有 27.9% 的被调查者认为其影响非常重要，50.4% 认为重要，16.2% 认为一般，认为不重要和非常不重要的意见各占 1.8%，有 1.8% 的无效问卷。

36. 对于国内不能成功接入 Twitter、Facebook 等国外的社交性媒体的看法

有 2.7% 的被调查者对此非常满意，8.1% 对此表示满意，28.8% 表示一般，41.4% 对此表示不满意，18.0% 对此表示非常不满意，有 0.9% 的无效问卷。

37. 对于社交性媒体如微博中所存在的"删帖""删除评论"等现象的看法

有 3.6% 的被调查者对此现象表示非常满意，14.4% 对此表示满意，36.0% 对此表示一般，33.3% 对此表示不满意，9.0% 对此表示非常不满意，有 3.6% 的无效问卷。

38. 对于社交性媒体可能存在的黄色暴力等信息，是否应该加强相应管理

有 91.0% 的被调查者表示应该加强相应管理，目的在于净化网络空间，防止严重影响青少年身心健康；6.3% 对此表示不应该，应相信网民的自律及自我鉴别能力；1.8% 表示不知道；有 0.9% 的无效问卷。

39. 我国网民在社交性媒体中所享有的自由程度

有 2.7% 的被调查者认为网民非常自由，27.0% 认为网民自由，51.4% 认为网民自由程度一般，11.7% 认为网民不自由，4.5% 认为网民非常不自由，有 2.7% 的无效问卷。

40. 对提高我国互联网的国际传播力的意见和建议

被调查者的意见和建议主要分以下几个方面的内容。

（1）政府对网络媒体的监管。

第一，加强网络监管，放开新闻采访权。

第二，提高透明度，增强公信力，保障真实性。

第三，加强网络媒体、舆论监督网站规范管理；发挥网站新闻采编报道工作；互联网发挥公众互动，社会参与，共同关注，能有效地推动政府工作和社会的进步。

第四，对网络媒体的工作人员应纳入新闻出版总署的统一管理，颁发全国新闻出版总署的记者证，有利于新闻的真实性和工作人员的责任感，以改变其不规范的管理漏洞；防止一些不道德和低素质的人以不负责任的态度随意乱讲、编造事实来影响他人和有损网络媒体公信力的现象出现。

第五，打破惯例，不断创新；加快互联网立法，加强网络信息安全以及管理部门的监督与管理；进行网络安全技术培训和学习。

（2）政府对网络媒体的支持。

第一，主流媒体需改变宣传的老路；商业门户网站在资金、人才上已占绝对优势，主流媒体难以抗衡；互联网媒体已不在执政党的控制之下，失去的是舆论阵地，有可怕的后果，面对多元化的无力作为很可怕。

第二，加大对互联网商业网站的扶持及政策放宽。

第三，允许国际媒体进入；不要把互联网的国际传播力，完全依靠国内大媒体；政府少介入，欢迎商业网络媒体做大做强，鼓励个人创造、开发、参与互联网的传播。

第四，政府部门在政策上和资金上要大力支持，加强与国际上主流网络媒体在技术上的交流、合作，加强对互联网技术人才的培养；研发我国具有自主知识产权的互联网技术平台，并充分利用这一平台及时报道具有较大全球影响力的信息。

第五，提供政策性的支持；多交流借鉴好的经验和案例。

第六，开禁，开放，自由评论。

（3）健全相关法律法规

第一，提高互联网的法制宣传，加强互联网宣传教育工作的重要性，坚持互联网工作的基本原则。

第二，确立互联网工作的指导思想和基本原则，比如实事求是的原则等。

第三，健全法律法规，提高隐私权保护，加强网站安全管理。

（4）加强网络媒体对自身的规范，坚持做好媒体。

第一，提高软件创新能力，做到多元化媒体。

第二，新闻的真实性，公正、客观展现。

第三，提高民众的参与水平，与国外大型互联网媒体进行合作；进一步提高新闻的真实性、全面性和及时性。

第四，如实报道，别报喜不报忧，也要报道一些负面新闻；要给国民更方便化的、人性化的感觉和使用，保持创新功能；要保证第一时间就能报道出世界的各大事件，要提高这方面的技术。

第五，在确保媒体公信力的前提下不断提高技术手段，实现传播方式的不断创新；积极确立规范化的传播标准。

第六，开放化。以资金、技术、人才、设备和创新为首，关闭一些"无知"的小网站，提高公信力，做好自己，做好媒体。

第七，提高新闻品质，针对突发事件进行真实、全面的报道；进一步提高大众的参与水平。

第八，提高新闻公信力，全面、客观报道事件；提高新闻专业性，及时、真实地捕捉国内外热点事件，新闻报道不要把领导的各种活动一直放在头条位置，敢于开放在国际上有影响力的网络媒体进入国内。

第九，客观公正报道，政策民主，言论自由，法律健全；途径多样化，新闻报道及时，提高社交网络的安全性，抵制和控制低俗信息。

第十，丰富可用于互联网传播的内容；及时引进、创新互联网传播的技术手段；培养互联网传播领域专有的多层次人才。

第十一，有步骤地开放，培养舆论领袖，增强公信力。

（5）走国际化路线。

第一，借鉴苹果模式。

第二，开发类似 Facebook 的网络交流平台，比如把"天涯论坛"的交流互动功能发挥到世界各地。

第三，建议添加更多符合国际性特征的网。

第四，像新浪微博一样发布英文版，让语言不再成为障碍，真正让世界认识中国。

第五，技术监管，内容放宽，拓展国际视野。

第六，侧重支持外文媒体，注重外宣效果。

第七，网络媒体的互动应加强，开启英文版面。

第八，进行体制改革，坚持引进来，走出去战略。

第九，多建立一些网络平台，可以和国际接轨；少一些网络限制，Twitter 和 Facebook 要翻墙，很不方便。

第十，迅速提高影响力，联合国际上有影响力的网络媒体进行互动；开发、使用世界上先进的技术，挖出高技术人才；及时报道国际有影响力的事件。

（6）提高互联网从业者的素质和技能。

第一，多组织培训，开展国际交流，提高我国互联网从业人员的素质和技能；开阔视野，以人为本，积极发挥人的创造力和主观能动性。

第二，加强对网络媒体工作人员的管理；应对网络工作人员颁发新闻出版总署的有效证件，以防低素质的一些人员钻空子；提高工作人员的素质，以便提高网络传媒的公信力，加强知名度。

第三，建议有关管理部门对网络媒体加强规范。虽然现实社会提倡人性化，允许言论自由，但一定要对网络报道内容的真实性和公信力负责，一定要规范网络采编人员，要对工作人员的身份进行确认，以免受众上当受骗。

第四，给予网络采编人员合法证件。

第五，中国在提升自身文化软实力时要更加自信和自觉；加强科技创新支撑，有助于新闻人员素质的提高。

图书在版编目(CIP)数据

传统媒体和新兴媒体融合发展的愿景与路径：以提升中国互联网国际传播力为例/中央人民广播电台提升中国互联网国际传播力课题组编著. —北京：社会科学文献出版社，2014.10
ISBN 978-7-5097-6265-3

Ⅰ.①传… Ⅱ.①中… Ⅲ.①互联网络-传播媒介-研究-中国 Ⅳ.①G206.2

中国版本图书馆 CIP 数据核字（2014）第 154643 号

传统媒体和新兴媒体融合发展的愿景与路径
——以提升中国互联网国际传播力为例

编　　著／中央人民广播电台提升中国互联网国际传播力课题组
主　　编／伍　刚

出 版 人／谢寿光
项目统筹／任文武
责任编辑／高　启　高振华

出　　版／社会科学文献出版社·皮书出版分社(010)59367127
　　　　　 地址：北京市北三环中路甲 29 号院华龙大厦　邮编：100029
　　　　　 网址：www.ssap.com.cn
发　　行／市场营销中心（010）59367081　59367090
　　　　　 读者服务中心（010）59367028
印　　装／北京画中画印刷有限公司
规　　格／开　本：787mm×1092mm　1/16
　　　　　 印　张：22　字　数：329 千字
版　　次／2014 年 10 月第 1 版　2014 年 10 月第 1 次印刷
书　　号／ISBN 978-7-5097-6265-3
定　　价／58.00 元

本书如有破损、缺页、装订错误，请与本社读者服务中心联系更换

▲ 版权所有　翻印必究